北京语言大学梧桐创新平台项目资助
（中央高校基本科研业务费专项资金）（项目批准号：19PT02）成果

翻译跨学科研究

第一卷

INTERDISCIPLINARY STUDIES ON
TRANSLATION AND INTERPRETING

荣誉主编：李德凤
主　编：许　明
副主编：王建华

中国出版集团
中译出版社

图书在版编目(CIP)数据

翻译跨学科研究．第一卷／许明主编．—北京：中译出版社，2021.9
ISBN 978-7-5001-6746-4

Ⅰ.①翻… Ⅱ.①许… Ⅲ.①翻译学—研究 Ⅳ.①H059

中国版本图书馆CIP数据核字（2021）第190334号

出版发行／中译出版社
地　　址／北京市西城区车公庄大街甲4号物华大厦6层
电　　话／(010) 68359827，68359303（发行部）；68359725（编辑部）
邮　　编／100044
传　　真／(010) 68357870
电子邮箱／book@ctph.com.cn
网　　址／http://www.ctph.com.cn

责任编辑／刘瑞莲　王诗同
封面设计／潘　峰
排　　版／北京竹页文化传媒有限公司

印　　刷／北京玺诚印务有限公司
经　　销／新华书店
规　　格／787毫米×1092毫米　1/16
印　　张／18.5
字　　数／255千字
版　　次／2021年9月第一版
印　　次／2021年9月第一次

ISBN 978-7-5001-6746-4　定价：50.00元

版权所有　侵权必究
中　译　出　版　社

编 委 会

特邀顾问：李宇明
荣誉主编：李德凤

主　　编：许　明
副 主 编：王建华

编　　委（按姓氏拼音排序）：
陈国华（北京外国语大学）　　　高明乐（北京语言大学）
黄忠廉（广东外语外贸大学）　　康志峰（复旦大学）
李正仁（上海外国语大学）　　　李正栓（河北师范大学）
刘和平（北京语言大学）　　　　覃江华（华中农业大学）
王斌华（英国利兹大学）　　　　王传英（南开大学）
王立非（北京语言大学）　　　　许明武（华中科技大学）
许文胜（同济大学）　　　　　　张法连（中国政法大学）
郑淑明（哈尔滨工业大学）　　　朱振武（上海师范大学）

学术编辑：
李秀英（大连理工大学）
吴文梅（厦门大学）

投稿平台：jisti.paperonce.org
题　　字：李宇明

编委寄语

  翻译不全是从A语言到B语言，也可能是方言之间，或方言与共同语之间，或从某方言到某语言；也可能是从古代语言到现代语言；也可能是手语、盲文与一般语言之间；还可能是自然语言与符号之间。如此看来，人类语言能力不仅是听说读写，还应加上"译"。翻译路向过去的常态是从外到内，现在也有从内到外，如中华术语外译，这也是一种新路向。特别是计算机介入语言活动，自动翻译成为时代话题，自动翻译对翻译业的促进是巨大而深远的。此外，翻译也不只是一次次具体的语言活动，宏观上看，翻译是人类相互理解、人类文明相互影响相互交融、人类语言相互接触相互吸收的基础，是超族群的人类共同体形成、发展的基础。翻译学应对以上所有问题进行研究，具有广阔的学术空间。

——李宇明　北京语言大学

本书特邀顾问

  翻译学是门万人迷学科，门槛很低，人人可做，但做出真学问不容易。不妨设计出译学研究的"五服圈"，跨学科翻译研究可在五服内优先，学科关系越熟，越能结合，越能解决问题。跨学科研究分内跨与外跨、近跨与远跨。外跨与远跨显示度较高，容易识别，显得创新性强，成果也容易问世。内跨或近跨因近因内而易忽略，也不容易被求学者看好，倒应引起重视。

——黄忠廉　广东外语外贸大学

本书编委

  翻译本体研究离不开跨学科研究，翻译的描述性研究也离不开实证研究。跨学科、多视角、重基础、出模式，建设有中外翻译特色的翻译学话语体系，为语言服务人才培养提供理论基础。祝《翻译跨学科研究》为翻译学发展作出贡献！

——刘和平　北京语言大学
本书编委

祝贺《翻译跨学科研究》出版，相信本书能为翻译的跨学科研究开辟一片新天地，促进翻译研究的多维度发展。

——李正仁　上海外国语大学
本书编委

祝愿《翻译跨学科研究》成为翻译与语言服务跨学科发展、学术研究、学生培养的引领者。

——王立非　北京语言大学
本书编委

以译为器，自古有之。长期以来，翻译研究和实践的地位问题并不明确。20世纪80年代，翻译学在西方学界成为独立学科；而在中国内地高等教育中，其合法地位则始于2004年。自此，我国的翻译学研究视野渐趋开放、多元。西体中用，也无不可。当前，利用西方译学原理、视角和表述方法对本土翻译学言说，尤其是传统译论的概念术语加以考索和反思，蔚然成风，成果日丰。研究范式与途径的变移自然会对研究产出发生影响。以跨学科视野切入，打通相邻学科、领域的交互成为可能，翻译学研究的边界逐渐向其他学科界面拓展。迎接新范式，扩充并赋能研究队伍，调整研究框架，现代疾速发展的科技和悠久深厚的中华人文碰撞，让我们的翻译学术进展和成果充满期待。由单一而综合，由传统而现代，由语言本位研究而跨学科综合研究，这是人文社会科学必经之路。译学研究仍要急时代与国家之需，一为对外话语建构，一为翻译教学科研。中国话语要有力量，中国话语要有智慧，中国话语更要有体系与积淀。如何在国际舞台唱响"中国好声音"，翻译研究者应砥砺前行。探讨因译学前沿变迁和技术升级带来的翻译学定位问题，须广大翻译工作者戮力合作。时代需要翻译，翻译需要大批的实践、研究人才！一言蔽之，跨学科研究转向是翻译学发展的必然要求，是时代的召唤。

——许文胜　同济大学
本书编委

热烈祝贺《翻译跨学科研究》成功出版！学术乃天下之公器，翻译学术出版物乃公器之公器。这些出版物是学者交流翻译经验、分享研究成果、促进翻译教育和推动学科建设的重要平台。当前，我国翻译产业、翻译教育、翻译研究发展迅猛，加上国家繁荣哲学社会科学和"新文科"建设的东风，翻译学学科建设和相关论著出版迎来重大发展机遇。21世纪以来，我国学者先后创办了近30种翻译学出版物。可以说，学术出版的繁荣是翻译学快速发展的一个缩影。翻译学到了百花齐放、百家争鸣的时代！希望《翻译跨学科研究》能出类拔萃，嘉惠学林！

——覃江华　华中农业大学
本书编委

序 1
翻译学跨学科研究的双向性

经过半个世纪的快速发展，翻译学作为一个学科已具雏形。翻译（学）史的研究不是我的专长，但在多次演讲中，我倒是表达过自己对翻译学发展的一点粗浅看法。我认为，翻译学的发展经历了大约四个阶段。第一个阶段以 Cicero 为代表，学者们提出了关于翻译方法的一些简单想法（ideas about translation）；第二个阶段以 Cowley、Dryden、Tytler 和 Schleimarcher 等为代表，他们首次对翻译展开比较系统的思考（thoughts about translation）；第三个阶段的代表人物包括 Catford、Nida 和 Newmark 等，这些学者将语言学理论应用于翻译，提出了语言学翻译理论（theories of translation）；第四个阶段始于 20 世纪 70 年代初，Holmes 第一次提出翻译学（translation studies）的概念，勾勒出翻译学作为一个学科的结构图（map of translation studies）。由此可见，自从有翻译理论开始，翻译学就是与相邻学科如语言学、文学理论等学科结合的结果。可以说，翻译学的跨学科性是与生俱来的。

当代描述翻译学理论更加无一不是翻译学与其他学科结合的结果，不论是与计算语言学和语料库语言学结合而发展起来的语料库翻译研究，还是与文化研究理论相结合而发展起来的文化学翻译理论；不论是与多元系统理论相结合而发展起来的多元系统论，还是与女性主义结合产生的女性主义翻译理论；甚或与后殖民研究相结合发展出来的后殖民翻译理论，也是如此。而近二十年发展迅猛且硕果累累的翻译传译认知研究，更是大量地借用了心理语言学、认知科学、神经科学、生物科学等学科的研究理论和研究方法。所有这一切都已经充分说明，翻译学的发展与跨学科研究是密不可分的。

翻译学的跨学科性不仅体现在过去，更体现在翻译学未来的发展上。芒迪在其 2000 年出版的《翻译学导论》（第一版）一书中就明确提出，翻译学已经是一个完全独立的学科。这应该是翻译学界关于翻译学作为一个独立学科存在的最早的正式宣言，译界同人无不欢欣鼓舞。然而，我个人认为，要想得到整个学界认可，承认翻译学为独立学科尚需时日。记得我在香港中文大学任教的时候，遇到一位同在香港从教的数学界翘楚，初次见面自然寒暄一番，很快并相互了解对方的研究领域。我告诉她我从事翻译学研究，她随即问我是做英译汉还是汉译英。我解释说，我主要做翻译研究，翻译实践较少。但她还是追问是把中文翻译成英文，还是把英文翻译成中文，我哭笑不得。在她的认知里，翻译只是一门技艺，只有实践，没有理论，因此也就不可能有研究，更没有可能称为学科。这样的情形，我后来在伦敦大学和澳门大学工作的时候都曾多次遇到过。

故此，我认为，尽管我们非常乐意去宣称翻译学已经是一个独立的学科，恐怕多是我们翻译学界同人之间的相互勉励，离开了翻译学界，学术界恐怕并没有真正承认翻译学作为一个独立的学科。原因之一可能是，在翻译学多年的发展过程中，在我们大力开展翻译学跨学科研究的过程中，我们实际上采用的是一种拿来主义和消费主义的做法，从别的学科汲取营养的同时，没有能够为其他学科提供回馈。试想一下，如果翻译学的研究成果和研究方法能够为其他学科所借用，是不是会很快引起其他学科对翻译学的关注呢？人们是不是更容易认识到翻译除了实践还有理论研究，进而更容易认识到并且接受翻译学作为一个独立学科而存在的事实呢？因此，翻译学的跨学科研究必须是双向的，就是既借用相邻学科的理论和方法，又要向其他学科输出理论和方法，二者同样重要，不可偏废。

虽然翻译学跨学科研究对许多人来说并不陌生，但是如何有效地开展这类研究，我们还有很多问题需要探讨。例如什么是跨学科研究？翻译研究的跨学科性是什么？开展翻译学的跨学科研究的基础和条件是什么？开展翻译学跨学科研究的方法有哪些？如何实现双向的跨学科翻译学研究？所有这些问题都需要翻译界同人加强合作、共同探讨。而这本《跨学科翻译学研究》正可谓恰逢其时，为大家提供了专业的交流平台。本书即将付梓，主编许明博士嘱我对读者说几句话，我便写了这几段，聊作序言。

李德凤

2021 年 6 月于澳门大学

序 2
翻译跨学科研究的现在与未来

  从最初萌生组稿想法到现如今第一卷的付梓出版，这本书的命运也伴随近几年来主编事业和生活的跌宕起伏而百转千回。在此期间，尤其要感谢哈尔滨工业大学教师、上海外国语大学在读博士生孟宇，没有她的执着、督促与监督，这本书可能也已经随着时光的流逝和主编志气的消磨而渐行渐远。

  《翻译跨学科研究》书名的选择历经了重重考验。策划之初，想过许多，诸如《翻译学》《翻译学研究》《翻译学前沿》等。中、外文查来查去，才发现国内、外该有的基本上都有。澳门大学李德凤教授创设了英文系列文集 *New Frontiers in Translation Studies*，复旦大学康志峰教授创办了《翻译研究与教学》，四川外国语大学胡安江教授创办了《翻译教学与研究》，华中农业大学覃江华教授创设了"翻译学研究"的公众号。机缘巧合，书名选择最终滑落在了《翻译跨学科研究》上。庆幸的是，在邀请李宇明教授出任本书特邀顾问并给本书题名时，这个书名得到了他的充分肯定，他评论说"这个书名起得好，吻合现如今翻译研究的发展趋势"。进而，我才放心大胆地将其最终确定下来，并推而广之。随后，经与澳门大学李德凤教授、英国利兹大学王斌华教授商讨，其英文名确定为 Interdisciplinary Studies on Translation and Interpreting，简写为 ISTI。再后来，偶然间检索文献，才发现罗选民教授有一本主编的《亚太跨学科翻译研究》，幸好两种出版物区分也比较明显。

编纂系列文集，定位至关重要，既要能承前启后，又要吻合学科的未来发展需要。故此，我们有必要回顾一下"翻译跨学科研究"这个领域的现状，展望一下这个领域亦即这个文集的未来。

一、翻译跨学科研究的若干基础问题

关于翻译跨学科研究，学界诸多学者对这一概念的内涵、路径和潜在风险等问题做了清晰明确的论述（李运兴，1999；刘啸霆，2006；韩子满，2018；方仪力、黄忠廉，2018；蓝红军，2019；穆雷、杨扬，2020；吴文梅，2020；王宁，2021）。

翻译跨学科研究，首先需要区分于多学科研究（multidisciplinary studies）和超学科（transdisciplinary studies）研究（韩子满，2018；穆雷、杨扬 2020）。跨学科研究强调的是学科间的融合、互动与合作，而多学科研究的特点是并置与排列，超学科研究的特点是超越、越界和转化。（Klein，2010：15，转引自，韩子满，2018：74）。跨学科强调两个以上学科交叉领域的研究，以解决本领域的问题、充实本领域的研究为主要任务。三者之间的关系可以用图 1 来表示。

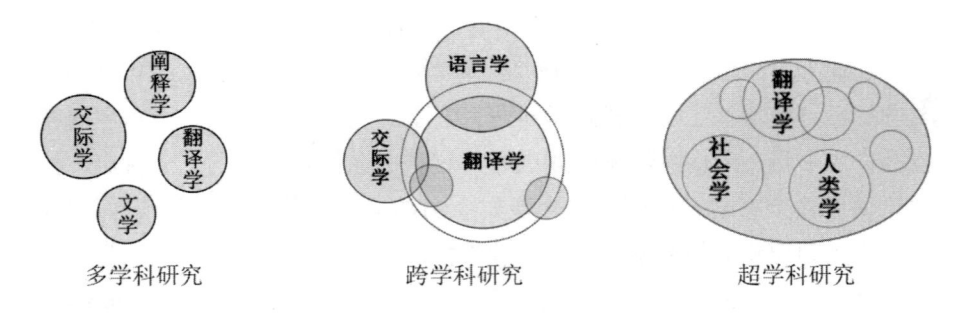

图 1　跨学科研究与多学科、超学科研究的区分简图

翻译跨学科研究是由翻译学自身的复杂性和跨学科属性决定的。恰

如韩子满（2018）所指出的，国内外的翻译研究"自古至今""从中到西"都具备跨学科属性。国内翻译理论所区分的"语言学派理论"和"文艺学派理论"分别借鉴语言学研究和文学研究而形成，西方的语言学翻译理论、翻译研究派理论、阐释学派理论、功能派理论等则分别是借鉴语言学研究、比较文学研究、阐释学哲学和文化研究、社会学及语言学研究所取得的成果（韩子满，2018：75）。吴文梅（2020）结合我国翻译跨学科研究的最新进展，描绘了国内翻译学跨学科研究的路线图，国内跨学科研究的最新动态可用图2来汇总。

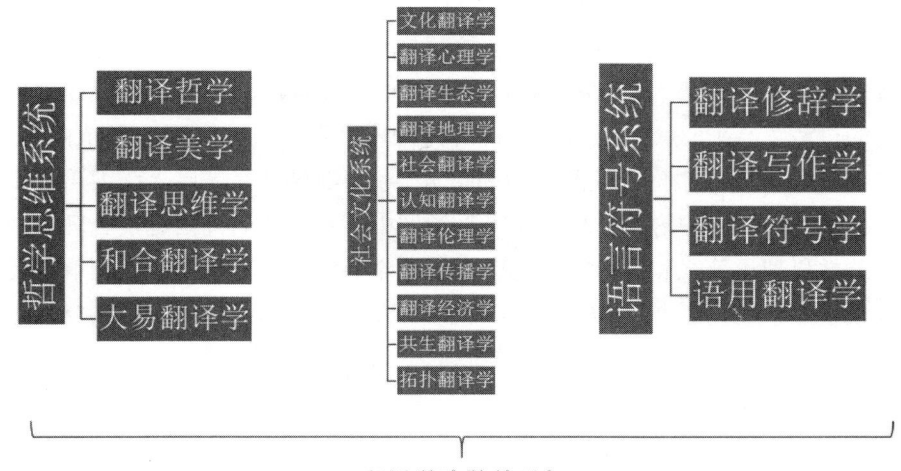

```
哲学思维系统:              社会文化系统:              语言符号系统:
  翻译哲学                   文化翻译学                  翻译修辞学
  翻译美学                   翻译心理学                  翻译写作学
  翻译思维学                 翻译生态学                  翻译符号学
  和合翻译学                 翻译地理学                  语用翻译学
  大易翻译学                 社会翻译学
                             认知翻译学
                             翻译伦理学
                             翻译传播学
                             翻译经济学
                             共生翻译学
                             拓扑翻译学

           翻译学跨学科研究
```

注：图表内容源自吴文梅（2020）

图 2　国内翻译跨学科研究最新动态

翻译跨学科研究的必要性得到了学界诸多学者的充分肯定。方仪力和黄忠廉（2018：173）认为，"跨学科研究路径是当下知识生产的主要模式，也是译论发展的当代要求"。韩子满（2018：75-76）也指出，"跨学科的确是翻译研究的主要特点，已贯穿到翻译研究的各个方面"，其原因有三：首先，翻译研究对象复杂，涉及各类学科；其次，翻译研究是一门新兴学科，必须借鉴而且也能够吸引其他学科的资源；再次，当代学科之间的界限日渐模糊,跨学科成为各学科的共同特点。穆雷、杨扬认为(2020),翻译学是"具备跨学科性质的综合性学科"。王宁(2021)在自己的最新论述中也强调,翻译研究同时具有新文科所具备的"国际性、跨学科性、前沿性和理论性"四个基本特征,学界有必要走出传统的"语言中心主义"的藩篱、在新文科的视域下重新界定翻译,将翻译视为跨文化"阐释、再现、传播和建构"的重要媒介,翻译的跨学科特征也由此得以彰显(王宁,2021:75)。

关于翻译跨学科研究需要解决的问题以及基本路径,学界也有诸多明确的论述。刘啸霆(2006)指出,翻译跨学科研究可以依据视角的不同概括为"方法交叉、理论借鉴、问题拉动与文化交融"四个层次。方仪力和黄忠廉(2018)认为,"跨学科研究"是"回答问题、解决问题或处理问题的进程",真正意义上的跨学科研究应该"强调研究问题的复杂向度,注重多学科视野的整合以及认知的扩大",跨学科研究需要"在大语境中充分认识翻译问题内部结构,在交叉领域中有效聚焦研究问题,合理选用相关学科理论范式和研究路径,或有助于学界增进对翻译本质的理解,促进译学知识的再生产"(方仪力和黄忠廉,2018:173)。韩子满(2018)也指出,跨学科的出路首先是解决问题的意识,其次是翻译为本的意识,再次是选择与创新的意识;最后是方法论意识(韩子满,2018:78-79)。蓝红军(2019)认为,翻译学的跨学科研究是指在研究具体的翻译活动和翻译现象时吸收、借鉴其他相关学科的知识、理论和方法,拓宽思路,深化理解,促进翻译阐释的深入发展。蓝红军(2019)在李运兴(1999)提出的"相关性、层次性和适存性"跨学科移植三原则基础上提出了"问题导向原则、对象适切原则和动态综合原则"三点补充原则(转引自,穆雷、杨扬 2020:119)。穆雷、杨扬(2020)在自己的研究中指出,跨学科研究需"基于不同学科之间的内在关联,通过学科之间理论视角、术语概念、研究方法等的借鉴、渗透、交叉和融合,从而拓宽视角,深化认识,更新结论"。穆雷、杨扬(2020:119)提出翻译学跨学科研究的基本路径,具体包括:(1)立足研究起点——问题导向性和学科本体性;(2)明确交融前提——内在关联性和对象适切性;(3)寻求贯通机制——关系明晰性和知识创新性;(4)追问研究价值——目标针对性和现实关照性。

关于翻译跨学科研究的落脚点，方仪力、黄忠廉（2018：178）认为，跨学科翻译研究的意图在于"产生关于翻译问题的新知识"。韩子满（2018：78-79）指出，"跨学科只是研究的方法或路径，无论我们是否采用这种方法或路径，都应该以翻译为本，以解决翻译问题为目标，真正开创翻译研究的新局面"。穆雷、杨扬（2020：124）指出，跨学科研究的研究价值可从"目标针对性"和"现实关照性"两方面入手，前者指研究必须要有明晰的研究目标指向，目标针对性有助于预判相关问题，制定针对性强、可行性高的解决方案。

翻译跨学科研究也存在一些潜在风险。在各种学科理论的充斥下，翻译研究存在"一步步失去自己位置"的危险（Munday，2009；许均，2005；韩子满，2018）。虽然翻译现象的跨领域性决定跨学科翻译研究的必要性，但"跨"的领域和方式方法并非毫无限度（穆雷、杨扬，2020：118）。

开展翻译跨学科研究需要具备两个前提条件，其一是"研究问题的跨学科层面"，其二"研究者宏观的理论视野"（方仪力和黄忠廉，2018：175）。

二、翻译跨学科研究的新动态

为了配合论文集的出版、增进学界对翻译跨学科研究的认识和了解，同时又恰逢北京语言大学高级翻译学院建院十周年，在北京语言大学梧桐创新平台项目的支持下，我邀请学界的知名学者，通过线上的形式组织了一个"翻译跨学科研究"系列讲座。讲座前后共计12场，先后邀请到了北京外国语大学傅荣教授、华中科技大学许明武教授、澳门大学李德凤教授、英国利兹大学王斌华教授、首都师范大学李军教授、上海外国语大学李正仁教授、侨鑫集团联席总裁仲伟合教授、中国人民大学王建华教授、复旦大学康志峰教授、北京语言大学刘和平教授，以及北京语言大学官群教授。本人也应北京第二外国语学院姜钰副院长邀请做了一场讲座。

系列讲座内容涉及理论与实践两部分。理论层面涉及翻译跨学科研究与跨学科翻译人才培养,实践层面以文化典籍和党政文献的"外译与传播"为主。系列讲座的主题分布和所涵盖的内容也从侧面体现了《翻译跨学科研究》的宗旨,即理论与实践并重、着眼学科发展前沿、力求推动翻译跨学科理论与实践的创新发展。

1. 以实验研究为导向的翻译跨学科研究

在翻译跨学科研究层面,李德凤教授、王建华教授、康志峰教授、官群教授、许明副教授分别围绕认知翻译研究的问题与方法、语言认知交叉研究的问题、方法与路径、认知口译学视域下的学生译员认知灵动与译效研究、翻译跨学科研究的脑科学前沿、翻译跨学科研究路径与方法——以语言学和认知心理学为例做了专题讲座。在跨学科人才培养层面,王斌华教授、仲伟合教授、刘和平教授分别围绕"机器可能取代什么?"人工口译和机器口译过程的学理分析、新文科背景下的口译教育与口译跨学科研究、新文科和新技术背景下的跨学科翻译人才能力培养做了专题讲座。在实践层面,主要涉及口、笔译两种翻译形式。笔译层面,傅荣教授、许明武教授分别围绕中国时政和文化汉法翻译实践与思考、汉英科技典籍翻译实践过程中的困难与解决办法两个主题做了专题讲座。口译层面,李正仁教授围绕职业同传译员的跨学科能力、李军教授围绕新业态视角下口译实践过程中的问题与对策做了专题讲座。读者可以在"翻译跨学科研究"公众号上查看个别专家讲座视频。

李德凤教授的讲座围绕翻译认知研究的研究对象和研究方法做了详细的讲解。翻译认知研究重点集中正在口、笔译的认知过程研究以及大脑黑匣子的内部工作机制研究两个层面。中国以及美国、日本等世界其他几个主要国家均已启动了脑科学计划。学界关于语言认知的相关研究,主要涵盖单一语言认知处理研究和双语认知处理研究,其中后者包括双语语言切换(language switching)和以口、笔译为研究对象的双语转换处理研究。关于翻译过程研究,传统意义上对翻译过程的描写性研究是相对于基于翻译产品研究而言的。翻译认知研究包括笔译认知过程、传译认知过程、认知翻译学研究。翻译认知研究常见的研究方法有:心理语言学研究、行为研究、语料文本研究、认知神经研究、情景研究、整合性研究等，这些不同的研究方法对应的是翻译认知研究的不同研究途径。讲座中，李德凤教授还以年代为序，并结合自己的研究实践，介绍了翻译认知研究的科学研究方法，如 TPR+fMRI、语料库＋认知阐释、实验语料库＋实验过程数据分析、自然语料库＋实验过程＋实验语料库数据分析等。

王建华教授结合学界和中国人民大学一些最新的科研动态和举措，以及 CNKI 关于语言认知交叉研究发文的选题、领域分析，介绍了开展语言交叉学科研究的重要性及其该领域的国内研究现状。之后，王建华教授围绕双语研究、隐（转）喻研究、口译认知三部分详细介绍了语言认知交叉研究的内容。随后，王建华教授系统介绍了行为研究、眼动、ERPs、fMRI、语料库、多模态分析等研究方法在语言认知交叉研究中的应用。最后，王建华教授结合虚拟仿真口译教学、多模态隐喻研究，举例说明了正在开展的语言认知交叉研究。

康志峰教授结合自己及其所带领团队开展的口译研究介绍了从 2008 年到 2021 年间认知口译学的缘起、发展、超越等不同的发展阶段。随后，康志峰教授围绕视译眼动研究过程中的靶域、轨迹、认知灵动、实验过程等内容展开了详细的讲解。康志峰教授在讲座过程中，特别强调了创新性对口译研究的重要性。讲座后，康志峰教授与在线师生展开了充分的交流互动。

官群教授首先从双语优势和第二语言背景下的翻译应用研究意义两个层面入手，阐述了翻译脑机制研究的重要性，官教授特别指出脑功能与学习认知任务相结合是当前研究方法的最前沿领域。接下来，官群教授结合翻译方向效应、语言理解与产出，重点阐述双语语言转换脑机制的特殊性。随后，官群教授结合脑神经机制的最新研究方法如眼动、脑电等，以及心理语言学最新方法趋势，展现了这一领域的最新研究成果和研究方法的最新发展趋势。

许明副教授的讲座结合语言学和认知心理学的基础概念和基础图示对翻译跨学科研究的路径与方法进行了详细的阐释共包括 5 点内容。第一，许明副教授从翻译跨学科研究与多学科和超学科研究的区别、翻译学研究的跨学科属性以及翻译跨学科研究的必要性、基本路径、落脚点、存在风险、前提条件、最新发展趋势这几个方面阐述了翻译跨学科研究的内涵。第二，结合语言学家索绪尔的语言符号图示、术语三角图示、雅各布森的言语交际图示、情景对等、语篇分析以及其他可能的语言学与翻译学的跨学科交叉点，探究了语言学视角下的翻译跨学科研究路径。第三，许明副教授结合口译认知过程的研究，围绕口译认知研究的研究客体、研究对象、译员的双语转换机制、语义表征的构建过程、口译认知研究的研究框架、口译认知技能的训练架构、训练方法，详细介绍认知心理学与口译的跨学科研究路径。第四，围绕翻译跨学科研究的实证研究方法，从效度尤其是生态效度的层面，讲解了实证研究中趋向于科学且又切实可行的实验设计原则。最后，许明副教授重申了翻译跨学科研究的若干理念以及实验设计原则。

2. 新文科、新技术背景下翻译跨学科人才培养

关于跨学科翻译人才培养，王斌华教授在讲座中指出，口译活动是个复杂的认知处理过程，是双语的即时转换，要求高效地进行信息处理和话语输出。此外，口译过程也是一个人际交流、跨文化交流的过程，口译是一种特殊的、职业化的社会文化活动。而现有的机器翻译水平是不能满足口译活动的这些需要的，在不远的将来，口译行业将迎来人机共存的时代。

仲伟合教授在讲座中，首先分析了"新文科"提出的背景、内涵，提出了新文科建设的四新、三个原则和三个抓手。随后，仲伟合教授围绕口译教育和口译研究的现状与问题，重点阐明了口译教学的基本原则、现阶段口译教育的六个显著变化及其近些年来口语教育所取得的十大成就，深入剖析了口译研究所取得的成就与存在的问题，指出了中国口译教育存在的不足。最后，仲伟合教授围绕口译跨学科研究阐述了跨学科研究的内涵、方法、框架、学科定位、研究路径、研究视角、研究方式等。结语中，仲伟合教授展望了新文科背景下口译教学与研究的未来发展方向。

刘和平教授在讲座中，阐释了新文科的内涵及其对新时代背景下翻译人才培养的启示，提出了人文科学内部融合、人文与社科融合、文理融合等新理念。之后，刘和平教授介绍了新技术对口笔译活动的影响，并进而

结合语言服务及其翻译学科的新发展，阐述了翻译跨学科的内涵意义。最后，刘和平教授进一步阐释了语言服务人才培养的跨学科、跨专业和技术化路径。

3. 以文化典籍和党政文献"外译与传播"为主导的翻译实践和人才培养

关于笔译实践，傅荣教授从时政和文化翻译两个层面入手，深入浅出，结合自己时政类文本的翻译经验和教学实践，解析了汉语和法语在语言、句法、文体、文化等方面的差异，并讲解了相对应的处理技巧，强调好的翻译应考虑读者的阅读习惯、具有可读性和可接受性，法汉翻译要做到得"意"忘"形"、动态对等，良好的母语语感对译文质量至关重要。

许明武教授围绕汉英科技典籍翻译过程中遇到的困难及其一些处理方法做了详细讲解。许明武教授首先明确了科技典籍的定义，梳理了我国科技典籍的翻译情况，之后分别从人称代词、视角变换、局内关系、句子重组、省略、增译、替代、专有词、信息处理、语气词十个子层面，详细介绍了翻译过程中遇到的具体困难和相对应的翻译方法。

2021年5月，习近平主席提出了加强我国"国际传播能力建设"的号召，要求我们"讲好中国故事，传播好中国声音，展示真实、立体、全面的中国"。完成这样的历史使命，需要一大批能够从事党政文献和文化典籍翻译的高层次翻译人才，这也将成为当下我国外语人才和翻译人才培养的新目标。高层次翻译和涉外人才是我国构建新时代中国对外话语体系、提升中国国际话语权的根本保证。

4. 以新业态背景下高层次会议口译员培养为代表的涉外人才培养

关于口译实践，李正仁教授结合自己在联合国30年的从业经验指出，口译不仅仅是语言、技巧和方法的问题，译员还需要具备丰富"多学科"知识，以较好的应对不同翻译情景、不同翻译模式、不同主题、不同语言现象和语言层级变化多样等问题。李军教授讲座中重点介绍了会议口译的新业态、口译能力的构成、交传、同传技能与教学、复合型人才培养等内容。

随着我国经济的快速发展和综合实力的不断提高，中国日益走向国际舞台的中心，立足中华民族伟大复兴战略和世界百年变局，把握世界发展趋势，培养具有国际视野、能为"中国发声"、能在国际舞台代表中国、引领世界发展形势的高级涉外人才包括会议口译人才是我国外语教育和口译教育的时代使命。

三、《翻译跨学科研究》的编委组建、文集定位

一本论文集的编纂，编委组建至关重要。《翻译跨学科研究》编委的组建主要考虑了本文集的发展方向和所设立的不同专栏，进而结合专家的研究领域和研究特长，特别邀请确定。特别感谢特邀顾问李宇明教授，荣誉主编李德凤教授，副主编王建华教授！也特别感谢应邀加盟本书编委的各位专家、学者，他们分别是：北京语言大学高明乐教授、刘和平教授、王立非教授，北京外国语大学陈国华教授，中国政法大学张法连教授，上海外国语大学李正仁教授，广东外语外贸大学黄忠廉教授，华中科技大学许明武教授，上海师范大学朱振武教授，河北师范大学李正栓教授，英国利兹大学王斌华教授，南开大学王传英教授，复旦大学康志峰教授，同济大学许文胜教授，华中农业大学覃江华教授、首都师范大学贾洪伟副教授、哈尔滨工业大学郑淑明副教授！还特别感谢同意担任本书学术编辑的大连理工大学李秀英教授、厦门大学吴文梅博士。感谢他们对本人的信任，期待这本文集的未来发展不辜负各位专家、学者的指引、指导与帮助！

作为一个新编的论文集，必然会设定自己的学术追求。选择"翻译跨学科研究"作为书名，本身就意味着一种挑战！"跨学科"意味着创新，"跨学科"代表着翻译研究的新思路、新思想，"跨学科"象征着翻译研究的新生力量。正是基于这样的出发点，本书将关注、收录论文的重点设定

在翻译学与语言学、阐释学、交际学、符号学、传播学、认知心理学、计算机科学、脑科学等诸多学科交叉研究的最新科研成果。此外，本书还将秉持理论与实践并重、理论与实践相结合的基本原则，支持、鼓励对职业口、笔译实践和口、笔译教学的研究与探索。

学术是学习、积累和循序渐进的过程。学术是一门学问，也是一种能力。从论文选题的确定到科学研究的展开，从论文思路架构的确定到一字一句撰写成文，这中间并不是一个简单的过程。学术研究虽然不是文学创作，但同样也需要灵感，这些灵感实质上是研究过程中触发的对自己研究主题的价值发掘，也是论文的价值体现。论文选题需注重研究视角的创新，确保从新的视角审视翻译活动，力求促进学界对翻译活动、翻译理论的认知，追求科学的研究观，促进学科发展，避免一些没有价值的研究。一篇论文在投稿之前，甚至撰稿之前，就应该明确自身的价值所在，要么在理论研究上有所突破创新，要么在实践上有所总结、思考。

四、《翻译跨学科研究》第一卷概述

《翻译跨科学研究》第一卷四个部分收录了十八篇文章。其中，翻译跨学科研究六篇，翻译理论研究五篇，翻译技术两篇，翻译实践五篇。

在翻译跨学科研究部分，收录的五篇论文内容涉及翻译学与阐释学、符号学、语言学等学科的交叉研究。何瑞清教授从阐释学角度的研究译者的立场，研究发现译者的阐释学立场不因翻译研究范式变化而变，然而却跟随翻译本质、翻译伦理、文本类型、翻译目的、意识形态的变化而变化。王洪林教授借鉴符号学理论对符际翻译的意义再生与变异问题进行跨学科元理论反思，研究发现符号学对符际翻译具有较强的阐释力度，从跨学科视角对符际翻译问题开展元理论反思，可以有效避免单一学科视角存在的学术盲点和解释偏颇，有助于拓展符际翻译跨学科研究视角和研究思路。徐洁博士从俄国形式主义理论入手，阐述分析了翻译导致语言陌生化的原因及其不可忽视的社会文化意义。研究发现，语义饱和解构、语言身份认同、语言经济原则是翻译陌生化的主要原因，借助翻译陌生化译者可以在翻译过程中创造诗意生活、重构认知世界、雕刻原作的时代烙印。单红和吕红周副教授从多元系统论、符号域理论、翻译符号学视角出发，审视翻译的间性本质，思考翻译在民族文化中的地位以及由此引发的文化间不平等关系。王晓慧和高菊霞教授从系统功能语言学的视角入手，研究广告翻译的有效翻译方法以及广告翻译质量的评价标准和评估模式。柳博赟博士审查宗教经典形成过程中从口述到文本和从口述到笔译以及现代社会借助现代技术从口述到笔译的翻译实践存在的问题。

  在"翻译理论"部分，王斌华教授研究了《西游记》韦利英译本的经典化。王斌华教授在对比节译本与全译本的接受情况后，扼要分析了韦利译本的整体叙事结构、各章之内的细小删节之处、译本的语言风格以及译者借该译本服务社会议程的翻译动机，指出该译本并非"去其精华、取其糟粕"，而是保留了原著的精华。该译本的经典化过程可为中国文学"走出去"的策略提供启发。巫元琼副教授研究了汉英对照本《红楼梦》中的"不对照"现象研究发现，采用杨宪益、戴乃迭译文的《红楼梦》汉英对照本存在着多种类型的不对照现象，"不对照"现象与杨宪益、戴乃迭《红楼梦》英译底本的复杂情况密切相关。不对照现象，有悖于"大中华文库"项目的初衷，亦有损于《红楼梦》的经典形象，不利于"中国文化走出去"。王秀慧以中国科幻小说《三体》的英译者刘宇昆为主要研究对象，采用翻译批评的路径，从翻译立场、翻译方案和译者视域三方面对译者进行系统研究，进而考察译者主体性如何发挥以及译者如何处理与作者、读者和操纵主体之间的主体间性。赵联斌副教授结合自己提出的"原型－模型翻译理论"，探究了原型－模型翻译理论发生和发展的基础、前提和条件，研究发现该理论的发生和发展基础、前提和条件源于"型本源"的认知路径、"原模共轭"的生存特征、"一原多模"的理论体系以及"阴为始、阳为存"的同源贯通。朱文婷探究了美国著名汉学家、翻译家陶忘机（John Balcom）译介的"缘起"与"缘续"，研究发现陶忘机的译介形式颇丰，包括台湾地区文学作品、诗歌、小说、文集、佛家文本等，其"高级或是引种园艺"（advanced or exotic horticulture）的翻译理念、弥合中英文化差异的方法以及数十载所积累的翻译策略对中国文学外译具有重要的参考价值。

在翻译技术专栏，许明副教授系统回顾了计算机辅助口译学习系统研究的发展历史，理清了信息科技新技术在口译教学和口译实践中的应用现状，进而提出了计算机辅助口译学习系统的设计原则与方法。研究发现，ICTs技术环境下，学生由课堂学习转向多用户、远程协作学习，教师群体日益多元化，教师角色更多转向教育和引导；口译学习模块需要突出学生的自主学习和建构主义学习，实现语料的生态存储与利用，构建多模态、交互性强、专业化、高效的口译学习环境；开放性、交互性、吻合学生认知特点同时兼顾学生译员个性化和终身学习的需求是CAIT系统构建的基本原则。李亚星博士以GitHub为例，研究了围绕开源云平台翻译模式，作者分析了当前包括商业云平台翻译在内的众包翻译所面临的问题，以开源理念为指导，结合GitHub云平台，从译前、译中、译后三个阶段，系统探讨了开源云平台翻译模式，并指出这种开放模式的三大优势：实现敏捷翻译，维持参与者热情，建设公有翻译云。

在翻译实践专栏，许明武教授和李磊从人称代词、专有词、句子结构、信息呈现、语义、语法、语篇等方面详述了中国科技典籍外译时的疑难点并给出了人称代词灵活使用、专有词音译或音译加注、关键信息增译、次要信息省译、句内关系显化、句子结构重组和语义、语法、语篇转换六种相对应的翻译方式。陈雁行以时政文献的翻译为例，总结了外宣翻译中限制隐喻意象再现的因素，包括战争隐喻、信息过载型隐喻、文化意涵缺失型隐喻、涉"政治正确"隐喻等。谭克新以契诃夫的微型小说为例，分析了微型小说的文体特征、语体特征、语言特征、修辞特征、审美特征及作者风格，并以此为依据，探讨微型小说的翻译策略。孟宇、张健、王军平从历史渊源、词语构成和国际视野三个方面比较分析"香港人"各英译名称的形成过程及相互区别，在上述分析基础之上，作者提出了本文倾向的"香港人"的英译表达。茹亚飞、王刊、邱晓、魏丹、李慧以《救难小英雄》童书翻译为例，深入探究了北京语言大学中外语言服务人才培养基地以独立译者招募形式开展的《救难小英雄》儿童文学翻译项目的经验教训，作者系统阐释了项目的组织、操作过程以及项目执行过程中遇到的困难，还结合翻译过程中的实例，进一步探讨了儿童文学作品翻译过程中词法、句法和文体风格等方面遇到的具体问题以及所采用的策略。

第一卷文集收录了部分硕士毕业生、博士在读生和高校初级职称教师撰写的论文,尽管初稿笔触晦涩、稚嫩,学术语言、学术规范等方面有较大提升空间,但鉴于其选题新颖、有新的创见和思想,还是在几番修改后给予录用。相信在编改交互过程中,这些初入学界、努力向上、有学术追求的年轻朋友能学到一些东西,毕竟对于每位个体而言,第一篇论文的发表都是里程碑式的重要事件。我们相信,一个负责任的出版物,"投稿者"与"编辑"之间、编改过程中也是个相互学习、相互促进的过程。当然,也期待每位投稿者能认真对待自己投出的每一篇稿件,让自己的论文能如实反映自己的学术素养、学术水平和写作水平。

结束语

从萌生编纂论文集的想法,到现如今真正的付梓出版,中间经历了很多的过程,也得到了很多的帮助。首先,是经费的问题,在此特别感谢北京语言大学梧桐创新平台项目的资助支持(中央高校基本科研业务费专项资金)(项目批准号:19PT02);其次,特别感谢本书特约顾问李宇明教授、荣誉主编李德凤教授、副主编王建华教授以及各位编委会成员给予的不同形式、不同层面的支持;最后,特别感谢中国出版集团中译出版社,感谢他们在本书封面设计、论文校改、编辑、出版等方面给予的大力支持。期待本书能不负众望,在未来几年有一个更好的发展!

许明　北京语言大学

2021 年 7 月 1 日

序 2 参考文献

[1] 方仪力，黄忠廉．翻译的跨学科研究：问题聚焦与视野整合——以《翻译之"应该"的元理论研究》为个案．湖南科技大学学报（社会科学版），2018，021 (002): 173-178.

[2] 韩子满．跨学科翻译研究：优劣与得失．外语教学，2018, 39 (006): 74-79.

[3] 穆雷，杨扬．翻译学跨学科研究之路径．外国语文（双月刊），2020, 36 (6): 118-125.

[4] 吴文梅．修"名"与督"实"：国内翻译学跨学科研究路线图．上海翻译，2020 (3): 18-22.

[5] 王宁．新文科视域下的翻译研究．外国语，2021, 44 (2): 75-77.

目 录

编委寄语 ·· 01
序 1：翻译学跨学科研究的双向性 ·································· 李德凤 04
序 2："翻译跨学科研究"的现在与未来 ······························ 许明 07

翻译跨学科研究

译者阐释学立场的动态变化 ·· 何瑞清 3
符际翻译意义再生与变异之跨学科元理论反思 ··················· 王洪林 17
论翻译陌生化 ·· 徐洁 31
论翻译的间性本质 ··· 单红、吕红周 45
基于系统功能语言学的广告翻译及其评价标准研究 ········ 王晓慧、高菊霞 58
口述和笔译在古代和现代的实践 ······································ 柳博赟 71

翻译理论

《西游记》韦利英译本的经典化 ······································· 王斌华 87
汉英对照本《红楼梦》中的"不对照"现象研究 ···················· 巫元琼 100
也谈译者的主体性与主体间性 ··· 王秀慧 109
原型–模型翻译理论：产生背景与发展基础 ························· 赵联斌 124
陶忘机译介的"缘起"与"缘续" ····································· 朱文婷 140

i

翻译技术与本地化

计算机辅助口译学习系统的构建原则与方法 ················· 许明 155
开源云平台翻译模式研究 ··························· 李亚星、崔启亮 177

翻译实践

科技典籍翻译：问题、方法与技巧 ····················· 许明武、李磊 193
外宣翻译中隐喻意象再现的限制性因素探究 ··················· 陈雁行 210
微型小说文体特征及其翻译策略研究 ······················· 谭克新 218
专有名词"香港人"英译探究 ················ 孟宇、张健、王军平 235
以独立译者招募形式开展的儿童文学
　翻译实践 ····················· 茹亚飞、王刊、邱晓、魏丹、李慧 248

Contents

Interdisciplinary Studies on Translating and Interpreting

The Dynamic Change of Translator's Hermeneutic Stance .... *HE Ruiqing* 3
An Interdisciplinary Meta-theoretic Reflection on Meaning
 Regeneration and Variation of Intersemiotic Translation .... *WANG Honglin* 17
On Defamiliarization in Translation .... *XU Jie* 31
On Interness: The Essence of Translation .... *SHAN Hong, LÜ Hongzhou* 45
Research on the Systemic Functional Linguistic-based
 Advertisement Translation Assessment .... *WANG Xiaohui, GAO Juxia* 58
Dictation and Translation in Ancient and Modern Times .... *LIU Boyun* 71

Translation Theories

Canonization of Arthur Waley's Translation of Xiyouji: A Case Study
 on Canonization of Translated Chinese Literature .... *WANG Binhua* 87
On the Influence of Non-Correspondence
 in Chinese-English Version of Classics .... *WU Yuanqiong* 100
Translator's Subjectivity and Intersubjectivity .... *WANG Xiuhui* 109

Prototype-model Translation Theory: Background
    and the Foundation of Its Development ·················· *ZHAO Lian-bin* 124
The Beginning and The Continuity of the
    Translation Course of John Balcom ·················· *ZHU Wenting* 140

Localization and Translation Technologies

Research on the Principles and Methods of the
    Computer-aided Interpreting Training Platform ····················· *XU Ming* 155
Open Source Translation Management:
    The Modes of GitHub Translation Projects ············ *LI Yaxing, CUI Qiliang* 177

Translation Practice

On Translation Techniques of Chinese Classics of Science
    and Technology ·································· *XU Mingwu, LI lei* 193
Restrictive Factors on the Reappearance of Metaphoric Images
    in Publicity-Oriented TranslationImages ······················ *CHEN Yanhang* 210
Translation Strategies of Miniature Novels ·························· *TAN Kexin* 218
A Study on Translating the Proper Name "Xiang Gang Ren"
    in English ···························· *MENG Yu, ZHANG Jian, WANG Junping* 235
The Translation of Children Literature in the Form of Independent
    Translator Recruitment ······· *RU Yafei, WANG Kan, QIU Xiao, WEI Dan, LI Hui* 248

翻译跨学科研究

译者阐释学立场的动态变化

广东海洋大学
何瑞清[①]

【摘　要】 本文旨在从不同的角度阐释译者阐释学理论立场的动态性。翻译本质、翻译伦理、文本类型、翻译目的、意识形态是译者翻译决策的重要影响因子。译者的阐释学立场不因翻译研究范式变化而变，却随着这些因素的变化而变化。翻译本质、翻译伦理（职业规范）、表达型文本要求译者持有古典方法论阐释学立场，而信息型文本和感召型文本、委托人、意识形态的要求有时迫使译者持有现代本体论阐释学立场。归根到底，译者阐释学立场是义务论伦理与功利主义伦理的较量，理想主义与实用主义的较量的结果。在绝大多数情况下，译者应该在内容上"信"于作者（原文），在形式上"达"于读者，持一般方法论阐释学立场。

【关键词】 阐释学；理论立场；主体性；翻译伦理；文本类型；意识形态

一、引言

阐释学有不同派别，即古典方法论阐释学、现代本体论阐释学、一

[①] 何瑞清（1966—　），教授，主要研究方向为翻译理论、翻译批评。邮箱：1656184910@qq.com。

般方法论阐释学三大派别，它们之间的理论观点相互冲突。译者的阐释学立场指译者在某种场景下，其翻译决策理应符合某种阐释学理论本质。翻译决策和阐释学理论派别存在关联，不同的翻译决策反映不同的阐释学立场。

在国内，译者主体性研究热度很高。不过有些学者漠视阐释学各派理论的本质及适用范围，将译者主体性片面理解为没有任何制约的主观能动性。他们探讨译者主体性，言必伽达默尔，现代本体论阐释学在翻译研究中泛滥。与此同时，阐释学翻译批评出现乱象。其一，伽达默尔的"合法偏见"，布鲁姆的"一切阅读皆误读"对有些翻译研究者影响很大，由"误读合理"错误推导出"误译合理"。其二，有些翻译批评者混淆传统翻译学、译介学或译文学，或者混淆文艺批评和翻译批评，或者不区分翻译批评内容，同时运用古典方法论阐释学和现代本体论阐释学探讨同一问题，主观轻率地选择阐释学理论立场，以致自己的阐释学理论立场错位；有些翻译批评者甚至将自己的理论立场强加给译者，混淆了不同翻译研究范式或批评类型中译者、翻译批评者的阐释学立场。

什么情况下译者应该持古典方法论阐释学立场？什么情况下译者持现代本体论阐释学立场？什么情况下译者应该持一般方法论阐释学立场？决定译者阐释学理论立场的因素有哪些？译者与其他翻译主体的关系孰轻孰重？下面就这些问题展开探讨。

二、阐释学各派理论的本质

施莱尔马赫、狄尔泰古典方法论阐释学承认"最终意义"和作者权威；海德格尔、伽达默尔现代本体论阐释学否定"最终意义"和作者绝对权威。古典方法论阐释学的目标就是要"消除前见、避免误解、寻觅原义"。伽达默尔肯定"前见在理解中的合理性和合法性"（朱立元，2018：5），认为理解"永无达到本真世界的可能"（朱立元，2005：310）。古典方法论阐释学的本质是"作者中心论"，现代本体论阐释学本质却是"读者中心论"。上述两派理论针锋相对，相持不下，出现折中的以保罗·利科、贝蒂为代表的一般方法论阐释学。一般方法论阐释学阐释的立足点就是文本，本质是"文本中心论"。朱立元（2018：14）认为贝蒂的一般方法论阐释学的意义观"似可概括为融合作者与读者为一体的文本意义中心论"。

"解释学领域的冲突场景表明不可能用一种解释学把种种相互竞争和冲突但又同等有效的解释统一在一起。（莫伟民，2017：3）"我们必须依据阐释学的本质属性，确定其适用的范围。古典方法论阐释学本质是理性、忠实。现代本体论阐释学本质是非理性、叛逆。古典方法论阐释学以忠实作者和原文为基调，有制约、支配译者翻译决策的功能。而现代本体论阐释学以消解作者权威为基调，给予读者任意阐释的自由，导致误读、误译，背离文本原意，这样就违背了翻译的本质要求。它虽然能够解释读者阐释差异性、译者主观能动性，却不能支配译者的翻译决策。

三、译者阐释学立场的影响因素

译者身处作者和读者之间，以作者为中心和以读者为中心的种种理论互相冲突，例如，古典方法论阐释学与现代本体论阐释学的冲突，中外翻译研究者的翻译（伦理）观冲突，西方价值排序专家的理论观点冲突。这些让译者无所适从，译者的理论立场、翻译策略和方法的选择变得困难。但是，译者在特定场景下，必须在冲突理论之间选边站队。

影响译者翻译决策、阐释学立场的因素很多。个性的倾向结构包括个体的"需要、动机、态度、理想、信念和世界观等心理成分"，影响译者"翻译手法的选择"（傅敬民，2018：171）。个体差异和场景差异使得决策过程复杂多变。从不同的学科视角或价值标准出发，可能会得出不同的结论。尽管如此，笔者试图在归纳国内外有关研究的基础上，探讨不同场景下译者的阐释学理论立场。贝尔曼认为，译者的翻译立场是译者在自己的翻译冲动、翻译任务以及内化方式（即译者所处的翻译环境对译者所产生的影响）之间达成的一种妥协（许钧、袁筱一，2001：286）。翻译本质、翻译伦理、文本类型、翻译目的、意识形态是译者翻译决策的重要影响因子。

（一）翻译的本质

翻译的本质要求是再现原文，对作者忠实，"这是一个最原始也是最持久的标准。这是合规律性的要求"（吕俊，2007：54），中西毫无例外。严复的"信、达、雅"，泰特勒的翻译三原则，奈达的"动态对等"，纽马克的"语义型翻译"和"通达型翻译"等等，"这些翻译标准，基本上都是强调忠实的"（张南峰，1995：22）。笔者（2015a：30）从严复本人观点、法律、哲学、逻辑学、翻译伦理（职业规范）、翻译质量评估模型等角度论证"信、达、雅"三者之间的地位次序，说明"信"都是第一位的，"忠实"始终是第一标准。

传统翻译学认为违背翻译本质的翻译是伪翻译，而目的论、操控论、文化学、译介学超越翻译本体，以目的语文化和意识形态、读者为中心，不追求语言对等，丰富了翻译研究，使翻译研究复杂化，使译者难于选择阐释学立场。翻译本质要求译者是"语言人"，忠实于作者、原文，但是在翻译活动中，译者是"社会人"，"译者属性连续统就表现为'语言性——社会性'连续统"（周领顺，2014：75，85），在语言性与社会性之间滑动，兼顾作者和读者的需求。

（二）翻译伦理

"伦理"是指在处理人与人，人与社会相互关系时应遵循的道理和准则（360百科）。翻译伦理指翻译活动中处理译者与其他翻译主体（主要是作者、委托人、读者）之间的关系准则，以及译者和社会的关系准则。译者既要忠实于作者，又要忠实于读者。更倾向谁？什么情形下倾向于谁？译者"'一仆二主'角色使译者经常处于两难的尴尬境地"（贺显斌，2002：120）。

"忠实于作者与忠实于读者其实是对立统一的关系。忠实于作者目的是忠实于读者。目的论和读者接受理论下翻译对原文的变动，尤其是删节，有时既照应了读者的需要，又剥夺了读者的权利。"（何瑞清、马会娟，2015a：32）

(1) 翻译职业规范

国际和国家有关组织制定了翻译职业规范。它们的一致性表明全世界翻译业界主流的认识是翻译服务规范要"忠实于原文"。翻译职业规范属于义务论伦理。

2006年国际译联修订《译者章程》。第一章职业规范规定译者的义务。其中第四条规定：Every translation shall be faithful and render exactly the idea and form of the original, this fidelity constituting both a moral and legal obligation for the translator（译文要忠实于原文，在思想与内容上与原文一致，这种忠诚构成译者对作者的道德与法律的义务）。明确规定"忠实于原文"是译者的道德与法律的义务。

美国译协《职业行为与行业惯例守则》2002年修订版要求译者承诺"尽可能忠实地对原初信息进行笔译或口译"；英国口笔译协会在其《职业行为守则》中规定"只有委托人明确要求，最好提供书面指令，方可在目的语文化背景中重写原文"（汤君，2007：58）。

我国《翻译服务译文质量要求》（GB/T 19682—2005）第一条要求就是"忠实原文"。同时，我国《翻译服务规范》（GB/T 19363.1-2008）就"译文的完整性和准确度"明确规定：译文应完整，其内容和术语应当基本准确。不得误译、缺译、漏译、跳译，对经识别翻译准确度把握不大的个别部分应加以注明。

我国的《翻译服务规范》与欧洲统一的翻译服务标准《翻译服务——服务要求》（EN 15038:2006）都参考了德国翻译合同标准（DIN2345:1998），而《加拿大翻译标准》（CAN/CCSB-131.10-2008）参考了欧洲标准。

(2) 译者个人伦理

译者个人伦理指"译者个体对翻译职责、方法、标准等的认定"，是"译者个人的职业理念和行为操守"（汤君，2007：63）。它牵涉"如何译""译什么""为何译""忠实于谁"等个人翻译观。译者的翻译理念更能影响翻译策略，体现译者主体性。

不同学者的价值观和翻译观不一样，相应地，"忠实"在其翻译伦理学的地位也不一样。外国翻译伦理模式研究中的操控论与投降论"旗鼓相当"（申连云，2016：79）。国内不少翻译研究者不屑忠实伦理。翻译伦理的研究内容不再局限于翻译活动直接有关的主体之间的关系，杂合了研究者的研究志趣，各具特色。例如，贝尔曼的"尊重他异性"，韦努蒂的"存异"，斯皮瓦克的"保留第三世界语言文化差异"，诺德的"功能"加"忠诚"，以及皮姆的从文化间性出发的译者伦理，等等（王大智，2012：21–57）。

国内学者在引介和评论外国学者的翻译伦理时，对于"忠实"在其翻译伦理的地位，有不同的解读。贝尔曼、韦努蒂、斯皮瓦克翻译伦理体现了异化翻译观，体现了对原语文化的尊重，对作者和原文的忠实。贝尔曼指出，"忠实"和"准确"是人们自始至终追求的目标（刘云虹，2013：85）。韦努蒂赞同贝尔曼的观点，"好的翻译是揭示真相的，它在译入语中展现异域文本的异域性"（同上：86）。与贝尔曼和韦努蒂不同，"皮姆的翻译伦理具有明显的功能主义和实用主义色彩"（同上：88）。"皮姆翻译伦理归根到底出于功利性目的。"（方薇，2017：85）

申连云（2016：79）将皮姆的译者伦理归类为投降论，辛广勤（2018：96）认为皮姆"忽视译者主观能动性"；而王洪林（2018：88）却认为皮姆的译者伦理"关注的焦点是具有主体性的译者，而非翻译文本"。皮姆批评贝尔曼、韦努蒂等传统翻译伦理，认为"译者身处目标语即母语所属的故土的伦理观并不足取"，提出了以"文化间性"为出发点的"译者的伦理"（王洪林，2018：86）。皮姆赋予译者多重身份，即中间人、信使、职业人士、协调者、传道者。他的职业伦理出发点是职业，而非译者个人与其他主体的关系。皮姆把忠实置于一边，回避译者与其他主体的关系。他辩护称，"忠实不足以涵盖译者对翻译这一职业所负有的责任，而对职业的责任正是译者伦理最为关键的一点"（方薇，2017：84）。

董世峰（2006：178）运用哈特曼的价值排序理论绘制出译者伦理价值空间图，从低到高依次是基本道德价值层（忠实）、特殊道德价值层（忠诚、可靠、理解）和审美价值层（个人倾向与文化认识等）。审美价值涉及与自身的关系；特殊道德涉及与其他主体即原作者、赞助人和读者的关系；基本道德价值涉及与客体即文本的关系。文本的忠实处于价值高度的最底层。申连云（2016：79）将切斯特曼翻译伦理和韦努蒂差异伦理划入操控论。而彭萍、朱桀（2017：199）认为切斯特曼的伦理模式更突出译者"忠实"的规范。

上述价值空间图尚需细化以涵盖翻译决策情景的复杂性，例如，特殊道德同时涵盖译者与原作者、赞助人和读者的关系，译者与谁的关系更重要？什么情况下应该更倾向谁？在图中，文本的忠实处于价值高度的最底层，难道忠实文本对译者来说真的是最不重要的一项价值？可以随时牺牲？同是价值排序研究名家，与舍勒相反，哈特曼（2003）认为"高级价值依赖于低级价值"（张彦，2013：67），"违反低级价值比违反高级价值的后果更严重"（欧阳东峰，穆雷，2017：125）。况且，他五种翻译伦理模式的第一个就是"再现模式"，对应的伦理价值是"忠实"；同时，他发出《圣哲罗姆誓约之倡议》，"凡我所译，务求委本求信，不背原文"（祝朝伟，2010：80）。所以，"忠实"在切斯特曼翻译理论中处于非常重要的地位。

译者个人伦理有时会与职业规范相冲突。从译者个人伦理自律来看，忠实原文非常重要。中西方翻译伦理表面价值规范和模式不同，归根到底是一种"忠实性翻译伦理"（祝朝伟，2010：81）。功利主义伦理与义务论伦理的较量，有时功利主义伦理占上风。译者主体性"甚至膨胀到自由放任、缺乏诚信的程度，似忽视伦理道德的倾向，诱发着大量的道德风险"（方梦之，2019：39），甚至法律风险。为了报酬，译者会答应委托人的要求，而不忠实于原文、作者。从著作法的角度来看，译者要服从委托人的要求，而委托人的要求要征得作者同意。译者职业规范这个义务论伦理绝大多数情况下是起作用的。

舍勒的"感觉价值、生命价值、精神价值和神圣价值"排序反映了精神至上的观点，"内含着对现世社会大行其道的功利化和世俗化的反思和批判"（张彦，2013：66）。哈特曼将"目的性功效"置于其他七大价值之上。杜威"颠覆了舍勒的绝对、先验的价值排序标准"，建构了以"行动的自我"为核心的价值评判和价值排序的实验经验主义价值哲学（张彦，2013：67–68）。后两者的观点是功利主义、实用主义的价值观。显然，价值排序专家的观点冲突。"传统的社会价值观缺乏对个人的约束力"（方梦之，2019：39），影响译者服从或违背规则。影响其"自由"决策的因素很多,而且,在特殊道德价值层内部,译者与不同主体的关系孰轻孰重,仅仅用价值伦理学来分析是不够的。

(三) 文本类型

文本类型决定翻译方法。文本类型学被翻译界广为接受。"文本类型理论之所以有评价和规范意义,很重要的是借用了一个被广泛认可的语言功能模式。"(张美芳,2009:53)纽马克、莱斯、诺德对这方面都有研究。表达型文本要求应用"字面"翻译方法;信息型文本要求应用等效翻译方法;感召型文本要求应用等效再创作翻译方法(Newmark, 1981:15)。表达型文本、大部分信息型文本适宜应用语义翻译方法,感召型文本、部分信息型文本适宜应用交际翻译方法。译者在翻译大部分文体时应该忠实作者、原文,持古典方法论阐释学立场。诺德认为,译文预期功能不一定等于原文功能。译者在翻译感召型文本(例如广告等)、有些信息型文本(例如政治敏感新闻)时创造性叛逆,背叛作者、原文,持现代本体论阐释学立场。

(四) 社会因素

作者与译者的关系,通过翻译职业规范来调节;译者与读者的关系,通过译者个人伦理(翻译观)自律;译者与委托人(含出版社)的法律关系通过法律来调节。

周领顺教授从社会学的角度研究译者行为,创造性地提出"求真—务实"连续统评价模式,分析译者在"求真—务实"翻译自律过程中的社会性表现。他认为"译者有意不忠实,此时其社会性超过了语言性,译评者不宜再用'忠实'作为评判的标准,而应该考虑译者背后的社会因素"(周领顺,2010:74)。

(1) 翻译目的

费米尔的目的论有一句经典的话,"目的决定手段"(The end justifies

the means），译者可以因客户、出版社、读者需要而采取非常规翻译方法。"功能目的论认为原作不能决定译品类型，决定翻译译品类型的是翻译的目的"（方梦之、毛忠明，2004：4）。类似地，哈特曼把"目的性功效"所归属的"人格价值"放在价值层高端，为译者有时违背底线价值（忠实作者、原文）作出似乎合理的解释。

费米尔的目的论有些极端，过分偏向客户、出版社、读者。而诺德的"功能"加"忠诚"相对理性。"忠诚原则限制了某一原文的译文功能范围，增加了译者与客户之间对翻译任务的商议。"（张美芳，2005：63）译者服从委托人的要求，是为了翻译报酬，这是功利性的表现。

翻译目的多变，不是固定的影响因素，对原文的不忠实是局部的。但是我们必须注意到"目的论和西方文艺批评理论的滥用导致翻译理想主义屈从于实用主义和功利主义，对等、忠实标准受到挑战，甚至译作评价失去了统一、客观、合理的标准"（何瑞清、马会娟，2015a：29）。译者的古典方法论阐释学立场是一贯的，译者因满足赞助人的要求而持现代本体论阐释学立场是临时的变通。

(2) 意识形态

意识形态是与一定社会的经济和政治直接相联系的观念、观点、概念的总和，包括政治法律思想、道德、文学艺术、宗教、哲学和其他社会科学等意识形式（360百科，意识形态）。

根据勒菲弗尔的操控理论，译文改写的两个主要动因是意识形态和诗学。在源语与目的语的意识形态、诗学体系发生冲突时，目的语的意识形态和诗学体系操控译者采取归化翻译策略，服从目的语的意识形态。

政治新闻的编译、改译、删译往往是意识形态冲突的结果。这个很容易理解。而文学翻译是表达型文本翻译，一般要求译者忠实原文。如果作品中有违背目的语意识形态的内容，译者同样需要删译或改译。有时不忠实也会带来意识形态的批评。冯唐译《飞鸟集》自以为架了"一座准确、通畅"的桥，却被下架了。《人民日报》刊登《莫借"翻译"行"篡改"》一文，批评冯唐所译《飞鸟集》实"乃不知有信，无论达雅"（关山，2019）。

不过李银河 2015-12-27 在博客发文为冯唐辩护，认为"冯唐译的《飞鸟集》是迄今为止最好的中文译本"。冯唐译本"信"没有问题，问题出在"雅"上面。

"冯唐之所以用词有些不雅，跟他的文字风格有关"，"冯唐的缺点在于有点将自己的风格强加于原作者了"。既然李银河认为在诗意和美感上，冯唐译本超过郑振铎译本，那么这个"雅"指的是内容的"雅"，不是形式的"雅"。冯唐译本用一些庸俗、性感的语言来描写纯洁、高尚的大爱，庸俗张扬的文风把高雅的诗歌变成了庸俗的作品，丑化原作。这种文风不忠实由于违背主流道德观、审美观，引起读者反感。

（五）以上影响因素的影响力

按照影响的持续性，将以上影响因素分为常规性因素和非常规因素。常规性因素包括翻译的本质、翻译伦理、文本类型。非常规因素包括社会因素（翻译目的、意识形态）。

译者做"文化中间人"，在意识形态方面中立都是不现实的。翻译前的中间人，在翻译过程中一定要选边站队。在文化翻译中，意识形态冲突时译者无法中立，文化翻译或异化或归化，必须选其一；译者要服从目的语的意识形态。社会因素虽然是非常规因素，其地位压倒常规因素。在第八届全国应用翻译研讨会上，陈勇博士探讨了权力与翻译规范的关系，认为"赞助人的权力比专业人士权力大，因而意识形态规范的约束力比诗学规范强"。在有些情景下，例如翻译目的的需要、委托人的要求、意识形态的冲突的情况下，译者会变译，背叛作者，实在是不得已而为之。这是翻译理想主义向实用主义妥协的结果，是义务论伦理向功利主义伦理妥协的结果。

四、结语

影响译者翻译决策和阐释学理论立场的因素很多，导致译者的阐释学理论立场的动态变化。翻译本质、翻译伦理（职业规范）、表达型文本要求译者持有古典方法论阐释学立场。这种立场是常规因素导致的常规立场，这是翻译理想主义的要求。而实际上，信息型文本和感召型文本、委托人、意识形态的要求有时迫使译者持有现代本体论阐释学立场，这是实用主义的表现。归根到底，译者阐释学理论立场是义务论伦理与功利主义伦理的较量，是理想主义与实用主义较量的结果。在绝大多数情况下，译者应该努力在内容上"信"于作者（原文），在形式上"达"于读者，持一般方法论阐释学理论立场。

在翻译过程中应该主要选择古典方法论阐释学理论立场，而非现代本体论阐释学理论立场。现代本体论阐释学可以用于解释译者主体性，却不是翻译决策的理论渊源。"误读合理"的观点不能动摇译者的古典阐释学理论立场。即使译者"有意误译"也不是他的现代本体论阐释学立场的结果，而是译者的翻译观决定的，是受其他翻译理论（例如，目的论、操控论）立场影响的结果。

[基金项目]本文为广东省哲学社会科学"十三五"规划2018年度学科共建项目（GD18XWW04）阶段性成果之一。

【参考文献】

[1] 董世峰. 价值：哈特曼对道德基础的构建 [M]. 北京：光明日报出版社，2006.

[2] 方梦之，毛忠明. 英汉—汉英应用翻译教程 [M]. 上海：上海外语教育出版社，2004.

[3] 方梦之. 应用翻译研究：原理、策略与技巧（修订版）[M]. 上海：上海外语教育出版社，2019.

[4] 方薇."翻译伦理"还是"社会道德"？——从梅肖尼克对皮姆译者伦理的批评说开去 [J]. 上海翻译，2017 (3): 82–88.

[5] 傅敬民. 译学荆棘 [M]. 上海：复旦大学出版社，2018.

[6] 关山. 从冯唐译《飞鸟集》下架看译者和赞助人对翻译出版的操纵 [EB/

OL]. 2019-03-20. https://www.sohu.com/a/302551004_176673

[7] 何瑞清，马会娟．"忠实"始终是第一标准——评目的法则和美国《翻译质量保证标准指南》[J]．天津外国语大学学报，2015a (3): 29–35.

[8] 何瑞清，马会娟．"作者死了""译者死了"与翻译批评乱象 [J]．外文研究，2015b (3): 67–72.

[9] 贺显斌．翻译标准的悖论 [J]．四川外语学院学报，2002 (6): 120–122.

[10] 利科，保罗．解释的冲突 [M]．莫伟民译，北京：商务印书馆，2017.

[11] 李银河．冯唐译的《飞鸟集》是迄今为止最好的中文译本 [EB/OL]. 2015–12–27. http://blog.sina.com.cn/s/blog_473d53360102wa86.html

[12] 刘云虹．翻译价值观与翻译批评伦理途径的建构——贝尔曼、韦努蒂、皮姆翻译伦理思想辨析 [J]．中国外语，2013 (5): 83–88, 94.

[13] 吕俊．翻译标准的多元性与评价的客观性 [J]．外国语，2007 (2): 67–73.

[14] 欧阳东峰，穆雷．论译者的翻译伦理行为选择机制 [J]．外国语文，2017 (4): 119–126.

[15] 彭萍，朱桀．忠实还是自由？理性还是非理性：译者的伦理选择——罗宾逊与切斯特曼翻译伦理思想比较 [J]．复旦外国语言文学论丛，2017 (2): 199–204.

[16] 申连云．翻译伦理模式研究中的操控论与投降论 [J]．外国语，2016 (2): 78–88.

[17] 汤君．翻译伦理的理论审视 [J]．外国语，2007 (4): 57–64.

[18] 王大智．翻译与翻译伦理——基于中国传统伦理思想的思考 [M]．北京：北京大学出版社，2012.

[19] 王洪林．也评皮姆的《论译者伦理：文化间协调原则》[J]．东方翻译，2018 (2): 85–88, 92.

[20] 辛广勤．"译者伦理"？——皮姆翻译伦理思想析辨 [J]．中国外语，2018 (4): 96–103.

[21] 许钧，袁筱一．当代法国翻译理论 [M]．湖北教育出版社，2001.

[22] 张美芳．功能加忠诚——介评克里丝汀·诺德的功能翻译理论 [M]．外国语，2005 (1): 60–65.

[23] 张美芳．文本类型理论及其对翻译研究的启示 [J]．中国翻译，2009 (5): 53–60.

[24] 张南峰．走出死胡同，建立翻译学 [J]．中国翻译，1995 (4): 15–22.

[25] 张彦．当代西方价值排序理论的范式演进：从舍勒、哈特曼到杜威 [J].

学术月刊，2013 (2): 62–69.

[26] 周领顺. "求真—务实"译者行为评价模式的辩证性 [J]. 江苏大学学报（社会科学版），2010 (2): 70–76.

[27] 周领顺. 译者行为批评：理论框架 [M]. 北京：商务印书馆，2014.

[28] 祝朝伟. 译者职责的翻译伦理解读 [J]. 外国语文，2010 (6): 80–81.

[29] 朱立元. 当代西方文艺理论第 2 版 [M]. 上海：华东师范大学出版社，2005.

[30] 朱立元. 伽达默尔与贝蒂：两种现代阐释学理论之历史比较——从当代中国文论建设借鉴的思想资源谈起（下）[J]. 当代文坛，2018 (4): 5–14.

[31] Newmark, Peter. *Approaches to Translation*[M]. Hemel Hempstead: Prentice Hall, 1981, 1988.

[32] Nord, Christiane. *Translating as a Purposeful Activity: Functionalist Approaches Explained. Manchester*[M]. UK: St. Jerome Publishing, 1997.

The Dynamic Change of Translator's Hermeneutic Stance

(Guangdong Ocean University)

HE Ruiqing

Abstract: This paper aims to illustrate the dynamic nature of a translator's hermeneutic theoretical stance from different perspectives. Translation essence, translation ethics, text type, translation purpose and ideology are important factors affecting a translator's hermeneutic stance and translation decisions. To be exact, translation essence and translation ethics (professional ethics) and expressive texts require translators to hold the stance of classical methodological hermeneutics, while informative texts and appealing texts, requirements of patrons and ideology force translators to hold the stance of modern ontological hermeneutics. In the final analysis, the translator's hermeneutic stance is the result of the contest between deontological ethics and utilitarian ethics, and between idealism and pragmatism. In most cases, the translator should take the stance of general methodological hermeneutics, be faithful to the author (original) in content, and make the translations readable in form for the sake of the readers.

Key Words: hermeneutics; theoretical stance; subjectivity; translation ethics; text type; ideology

符际翻译意义再生与
变异之跨学科元理论反思

浙江万里学院
王洪林[①]

【摘　要】数字化时代符际翻译实践呼吁跨学科理论研究。从任何单一学科视角阐释符际翻译问题都略显乏力。鉴于此，本文借鉴符号学理论对符际翻译的意义再生与变异问题进行跨学科元理论反思，发现符号学对符际翻译具有较强的阐释力度。从跨学科视角对符际翻译问题开展元理论反思，可以有效避免单一学科视角存在的学术盲点和解释偏颇，有助于拓展符际翻译跨学科研究视角和研究思路。

【关键词】符际翻译；意义再生与变异；元理论

一、引言

翻译学科的深入发展推进了跨学科翻译研究的进程。翻译研究学者逐步从翻译学科的相邻学科及交叉学科进行理论借鉴。就西方翻译理论而

---

① 王洪林（1978—　），博士，浙江万里学院外语学院教授，硕士研究生导师。研究方向：**翻译**研究、符号学、应用语言学。邮箱：fycarol61@163.com。

言,"除了传统的语言文学资源之外,接受美学、符号学、解释学、解构主义、批评理论等学术思想,纷纷汇入到当代西方翻译理论的大合唱"(刘军平,2017:007版)。从跨学科视角审视翻译核心问题有助于更全面地理解翻译的本质。然而,有学者指出,"翻译学是一门年轻的跨学科,面对学科自我意识的统一性和学科语言统一性的任务,不同的学者进行了不同的努力。但不同的学者采用不同的元语言,从不同的学科角度进行的翻译研究呈现出离散性特征,导致了方法论的不统一和对话的困难"(吕红周、单红,2016a:36)。与此同时,各类翻译研究"转向"以及不同研究范式难以通约的问题逐步引起学界关注。如果从深层次追溯原因的话,不同学科范式对翻译研究的关照由于学科立足点不同,研究对象与研究目的不同,使得不同学科范式下的翻译研究存在分歧。根据皮姆(Pym, 2014)的研究,不同翻译研究范式之间原本难以通约,对翻译问题的研究因而立足特定研究范式会更为有效。不过,他也指出,如果从不同学科视角回应这个问题,或许可以找到不同翻译研究路径之间的交叉点,进而促进不同翻译研究范式之间的对话路径。

近年,随着翻译学科的发展及跨学科翻译研究的深入,翻译元理论研究逐步受到关注。有研究指出,元理论(metatheory)源自希腊语 meta 一词,"元"含有"基础""超越""在……之后"等含义。翻译元理论就是"将理论作为问题而思考的理论,因此其总体特征是反思性"(庞秀成,2020:16)。如果从研究视角来审视元理论的话,元理论可以"从整体论视角为学科本体和分支学科提供高层次理论视野"(同上:20)。因此可以说,翻译元理论是对翻译理论的反思,也就是从更高层次对翻译理论展开的研究。张冬梅(2012)从哲学视角切入讨论了翻译的描述与规约关系。方仪力和黄忠廉(2018)对翻译元理论研究展开过讨论,指出从跨学科视角开展翻译元理论研究有助于实现翻译研究视野的整合。随后,方仪力(2020)从翻译、语言与历史语境的多元关系切入,对直译与意译问题进行了元理论反思。

数字化时代带来翻译形态的变化,符际翻译研究逐步受到重视。目前符际翻译研究主要集中在影视翻译、网站本地化、动画片翻译、儿童文学翻译尤其是数字绘本等不同类型文本之间的符际转换问题(Oittinen,

2000；潘琳琳，2016；Baker，2018；Oittinen et.al.，2018）。蒙娜·贝克从符号对等视角对符际翻译问题进行了较为系统的考察，着重讨论语言与非语言符号在翻译意义再生中的配合问题（Baker, 2018）。符际翻译作为一种特殊的跨符号、跨模态和跨文化符号表意活动，不仅涉及语言符号与非语言符号，还涉及不同模态之间的转换和配合，意义再生的同时也伴随意义变异。因而仅从语言学单一学科理论视角切入探讨符际翻译问题存在一定局限。符际翻译由于涉及不同符号、不同模态之间的转换，与语际翻译相比，意义再生与变异更为复杂。意义再生与变异作为符际翻译的核心问题，关系到符际翻译本质。从跨学科视角对该问题进行元理论思考，不仅有助于厘清符际翻译本质，也有助于拓展符际翻译研究视野和研究思路。鉴于此，本文从多重符号学视角对符际翻译意义与变异关系进行跨学科元理论反思与再解读。

二、符际翻译之符号学理论基础

雅各布森（Jakobson，1959）首次从符号学视角提出语内、语际和符际翻译概念。雅各布森作为从符号学视角研究翻译问题的开创者得到了学界认可，其翻译观对翻译研究以及其他人文学科产生深远影响。通过分析学科大百科字典或权威工具书对雅各布森翻译思想的借鉴，有学者指出雅各布森的翻译思想进入"翻译学、语言学、符号学权威工具书"，可见其在欧美学界的影响力（贾洪伟，2016：12）。翻译学与符号学对雅各布森翻译观的关注一方面表明翻译三分概念所体现的跨学科价值，另一方面也说明翻译研究与符号学之间的学科交叉的历史渊源。翻译与符号尤其是语言符号之间关系密切。不过，学界对语际翻译的重视程度远远超过符际翻译（Munday, 2016）。佩特丽莉（2014: 210）认为：翻译理论不可能脱离翻译符号学。反之亦然。有研究针对翻译符号学的跨学科特点，指出符号学、翻译学、文化分析、交际研究等不同学科间的联系，进一步说明符号学与翻译学方法论综合的可能性（吕红周、单红，2016b）。

翻译作为一种特殊的符号转换活动（许钧，2014），与符号表意密不可分，涉及语言符号、非语言符号以及副语言符号间的符号表意行为，符际翻译更是如此。在符号表意中，原文与译文、作者与译者之间的关系，始终是翻译研究关注的焦点问题。不过，对于两者关系至今学界看法并不统一。既然对符际转换、文本关系以及翻译主体间关系的探讨关乎翻译本质，有必要从符号学解释项视角对"何为译"这一翻译本质问题进行新的阐释。从符号学视角切入，对翻译中的符号表意、文本关系及符号主体关系进行讨论，有助于对翻译本质问题的把握。国内外均有学者从理论层面对符号与翻译间的关系展开讨论。意大利学者苏珊·佩特丽莉（Susan Petrilli）从解释符号学以及符号伦理学视角对翻译研究进行了积极探索，尤其从解释项视角对翻译中的符号问题以及解释项与被解释项间的关系进行深度剖析，推进了符号学视角下的翻译研究（佩特丽莉，2014）。关于佩特丽莉符号学视角翻译研究的理论贡献，有学者指出：佩特丽莉近三十余年来著述颇丰，聚焦解释符号学与翻译研究的联姻。其解释符号学思想受到皮尔斯以及西奥比克的影响，进而运用解释符号学从宏观角度阐释翻译问题（陈宏薇，2007）。王铭玉（2015）从语言符号学视角谈论了翻译问题。潘琳琳（2018：58）提出符号学为解决翻译中的重要问题，如等值、翻译损失等问题提供了新视角。

就翻译活动与符号表意之间的关系而言，有研究指出："翻译就是不同语言符号之间的转换，进一步说是携带意义的符号之间的转换。"（刘毅，2016：125）如果说翻译的对象是意义，而意义的载体是符号的话，那么翻译活动就是符号意义再生的活动。具体而言，翻译活动所涉及的意义再生是符号转换过程中的意义再生。这一点与符号表意过程中的意义再现既有相通之处，也存在差别。差别主要在于，符号学尤其是解释符号学所讨论的意义再现，主要指符号表意过程中出现的符号自身解释意义的再生。

根据皮尔斯的观点，符号表意过程中由于不断用新的解释项去解释某个符号，使得符号表意出现"无限衍义"（赵毅衡，2016）。也就是说符号表意活动在潜力上可以无限延续下去，只要有解释者对符号进行解释，就会开启新的符号表意活动。从符号解释项视角看待翻译的话，翻译活动在原则上来说也是无限持续的表意活动。只要时机成熟，有翻译的需要并有译者对源语文本进行翻译，翻译活动可以无限持续。正如文学经典的翻译一般，只要有新的译者出现，就有可能开启新的翻译活动，出现"复译"现象。随着对原文本的不断翻译，原文和译文之间、不同译文文本之间存在相同或相似性的同时也存在差异。对此，下文将聚焦符际翻译的意义再生和变异问题，从元理论视角展开讨论。

三、符际意义再生之元理论反思

符际翻译之"意"体现在跨符号与跨模态的符号表意活动中。下文对符际翻译中的意义问题进行跨学科解读，进而对符际意义再生的特点展开讨论。

（一）符际翻译之"意"的跨学科解读

首先，符际翻译作为一种特殊的跨模态、跨媒介和跨符号符际表意活动，与语际翻译和语内翻译最大的不同体现在不同符号之间的转换，以及不同模态在符际意义再生中的相互配合与交互。洛特曼（Lotman）将翻译问题放在文化符号学视域下进行考察，提出如下观点，即"文化中，任何一种信息转移都是翻译"（引自 Semenenko，2012：27）。这里提到的翻译是指广义上的翻译。有研究指出，"翻译不仅仅局限于书面语文本，在其他符号系统中也有发生。"（Weissbrod & Kohn, 2019: 1）马雷斯就从生物符号学视角重新审视翻译问题，将所有类型的翻译都看作是发生在符号系统之间的符际翻译活动（Marais, 2019）。从广义翻译概念来看，翻译和改编之间的界限并没有那么明显。"当模态整体在新的语境或面对新的读者重新生产时，就会发生翻译或改编。"（Weissbrod & Kohn, 2019: 173）从跨学科视角审视符际翻译，其跨符号转换已超出传统翻译转换中的语言对等概念，更多是一种阐释活动。

其次，符际翻译之"意"体现在文本层面的符号表意活动中符号解释意义的生成过程。从符号三分的观点看，解释项不仅实现符号意义的生成，同时也带来新意义。符号解释项的主体解释者在符号意义生成中发挥重要作用。而符号主体的认知差作为意义再生的动力，对符号意义的理解、表达以及符号意义交流起到关键作用。除文本内多模态符号在意义再生中的配合、交互之外，原文文本与译文文本构成的元符号文本同其他伴随文本一起构成全文本。符际意义再生除了体现在文本内部不同符号以及不同模态之间的配合之外，还体现在文本外部核心文本和伴随文本之间的跨文本互文对话关系。

　　文本所处的文化空间对符际意义再生产生重要影响，不仅决定意义再生的限度，也决定意义变异的程度。从比较文学变异学观点来看，跨文明交流显然要比跨文化交流难度更大（曹顺庆，2014）。根据洛特曼（Lotman, 1990）提出的文化空间与符号域理论，文化本身具有"多语性"，文化之间远非独白或一对一对话关系，而是众声喧哗，是复调，是多方交流。不同文化之间的交流又助推新的文化因子的产生，促进文化创新甚至变革。符际翻译作为跨文化交流的重要载体，对文化空间构成带来重要影响。

　　最后，符际翻译之"意"体现在意义再生中意识主体认知差所造成的意义流动与变异，也称意义流变。上文对符号文本、伴随文本以及全文本在符际意义生成中所扮演的角色以及文本外部的符号空间与文化空间展开了讨论。而除文本内部、文本之间与文本外部因素对符际意义产生影响之外，译者与译文读者认知差作为推动意义流动的动力对符际意义再生与变异也发挥关键性作用，差距越大，对意义理解与表达的意向性越高，意义流动的机会也就更大。然而，一般情况下，差距过大在意义再生过程中造成的误解、误读会增多，意义变异的可能性也会增大。此外，需要指出的是，符际翻译作为特殊符号表意活动，其意义再生与无限衍义共生共存。符号解释意义为符号表意带来可能，同时由于解释意义的产生需要用一个新的符号来充当意义再生的解释项，而解释符号与被解释符号之间不可能完全等同，也就造成隐藏在解释符号背后的新意。而对符号的不断解释则带来新意义，进而导致无限衍义，最终使得被解释项与解释项之间既相似又相异，使得意义的再生与变异共存。

　　潘琳琳（2018: 58）认为，"对于翻译符指过程来说，目的文本永远不可能呈现出原文所有的意义潜势。"该研究从符号学视角出发审视翻译中的符号转换问题，可以对翻译研究长期争执的"对等"问题进行更为有效的阐释。不过，作者并没有深入讨论并解释为何译文无法呈现原文所有意义的潜势。事实上，针对这一问题，符号学理论可以提供有效的理论解释依据。根据赵毅衡（2017）的观点，由于符号表意中意识对意义选择的非匀质化、对焦点信息提取的差异以及意识主体认知差的存在，导致译者在翻译过程中对原文意义的理解与表达呈现片面化，译文读者对译文意义的理解再度出现片面化，进而导致原文意义与译文意义之间存在差异。

综上可见，就符际翻译而言，符号表意涉及多种符号以及多模态之间的配合与转换，从而使得意义再生变得更为复杂与多元。而符号表意过程中的意义再生与无限衍义两者相伴而生，共生共存。

（二）符际翻译意义再生的跨模态和跨符际特征

符际翻译的跨符号转换特点以及意义生成中的跨模态特点，导致意义生成过程中不确定性变大，而由于涉及多元符号与模态，使得对意义的阐释更加复杂与多元，下文将从如下几个方面对此展开讨论。

首先，符际翻译本质决定了意义再生的跨符号与跨模态特点，既涉及文本内语言符号与非语言符号之间的跨符号转换，也涉及多模态语言符号或语言符号和副语言符号之间的配合与转换。多符际翻译意义再生与变异过程中，译者作为译文文本的创作者发挥关键作用。符际翻译的跨符号与跨模态特征使得意义再生过程更加复杂，难度更大。正是因为意义再生涉及符际之间的配合，不同符号之间以及不同模态之间相互对话，为意义再生提供了条件。意义再生的效果最终取决于译者的阐释与表达，翻译的效果则取决于译文在新的文化空间内传播时新读者群体所带来的诠释。

其次，符际翻译的"多语性"或"多符号性"导致意义再生的不确定性。符际翻译所涉及的多模态文本，多模态符号之间的配合与互动给意义生成与再生带来更多不确定性。符际翻译所涉及的多模态文本中的多符号共存、多模态共存给意义再生带来更多可能性，更大程度上消解了原文与译文一一对应的关系。译者对原文的理解以及对译文的表达更加多元，从而导致跨符号转移中意义的确定性程度降低，使得多模态文本跨越符号边界、文化边界的不确定性升高。符际翻译的"多语性"不仅体现在文本内部的多符号、多模态性，还体现在文本之外的伴随文本所具有的多语性，以及文本与伴随文本所构成的全文本所具有的多语性。从广义上看，符际翻译面对的不只是符号文本本身，还涉及位于核心文本之外、边缘、前后的伴随文本，关于文本的文本即评价类文本或元文本。

最后，符际翻译中的跨符号域跨模态转换使得意义阐释呈现多元化特点。由于多模态符号文本自身具有的多模态特点，尤其不同模态符号之间的配合，使得接收者对意义的阐释更加多元。此外，文本接收者自身对符号的敏感度以及对符际配合过程中的主导符号与主导模态的倚重，都会使得不同接收者在意义阐释方面存在差异。总之，相对于单一模态符号文本如纯文字文本而言，多模态符号文本带来的阐释空间更大，引发的阐释差异也会更加凸显。

就符际翻译而言，译者作为主要阐释者在意义再生中发挥关键作用。由于多模态文本的符号与模态的多样性，在一定程度上带来译者阐释的多元。另外，除文本自身的多模态特点以外，接收者面对多模态文本的认知差，在一定程度上影响翻译中的意义再生。值得指出的是，尽管总体上符际翻译意义再生面临的不确定性和可能性更高，意义变异的可能性也越大，然而，由于不同模态符号之间存在互文性和互指性关系，使得多模态意义生成受到一定限制，从而使得多模态意义再生与变异之间形成一定张力。两者相互促进的同时也相互束缚。总之，符际翻译由于多模态符号并存于同一文本，使得翻译受到的束缚更多，但同时也更为灵活，在翻译限度方面存在张力，使得意义再生与变异呈现自身的特色。

四、符际意义之变异的元理论反思

在讨论"何为译"这一翻译本质问题时，对"异"的讨论贯穿翻译研究的始终。从语言文化差异到异质性的讨论，再到翻译活动中的变异，以及译文在新的文化语境中发生的变异现象等，无一不与"异"相关。然而，遗憾的是，目前对于翻译活动相关的"异"的研究总体呈碎片化特点，缺少系统性、整合性研究。鉴于此，本文将从异质、差异与变异三个方面对

"异"的多义性进行跨学科解读,通过对"异"的探讨进一步了解符际翻译的本质。下文将分别从符际翻译活动出发审视异质、差异与变异,进而讨论三者的异同及三者关系。

(一) 异质、差异与变异概念辨析

异质性与差异的概念总体而言是静态的,多指事物所处的状态。变异概念则强调动态性、演变性和发展性。变异活动的结果一般带来差异。就翻译活动而言,异质性、差异与变异三者之间形成无限循环与互动的关系。

首先,意义变异主要发生在意义再生过程中。由于意识主体的阐释而发生变异,而意识主体认知差的存在又加大了变异的可能性,进一步推动变异活动的发生。同一译文经过不同读者或者同一读者的不断阐释,将不断实现意义再生同时也发生变异,也就是无限衍义。读者的阐释、认知差以及文化空间从内到外造成符际意义再生与变异同步进行。

其次,就符号表意活动而言,符号意义的产生,需要解释者对符号与对象之间的关联进行解释,从而产生解释项。但解释项符号与被解释项符号之间不可能完全相同,因为没有两个完全相同的符号,因而两者之间只能相似而非等同。从这个意义上来说,在符号解释过程中必然会产生新的意义,由此也会引发符号形式的变异以及意义的变异。就符号表意自身的特点而言,原则上说,符号表意是一个无限持续的过程,因为客观或者主观原因即便在某一点中止,理论上而言也是暂时的中止。一旦条件成熟,新的符号表意又会被开启,又会开始新的符号过程。从这个意义上来说,符号表意引发的意义变异会不断延续,并引发新的变异,进而导致无限衍义。

最后,就翻译之后译文传播中所发生的变异而言,译文在新的文化语境中所发生的语言与文化变异不仅会对目标语言与文化带来直接影响,甚至会经由目的语文化再次回流至母语文化,进而对母语语言与文化产生间接影响。就翻译影响而言,Gentzler(2017)在后翻译研究中进行了深入讨论。作者以莎士比亚作品海外符际翻译与传播为例对此问题进行了细致考察。比如,莎剧《仲夏夜之梦》最早由英国引介到德国,被一次次搬上舞台，对德语文化产生深远影响，随后逐渐被翻译到北欧国家以及俄罗斯。由剧本到戏剧表演再到芭蕾舞，实现语言符号到非语言符号之间的符际翻译转换（Gentzler, 2017）。随着莎剧在德国等国海外影响力的提升，逐步引起英美国家的关注，随后以影视剧的形式出现在好莱坞以及英国各大影院。莎士比亚的《哈姆雷特》在中国的译介以及歌德的《浮士德》的海外译介传播也是如此，遵循类似的符际翻译及传播路线。

可见，符际翻译通过跨符际转换手段，借助不同媒介以及符码对语言文本进行非语言符号的转换，在转换过程中导致新意义的出现，同时使得意义的变异与意义再生如影随形。意义再生与变异不仅造就了新文化形式的出现，也通过翻译活动丰富了目标语乃至源语的语言与文化。

（二）符际翻译中的异质、差异和变异之元理论反思

从上文分析可见，异质、差异和变异三者尽管有交叉之处，但也有差异。总体上，三者相互依存且交互影响。

首先，异质、差异和变异三者分别体现在翻译前、中、后三个阶段：译前，异质性主要体现在源语语言、符号、符码及文化等方面的异质性；译中，译者面对跨文化差异时所采取的转换、变通或变形手段，借助不同的翻译策略来实现信息的传达，帮助不懂彼此语言的双方顺利实现交流；译后，译文跨越国家疆界、语言与文化边界在异域或他乡旅行与传播，在遭遇不同语言、文化过程中势必会产生文化冲突，遭受误解、误读、误传，从而引起文化变异、文本变异、符号变异与语言变异（谢天振，2018）。而这种变异又不是单向的，在译文对目标语语言、文化带来影响的同时，也在一定程度上检验源语语言与文化的包容性、适应性及传播力。

其次，就三者之间的关系而言，异质性是先在的。变异指意识主体为理解与表达信息采取的变通手段而导致的意义变异，与变译概念有相通之处。可理解为译者借助变译手段传达差异以求解、求通时所导致的变异。译文产生之后伴随新的读者解释而逐步发生变异行为。总之，变异体现在三个层面，即符号解释项自身所导致的意义变异，读者认知差所引起的变异，以及受文化空间与文化差异影响而导致的变异。本文讨论的差异主要

指文本符号层面的差异，以及译者在翻译过程中对差异的处理。变异是指译文相对于原文所发生的变异现象，既指译者对差异的处理而采取的变通手段，从而使得原文信息发生变异，也指目标文本读者对译文进行新的阐释，进而使得原文意义再度变异，也就是在译文文本变异的基础上发生再度变异。

五、结束语

符际翻译具有跨符号、跨模态、跨文化特征，从跨学科视角考查其意义再生与变异问题可以有效避免单一学科视角所存在的局限。从多重符号学分支视角审视符际翻译中的意义再生与变异问题，有助于厘清符际翻译和语内及语际翻译之间的异同之处，有助于拓展符际翻译跨学科研究视野和思路。鉴于符际翻译的符号学理论基础，不同符号学分支对探讨符际翻译意义发生机制，符号主体及其所处的文化空间对意义再生与变异产生的影响具有重要理论借鉴价值。本文从解释符号学视角审视符际翻译，发现符际表意活动在意义再生的同时便随意义变异；从哲学符号学认知差视角审视符际表意行为，发现译者以及译文读者的认知差进一步推动意义的流动，进而带来意义变异；从文化符号学视角考察，发现译文在新的文化空间传播过程中实现意义再生的同时发生意义再度变异。通过对符际翻译进行跨学科元理论思考，发现符际翻译的意义再生与变异发生在翻译前、中、后三个阶段。

在翻译学科日渐成熟，翻译研究范式日渐多元的背景下，采取不同学科理论视角审视符际翻译问题，对推动翻译学科发展以及拓展翻译研究视野具有重要理论价值，对推进语内、语际和符际翻译研究之间的对话和融通具有重要意义。符号学既考察语言符号也考察非语言符号，对于符际翻译研究具有更强的解释力度和更宽的视野，因而从不同符号学分支视角切入考察意义再生与变异问题并展开元理论思考，对进一步认识符际翻译本质意义重大。总体而言，翻译学界对符号学的借鉴还有很大空间和潜力可挖掘。从符号学视角探讨符际翻译问题，无论对翻译研究还是符号学研究均有重要跨学科互鉴价值。

[基金项目] 本文系 2018 年浙江省哲学社会科学发展规划项目（18NDJC284YB）的阶段性研究成果，受到浙江省属高校基本科研业务费资助。

【参考文献】

[1] 曹顺庆. 南橘北枳 [M]. 北京：中央编译出版社，2014.

[2] 陈宏薇. 苏珊·彼得里利的解释符号学翻译思想研究 [J]. 上海翻译，2007 (4), pp.1–8.

[3] 方仪力，黄忠廉. 翻译的跨学科研究：问题聚焦与视野整合——以《翻译之"应该"的元理论研究》为个案 [J]. 湖南科技大学学报（社会科学版），2018 (2): pp. 173–178.

[4] 方仪力. 论洪堡特语言和翻译思想中的普遍主义向度 [J]. 外语学刊，2020 (2), pp.102–107.

[5] 贾洪伟. 雅各布森三重译域之翻译符号学剖析 [J]. 解放军外国语学院学报，2016 (5), pp.11–18, 159.

[6] 刘军平. 探析西方翻译理论发展的特征 [N]. 中国社会科学报，2017–11–13 (007).

[7] 刘毅. "翻译"即"翻意"的符号学解释 [J]. 辽宁医学院学报（社会科学版），2016 (4), pp.122–125.

[8] 吕红周，单红. 彼得·特洛普的翻译符号学观 [J]. 解放军外国语学院学报，2016a (5), pp. 33–39.

[9] 吕红周，单红. 从翻译的重新定位谈翻译符号学 [J]. 外语学刊，2016b (5), pp.103–107.

[10] 潘琳琳. 翻译符号学视阈下的文本再生——以《红高粱》小说、电影剧本、电影台本为例 [J]. 解放军外国语学院学报，2016 (5), pp. 26–32.

[11] 潘琳琳. 翻译符号学视阈下的《红高粱》文本阐释 [M]. 苏州：苏州大学出版社，2018.

[12] 庞秀成. 后学科时代翻译学科谱系的元理论反思与重构 [J]. 中国翻译, 2020 (3), pp. 15–22.

[13] 王铭玉. 翻译符号学刍议 [J]. 中国外语, 2015 (3), pp. 1, 22–23.

[14] 谢天振. 译介学导论（第 2 版）[M]. 北京：北京大学出版社, 2018.

[15] 许钧. 翻译论 [M]. 南京：南京大学出版社, 2014.

[16] ［意］苏珊·佩特丽莉（Susan Petrilli）. 符号疆界：从总体符号学到伦理符号学 [M]. 周劲松译. 成都：四川大学出版社, 2014.

[17] 张冬梅. 在事实与价值之间——翻译研究中描述与规约之关系的哲学阐释 [J]. 外语学刊, 2012 (1), pp. 121–124.

[18] 赵毅衡. 符号学：原理与推演（修订本）[M]. 南京：南京大学出版社, 2016.

[19] 赵毅衡. 哲学符号学：意义世界的形成 [M]. 成都：四川大学出版社, 2017.

[20] Baker, Mona. *In Other Words: A Coursebook on Translation* (3rd ed.) [M]. London & New York: Routledge, 2018.

[21] Gentzler, Edwin. *Translation and Rewriting in the Age of Post-translation Studies* [M]. Oxan and New York, 2017.

[22] Jakobson, Roman. *On linguistic aspects of translation* [A]. Lawrence Venuti (ed.). *The Translation Studies Reader* (3rd edition) [C]. London and New York: Routeledge, 1959/2012.

[23] Lotman, Yuri M. *Universe of the Mind: A Semiotic Theory of Culture* [M]. London and New York: I. B. Tauris, 1990.

[24] Munday, Jeremy. *Introducing Translation Studies* (Fourth edtion) [M]. London and New York: Routledge, 2016.

[25] Marais, Kobus. *A (bio)semiotic theory of translation: the emergence of social-cultural reality*[M]. New York and London: Routledge, 2019.

[26] Oittinen, Riitta. *Translating for Children* [M]. New York: Garland Publishing, 2000.

[27] Oittinen, Riitta, Anne Ketola, and Melissa Garavini. *Translating Picturebooks: Revoicing the Verbal, theVisual, and the Aural for a Child Audience* [M]. New York, 2018.

[28] Pym, Anthony. *Exploring Translation Theories* (2nd ed.) [M]. London & New York: Routledge, 2014.

[29] Semenenko, Aleksei. *The Texture of Culture: An Introduction to Yuri Lotman's Semiotic Theory* [M]. New York: Palgrave Macmillan, 2012.

[30] Weissbrod, Rachel, Kohn, Ayelet. *Translating the Visual: A Multimodal Perspective* [M]. New York and London: Routledge, 2019.

An Interdisciplinary Meta-theoretic Reflection on Meaning Regeneration and Variation of Intersemiotic Translation

Zhejiang Wanli University
WANG Honglin

Abstract: The increasing practice of intersemiotic translation in the digital age calls for interdisciplinary theoretical research. It is not effective enough to interpret intersemiotic translation from a single disciplinary perspective. In view of this, this article draws on the theory of semiotics to conduct meta-theoretical reflections on the meaning regeneration and variation of intersemiotic translation from multidisciplinary perspectives, and finds out the strong interpretive force of semiotics on intersemiotic translation. By carrying out meta-theoretical reflection on intersemiotic translation, it is found out that multi-disciplinary perspectives adopted in intersemiotic translation can effectively avoid academic blind spots and interpretation biases caused by a single-disciplinary perspective, and further help expand the perspectives and ideas of inter-disciplinary research in intersemiotic translation.

Key words: intersemiotic translation; meaning regeneration and variation; meta-theory

论翻译陌生化

北京语言大学
徐 洁[①]

【摘 要】随着人类社会的发展，语言总是在不断演变进化，尤其在互联网时代，语言陌生化趋势明显，语内翻译、语际翻译和符际翻译成为陌生化的重要来源。本文从俄国形式主义理论入手，阐述分析了翻译导致语言陌生化的原因及其不可忽视的社会文化意义。研究发现，语义饱和解构、语言身份认同、语言经济原则是翻译陌生化的主要原因，借助翻译陌生化译者可以在翻译过程中创造诗意生活、重构认知世界、雕刻原作的时代烙印。陌生化翻译让人们打破陈规，在崭新的语言环境中重现生活的审美隐喻。

【关键词】形式主义；陌生化；翻译

　　语言的陌生化一部分来自语言内部的创造重组，还有相当一部分来自语言间的翻译转换。每年《牛津英语词典》都收录大量翻译新词条，而《现代汉语规范词典》也收录了很多来自英语和日语的外语表达以及港台方言词。那些没有收录到官方词典里的陌生化表达更是不计其数。有人认为陌

---

① 徐洁，讲师，在读博士，国家留学基金委公派美国访问学者。主要研究方向为：翻译学，翻译理论与实践。邮箱：agnesxujie@126.com。

生化玷污了语言纯洁性，混乱了思维，视其为洪水猛兽；还有人对此趋之若鹜，认为陌生化是语言发展的必然。本文重点探讨陌生化的理论渊源及其在翻译中应用的方式方法和内在根源。

一、语言陌生化

陌生化理论源自艺术创作，而翻译是语言的艺术创作，和陌生化有着不可分割的关系。所谓陌生化，就是对常规常识的偏离，造成语言理解与感受上的陌生感。在指称上，要使那些现实生活中为人们习以为常的东西化为一种具有新的意义、新的生命力的语言感觉；在语言结构上，要使那些日常语言中为人们司空见惯的语法规则化为一种具有新的形态、新的审美价值的语言艺术（王安忆，1996）。

（一）陌生化

"陌生化"是俄国形式主义的核心和基本原则，是其最富价值而且至今仍有启迪意义的思想。俄国形式主义是 1915 年至 1930 年在俄国盛行的一股文学批评思潮，虽然其历史短暂，但对后世的影响深远。俄国形式主义认为，艺术内容不能脱离艺术形式而独立存在，这是他们对文学形式的新界定。陌生化就是将描述对象从其常规的领域移出，通过创造性手段，重新构造对事物的感觉，从而扩大认知的难度和广度，不断给读者以新鲜感。俄国形式主义评论家维克托·什克洛夫斯基（Viktor Shklovsky）从语言变形和移位的角度研究陌生化。他说：艺术之所以存在，就是为了使人恢复对生活的感觉，就是为了使人感受事物，使石头显出石头的质感（Erlich, 1965:176）。艺术的目的是要人感觉到事物，而不是仅仅知道事物。艺术的技巧就是使对象陌生，使形式变得困难，增加感觉的难度和时间长度，因为感觉过程本身就是审美目的，必须设法延长。艺术是体验对象构成的一种方式，而对象本身并不重要。

形式主义把"诗歌"和"陌生化"联系在一起。诗人把物体从习惯的环境中剥离出来，用完全不同的概念，给词语的陈腔滥调和墨守成规以致命一击，从而迫使我们加强对事物及其感官体验的意识。语言的创造性变形重塑我们的认知，使我们周围的世界更强烈，更有质感（Erlich, 1965: 177）。

什克洛夫斯基经常提到批判现实主义文学大师列夫·托尔斯泰小说里的例子。他敏锐地观察到，托尔斯泰的作品有大量段落"拒绝认知"熟悉物体，把熟悉事物描绘成陌生事物。例如，在《战争与和平》里有一场歌剧演出，作家称之为"片片彩绘纸板"；《复活》里的群众场景，作家用"小片面包"这样小小不然的表达指代主人。

语言的陌生化成为托尔斯泰社会批评的载体，是典型的代表"自然"揭穿文明真相，这和什克洛夫斯基的论点偶合。什克洛夫斯基关注的不是自己的观点和托尔斯泰的斗争武器（语言）在意识形态上有多么地吻合，他感兴趣的是托尔斯泰向陈词滥调发起挑战——消除"大词"，在讨论舞台演出、群众或私有财产的时候，作家放弃传统的技术词汇，而使用基本的、天真的词汇。这里所说的基本的、天真的词汇就是陌生化的词汇（Erlich, 1965: 177–178）。

"陌生化"不一定非要用复杂的东西替换简单的东西，也可以反过来——例如人们普遍接受的一些学术的或文雅的用法，可以用世俗的甚至不恭的表达代替。重要的不是"语义转换"（semantic shift）的方向，而是语义偏离了原来的轨道，发生了转换的这个事实。什克洛夫斯基坚持认为，正是这种"偏离"，构成了美学感知的核心。

（二）陌生化翻译

雅克·德里达在《巴别塔》中阐述道，人类要建立唯一的通用的语言谱系而受到上帝的惩罚。在德里达看来，巴别塔神话把语言定义为开放的系统，上帝不允许建立封闭的参照体系，因为语言必须是不断变化的（Ma & Miao, 2009: 287）。语言中的陌生化就是告诉人们，符号并不总是和所指完全一致。雅克布森认为，通常情况下符号和所指一致（A 即 A_1），但是我们也要意识到，有的时候两者并不一致（A 不是 A_1），意识到这一点非常重要，否则符号和所指永远自动关联，人们对现实世界的感知也会变得索然无味（Erlich, 1965: 181）。现当代读者，思想开阔，包容且多元，尤其是追求新奇的一代向来抵触 $A=A_1$ 的呆板公式，为了避免陷入认知的"自动化"，他们敞开双臂迎接陌生化，更重要的是，他们把 $A \neq A_1$ 日常化，并非仅限于诗歌。

从某种意义上讲，语言的陌生化就是翻译的陌生化。俄裔美籍结构主义语言学家罗曼·雅各布森（Roman Jakobson）在《论翻译的语言学问题》（*On Linguistic Aspects of Translation*）一文中将翻译分为三类：语内翻译——将语言符号用相同语言的其他符号翻译；语际翻译——将语言符号以不同的语言翻译；符际翻译——将语言符号以非语言符号翻译 (Munday, 2012: 8–9)。

以上三种翻译都为中文的陌生化贡献了创意表达：新奇词语替换陈词滥调（语内翻译），来自其他语言的借词（语际翻译）以及文本中使用的表情符号（符际翻译）。从某种角度来看，语言的这种陌生化现象和埃兹拉·庞德（Ezra Pound）的创新（make it new）和坎皮士（de Campos）的创译（transcreation）异曲同工。

翻译过程中，当一国在某个行业占主导地位时，其相应的语言就打开了国际市场，悄然进入他国人们的视野，例如互联网的英语，动漫界的日语和娱乐界的韩语，等等。只要区域间和国家间交流不断，语言的流动和影响就会自然发生。陌生化翻译不仅局限在语言间，还存在于语言内部。粤语里的"打的"和"生猛海鲜"已经被普通话吸收；台湾的"考量""提升"和"Q弹"分别成为普通话中"考虑""提高"和"弹性十足"的替换表达；而港台地区常用的"愿景"也被收入《现代汉语词典》。

置身无处不在的互联网世界，人们尤其是数字原住民每天都会在网络世界频频接触到新奇的陌生化的语言表达。谈到中文，上文提到的三类翻译贡献了相当数量的陌生化表达，例如麻瓜（muggle），蒙太奇（montage），幽默（humor），雅思（IELTS），博客（blog），等等。很多年轻人不安于仅使用传统的陈词，而把其他语言"翻译"到中文，所以"可爱"变成了"卡哇伊"（来自日语的音译），"我们的"变成了"wuli"（来自韩语的音译），"钢丝"变成了"威亚"（来自英语的音译），"大男子主义"变成了"直男"

（来自英文的直译），等等。

虽然一些语言专家批评这一现象，认为用新的表达替换已有表达毫无意义，但事实上，没有任何两种表达在意义上完全一致。毫无疑问，形式上的改变永远会带来意思上的细微变化。换言之，在陌生化让形式变得新奇的同时，也必定给内容带来新的气息。

二、陌生化的原因

现代社会，科技日新月异，新观点和新事物层出不穷，但是语言的发展却常常滞后于快速变化的外部世界，固有表达往往不能满足对新现象的描述。所以，人们就会使用不同的翻译手段，制造新的陌生化的表达。此外，还有以下原因导致了语言的陌生化。

（一）语义饱和解构

语义饱和（semantic satiation）是指人们在长久注视一个字或单词后会觉得不认识的现象。早在20世纪初期，研究人员首次关注了此类现象（Severance & Washburn, 1907）。导致语义饱和的原因主要是多次重复的刺激会让人的神经系统疲倦从而停止工作。如果把日常的陈词滥调比作语义饱和，那么陌生化的语言就是破解之法。人们总是以这样或那样的方式喜欢着新奇事物，陌生化的新事物可以解构语义饱和。其实，人的大脑构造决定了人们天生对新鲜事物感兴趣。研究表明，新奇事物能提高人的记忆力和学习能力。任何新奇的、不一样的、不寻常的东西都注定会吸引人类的眼球：新手机、新环境、新朋友、新发色、新衣服，当然也包括新的语言。事实上，人们有时甚至都没有意识到自己被新奇事物所吸引。

人的中脑（midbrain）里有一个区域叫"黑质"（SN/VTA），这是大脑主要的"新奇中心"，负责新奇刺激。研究者 Bunzeck 和 Duzel 对人们进行了"奇怪球"实验（"oddball" experiment），用核磁（MRI）观察大脑对新鲜事物的反映。实验中，他们给被测试者展现一些事物图像，例如室内和室外场景，中间偶尔扔进新奇古怪的图像。实验发现，"黑质"被新奇景象（即之前没有见过的全新图像）激活了。全新（非常新奇的）图像激活"黑质"的效果显著，而那些跟熟悉图像差别不大的（不够新奇的）图像激活效果就不太明显，研究表明，"黑质"喜欢接收非常新鲜的事物。在语言中，离惯用法差别越大的词语就越新奇，对大脑的吸引力也就越大，因此陌生化就应运而生了①。

当年，哈根达斯（Häagen-Dazs）冰激凌的创始人鲁本·马特斯（Reuben Mattus）就是用了这个异域的陌生名字营造了新奇独特的品味。Häagen-Dazs 听上去像丹麦语（马特斯认为丹麦以优良的奶制品闻名，而且在美国有很好的形象），但其实它并不是丹麦语，而且在该品牌创立之前，这个说法在任何语言中都没有任何意义。这个名字只是马特斯在自家厨房坐了几个小时苦想出来的，因为他觉得这个单词组合足够独特和原创②。

人们喜新却苦于创新，但翻译可以成为语言创新的一条捷径。巴西食人主义翻译理论家代表坎皮士认为，翻译创造性的文章，永远需要再创造（Munday, 2012：252）。此外，在消费文化盛行的今天，娱乐精神无处不在，貌似一切皆可消费，而语言也不再透明，语言本身就是娱乐，就是消费。平淡无奇的言语自然不能达到娱乐的效果，只有陌生化的表达才能引起人脑的兴奋。语言不再仅是交流的媒介，而是可以生产、享用和调侃的对象。

（二）语言身份认同

社会语言学研究表明，语言使用和身份认同紧密相连，这里的身份可以从年龄、性别、职业、教育背景等不同角度进行划分。以年龄角度为例，不同年龄阶段的人群，其身份认同可表现为该群体在社会中的话语权和话语力。青年人往往喜欢用陌生化的语言抵抗主流文化，塑建青年身份认同。例如，"青年震荡"（youthquake）③指的是年轻人的行为或者影响力带来的

---

① https://blog.bufferapp.com/novelty-and-the-brain-how-to-learn-more-and-improve-your-memory
② https://en.wikipedia.org/wiki/H%C3%A4agen-Dazs
③ https://www.merriam-webster.com/dictionary/youthquake

重大文化、政治或者社会变化。该词于2017年被选为牛津词典当年的年度词语。"青年震荡"最早是由美国《时装》杂志编辑戴安娜·弗利兰（Diana Vreeland）在20世纪60年代所造，用于描述年轻人的文化如何改变时尚和音乐。而当今社会，青年人通过新媒体创造各种陌生化的语言表达方式，充分展现青年人的话语权，引发一场语言革命，成为青年语言震荡。

年轻一代的数字原住民对新生事物有着天然的好感和快速的接受力，成为翻译陌生化的主力军。青年人往往是改革创新的急先锋，语言创新也不例外。回顾历史，五四运动就是由青年人发起的文化变革。当时的新文化运动让白话文学兴起，让更多的普通大众能够接受比文言文更通俗易懂的语言教育，为之后的社会变革奠定了文化基础。上个世纪初的青年把白话文引入中国文学，而本世纪初的青年人也在用自己的语言方式记录中国所发生的一切。从某种角度来看，青年在创造历史。

另外，语言作为艺术存在，其陌生化体现了使用者对世界的态度。年轻人尤其喜欢创造一套独特语言，以此彰显自身价值，这种独特语言俨然成为自我发声的工具，后现代感十足。每一代青年都用夸张的行动和语言宣泄着体内过剩的荷尔蒙，在网络时代，他们更是对语言情有独钟。随着互联网的普及，翻译活动的形式也产生了明显的变化，翻译不再是翻译家的专利。除了传统翻译家"一名之立，旬月踟蹰"的经典范式外，普通人用自己喜欢的方式翻译外来语，再通过新媒体迅速传播，最后形成一股陌生的语言气流。这样的翻译，参与度很高，译者不仅是专业译员，还可以是互联网时代的无数网民。陌生语言的使用者以此创建群体语言，寻找归属感和身份认同。

经典的写作和翻译早已得到广泛认可，对之仰视膜拜已成自然，占据着主要的话语权。年轻一代处于话语弱势，他们想要世界听到自己的声音，自觉或不自觉地用"奇怪的"话语标新立异，寻找存在感。例如，当"购物"变成"血拼"（shopping的音译），当"去死"变成"狗带"（go die的谐音），当"偶像"变成"爱豆"（idol的音译）时，使用者通过形式的改变，找到表达自我的途径和圈子。庞德主张的翻译"创新"（make it new）和后来巴西食人主义翻译观的"复兴"（revitalization）都是弱势文化在强势文化面前的选择，都追求陌生化表达。这种陌生化语言的使用者以此来挑战权威（Jäckel, 2001）。陌生化用语是对主流意识和文化的反抗，是寻找自我归属的家园。

（三）语言经济原则

语言经济原则又称语言省力原则，语言在使用中有趋简避繁的特点。数字原住民要频繁接触电子文本的编辑和写作，继而发明了一套省时省力的简便语言，所以简写、首字母缩略词、数字和图片在社交媒体上盛行，代替了完整词语或句子。

社交媒体上的英文首字母缩略词比比皆是，中文的缩略词在网络中也屡见不鲜，例如"人艰不拆""喜大普奔""不明觉厉""觉累不爱"等。而这种缩略语在弹幕中更是流行，在哔哩哔哩发布的2019年年度弹幕中，AWSL入选当年十大弹幕热词。AWSL是一个网络流行词，是"啊我死了"（à wǒ sǐ le）的拼音首字母缩写，一般用来形容对看到可爱之物时的激动心情，被应用于各种令人感到开心、幸福的场合。新媒体让这些陌生但是简单的表达快速传播，并成为交流语言的一部分。

此外，表情符号简单便捷的特点让其在读图时代盛行。2015年"笑哭"的表情符号被牛津词典选为当年的年度词汇。人们甚至完全使用表情符号来创作文章、书籍和绘画。例如，2009年，数据工程师Fred Benenson用众包的方式将赫尔曼·梅尔维尔的《白鲸》用表情符号翻译了出来，取名为Emoji Dick[1]。中国著名版画家、独立艺术家徐冰在2012年出版了《地书》，这是一本全部用"标识语言"创作的可读小说[2]。

三、陌生化的意义

陌生化没有让语言退变，相反，陌生化让人们沐浴在新的阳光下，感

---

[1] https://www.telegraph.co.uk/news/worldnews/asia/japan/6218705/Emoji-Dick-Moby-Dick-to-be-translated-into-Japanese-emoticons.html

[2] https://baike.baidu.com/item/%E5%9C%B0%E4%B9%A6/19727947?fr=aladdin

受新鲜的气息。只有陌生化才能让人们感受到康拉德（H. Konrad）所讲的审美隐喻（Erlich, 1965: 180–185）。

（一）创造诗意生活

什克洛夫斯基把语言分成"散文"（prose）和"诗歌"（poetry），前者是熟悉的语言，后者是陌生的语言。如果说在"散文"里，比喻的目的是让读者更清楚明白地理解事物，那么在"诗歌"里，比喻的目的则是有意加强美学效果。把陌生的东西翻译成熟悉的东西不能实现美学效果。诗的意象就是要把习惯的东西"奇异化"，给惯常的东西加上新的光芒，放到意想不到的环境中去。维克多·厄利希（Victor Erlich）指出什克洛夫斯基的"散文"和"诗歌"二分法和康拉德的"语言学"和"美学"比喻很像：康拉德说美学的目的就是要"沐浴在新的环境里"；什克洛夫斯基指出，生活在海滨的人们，伴随着海浪潺潺之声长大，早已听不到这种声音了。同样的道理，我们几乎听不到自己说的话，我们望着彼此，却看不见彼此。我们对世界的感知已经凋零，剩下的只有重新审视（Erlich, 1965: 176–185）。重新审视世界需要陌生化的语言，而诗化或诗意的语言成为陌生化的代言。

德国十九世纪浪漫派诗人荷尔德林曾在诗中写道："人，诗意地栖居"（Full of merit, yet poetically / Humans dwell upon the earth.），后经海德格尔哲学阐释后而广为流传。荷尔德林和海德格尔所倡导的"诗意地栖居"，是旨在通过人生艺术化和诗意化来抵制科学技术所带来的个性泯灭以及生活的刻板化和碎片[①]。所谓"刻板化"是指现代技术为了生产和使用的方便，把一切变得千篇一律。而"碎片化"则指任何自然脱节及感性和理性脱节，人成为被计算使用的物质，成为物化的存在和机械生活整体的一个碎片。陌生化的语言酝酿出诗意氛围，向"刻板化"和"碎片化"宣战，彰显个性，突出鲜活个体。形式主义认为，诗人要诗化环境，体现诗歌本质。诗人要冒险进入陌生之地，引来火种[②]。翻译中，译者即诗

---

① https://www.academia.edu/4407705/Heideggers_Holderlin_Lectures
② https://en.wikipedia.org/wiki/H%C3%B6lderlin%27s_Hymn_%22The_Ister%22

者，大胆引入异域之光，使目标语陌生化，这种奇异语言既特立独行，又是感性和理性的结合体，诗意盎然。语言是艺术的写照，诗意的语言是实现诗意生活的方式之一。艺术就是让事物、让存在呈现出来，也就是说，艺术不是去创造一个东西，也不是去发现一个东西，而是让本来的存在明明白白地显露出来。与其说诗意的语言描述了新物体，不如说更清楚地展现了旧物体。

文学艺术领域语言的陌生化迫使人们跳出认知舒适圈，重新审视外部世界。例如，艺术家徐冰创作的《析世鉴－天书》[①]和"英文方块字"[②]让受众在既熟悉又陌生的转换中，冲击对符号旧有概念的认知，从而打开更多的思维空间，感受不一样的世界。这种陌生化的符号让人们换个角度重新思考语言、文化和生活。

（二）重构认知世界

有多少种语言，就有多少个平行世界，目标语的陌生化是了解源语世界最直接的方法。这些世界的总和就构成了本雅明所说的纯语言（pure language）。译者的任务就是在自己的语言中将纯语言从另外一种语言的魔咒中释放出来，是通过再创造将因禁于一部作品中的语言释放出来（Benjamin, 1969/2004: 81–82）。

译事自古有之，其主要目的是不同地域间的交流，这也是翻译至今最基本的功能。但随着科技的发展，国家间交流频繁，翻译不仅是沟通的桥梁，业已成为延伸源语言，丰富目标语的重要手段。简言之，翻译赋予源语言新的生命，同时增强目标语的表达力并重塑目标语人群的世界观。例如，诺贝尔文学奖得主帕慕克在其作品《伊斯坦布尔：一座城市的记忆》中描写了一个重要概念"hüzün"（土耳其语"忧伤"之意），中文译为"呼愁"。帕慕克认为"hüzün"是指跟真主脱离了关系的失落感，而在这里跟宗教没有多大关系，可以看作一个社会，一个城市，甚至一个民族对集体目标的缺失而感到忧伤，这种群体失落感就是"呼愁"，这是和"忧伤"最不

---

① https://baike.baidu.com/item/%E5%A4%A9%E4%B9%A6/5809454?fr=aladdin

② https://baike.baidu.com/item/%E5%BE%90%E5%86%B0/17744

一样的地方（奥尔罕·帕穆克，2007）。曾经很多人在中文里使用"呼愁"，甚至一度泛滥，使用该词的人把帕慕克的忧伤当作了自己的忧伤，把伊斯坦布尔当作了自己的文化废都。

外来语的介入，不但让我们看到另一个平行世界，而且让我们重新审视自己的世界。例如，"小确幸"一词由翻译家林少华直译进入现代汉语，意思是微小而确实的幸福，是稍纵即逝的美好，出自村上春树的随笔（张帆、刘小新，2020）。这些微小幸福原本就存在于中文世界，却难以名状，现如今因为有了具体的名字而变得真实立体了。因为有了"小确幸"一词，让我们再次遇到小小的幸运与快乐时，会认真感受内心的宽容与满足，感恩和珍惜。

任何语言的表达方式都相对有限，总有一些情感、场景或现象存在表达空白。但是，人们可以从其他语言中找到相应的表达方式。这些表达在不同语言间翻译，会让彼此丰富完整。例如，日语"komorebi"意为叶隙间撒落的阳光，常在春夏的早晨到黄昏时段出现；瑞典词语"mangata"指月光照耀在深邃的海面上，波光粼粼，掩映出一条银色的小道；而"Hygge"在丹麦文化中，大致是指在快节奏的生活中寻找舒适和满足的感觉，沉迷于生活中美好的人和事当中（Sanders，2014）。当"komorebi""mangata"和"hygge"这些词语翻译到另外一种语言中的时候，不但带去了相关事物或现象的表达方式，更带去了意外之喜。

陌生化不仅存在于词汇层面，在句法层面也有体现。例如，哥伦比亚作家加西亚·马尔克斯的《百年孤独》的开篇写道：Many years later as he faced the firing squad, Colonel Aureliano Buendía was to remember that distant afternoon when his father took him to discover ice（Márquez，2000）。中文译作：多年以后，面对行刑队，奥雷里亚诺·布恩迪亚上校将会回想起父亲带他去见识冰块的那个遥远的下午（马尔克斯，2011）。这种站在未来的角度回忆过去的方式给中文带来了陌生化的句法，影响了中国一整代作家。余华的《兄弟》和陈忠实的《白鹿原》开头都被认为是模仿了"多年以后……"的模式。这种新型句式不但改变了中文叙事手法，更提供了认知世界的另一个角度。

(三) 雕刻时代烙印

人类社会的改变，科技的应用直接导致艺术表现形式的变化。语言是体现一切社会生活的窗口，语言本身就是社会生活的一部分，语言就是艺术。所以，当人类社会从以农业为主的前现代进入到工业主导的现代，再到科技引导的后现代，必然带来语言的更迭。陌生化表达很多都转瞬即逝，在语言进化过程中，大浪淘沙，自动退出了历史舞台。但是，言语留痕，那些被人们抛弃、遗忘的语言，若干年后再次提起，总会带出一个时代，一辈人的回忆。例如，"德先生"和"赛先生"就会让人想起新文化运动时期热血青年民主和科学救国的呼声。词汇能为繁芜丛杂的事件理出清晰的脉络，可以凝视历史，能够在当代中国翻天覆地的变化中，开辟出一条清晰的和非虚构的叙述之路。

这些词语中不乏从外语或地方语言翻译过来的陌生化表达，例如"草根"（源自英文 grass roots）和"忽悠"（源自中国东北方言）。这些词语不断被赋予新的含义，也在不断的陌生化中见证当代中国变化。从"元芳体"到"洪荒之力"，从"盘它"到"甜野男孩"，或许人们很快就不再使用这些表达，但这些文字符号却记录了生活的点滴事件，也是观察语言演化的绝好素材。

今天由翻译带来的陌生化语言，尤其是网络新语，有的能长久保存下来，有的会很快消失，但它们所表达的现象、思维、事件会永远写在历史中。新媒体时代，视觉艺术蓬勃发展，感官冲击无处不在，那些日新月异的陌生化表达或许没有多少未来，但却牢牢活在当下，也必将在语言史上留有一抹印记。透过中文的陌生化，我们可以看到一个开放的、与世界交流互通的中国。

四、结语

语言的陌生化，无论是来自经典文学的翻译，还是流行文化的翻译，都在互联网时代迅速流散开来。今天的中国，人们打开任何传播媒体，随处可见陌生化表达。当你明白"卡哇伊"并为此窃喜自己没有成为"奥特曼"（落伍的人）的时候，也许就遇到了让你找不到北的"wuli"。

翻译中的陌生化是语言演变的重要原因和渠道，无论是阳春白雪还是下里巴人，都只是阅读者附加的标签，无论是译著经典还是语言顽疾，历史都会做出选择，这里无须评判。真正重要的是，陌生化已经成为语言的一部分，并带领人们经历世界变迁，感受社会进步，领略诗意生活。

【参考文献】

[1] 奥尔罕·帕慕克（著），何佩桦译. 伊斯坦布尔——一座城市的记忆 [M]. 上海：上海人民出版社，2007.

[2] 马尔克斯（著），范晔译. 百年孤独 [M]. 海南：海南出版公司，2011.

[3] 王安忆. 漂泊的语言 [M]. 北京：作家出版社，1996.

[4] 张帆，刘小新. 后疫情视野下的台湾"小确幸"思潮辨析 [J]. 台湾研究，2020 (5), pp. 42–52.

[5] Benjamin, W. The Task of the Translator [A], translated by H. Zohn, 1969. Lawrence Venuti (ed.). *The Translation Studies Reader* [C]. London: Routledge, 2004.

[6] Derrida, J. From Des Tours De Babel [A]. Ma. H. J. & Miao, J. (eds.). *Selected Readings of Contemporary Western Translation Theories* [C]. Beijing: Foreign Language Teaching and Research Press, 2009.

[7] Erlich, V. *Russian Formalism* [M]. The Netherlands: Mouton & Co., Printers, The Hague. 1965.

[8] Jäckel, A. The Subtitling of La Haine: A Case Study [A]. Yves Cambier & Henrik Gottlieb. (eds.). *(Multi) Media Translation Concepts, Practices, and Research* [C]. Amsterdam/Philadelphia: John Benjamins Publishing Company, 2001.

[9] Ma, H.J. & Miao J. Selective *Readings of Contemporary Western Translation Theories* [M]. Beijing: Foreign Language Teaching and Research Press, 2009.

[10] Márquez, G. G. *One Hundred Years of Solitude* [M], translated by Gregory Rabassa. Penguin Classics, 2000.

[11] Munday, J. *Introducing Translation Studies: Theories and Applications* [M]. New York: Routledge, 2012.

[12] Sanders, E. F. *Lost in Translation* [M]. Berkeley: Ten Speed Press, 2014.

[13] Severance E. & Washburn M. F. The Loss of Associative Power in Words after Long Fixation [J]. *The American Journal of Psychology*, 1907.

On Defamiliarization in Translation

Beijing Language and Culture University

XU Jie

Abstract: The history of human language has always been the one of constant change that is generally featured with departure from the norm. The new media era has witnessed the defamiliarization of language, which is triggered by translation that occurs within the same language, among different languages and between semiotics. Based on Russian formalism, this paper analyzes the causes of language defamiliarization and its social and cultural significance. We find that the deconstruction of semantic satiation, the power of language in self-identity, and the principle of economy have contributed to the defamiliarization in language development. And the defamiliarization in translation could help people to cultivate poetic life, observe the world in a creative way, and record the trajectory of daily life. Defamiliarization makes people think out of the box by bathing them in a new atmosphere where they could see the esthetic metaphor in life.

Key words: formalism; defamiliarization; translation

论翻译的间性本质

湖州师范学院
单 红[①]、吕红周[②]

【摘　要】语言和文化作为无形的边界阻碍不同民族和国家间人们的交流，而翻译被视为跨越这种边界的有效途径。今日的翻译研究已涉及语言学、文学、艺术学、心理学、社会学、神经科学、计算机科学、信息论、控制论、符号学等众多学科领域，学者们多倾向使用跨学科来界定翻译学。随着内涵不断丰富、外延不断拓展，翻译的本质在不同学科理论观照下呈现出不同侧面。在多元系统论、符号域理论、翻译符号学审视下，翻译呈现出一种间性特质，我们由此出发思考翻译在民族文化中的地位以及由此引发的文化间不平等关系，这将有助于探索全球化时代文化融合的可能性与可行性，从而真正实现文化间平等交流，推动世界文化健康发展。

【关键词】间性；翻译符号学；多元系统论；符号域

[①] 单红（1981— ），讲师，硕士。研究方向：翻译符号学、英国文学。邮箱：hong2018@vip.163.com。
[②] 吕红周（1981— ），副教授，博士。研究方向：翻译符号学、文化符号学、语言符号学、符号学批评。邮箱：hong2018@vip.163.com。

一、引言

随着全球化与本土化的互动与冲突不断加剧，民族性、公民身份、文化多元主义问题日渐凸显，不同文化间平等交际平台的建构成为翻译学面临的任务之一。当前新形势下，翻译的研究内容以及翻译在人类认知、民族交往中的地位发生了明显变化，即翻译已超出语言、宗教、科技、艺术等传统研究范围，与其他学科交叉研究的成果不断涌现。人们对翻译的认识从语言（包括同一语言内方言与标准语、古代语言与现代语言以及不同语言）间的转换，扩展至语言学以外的众多领域，如文学、艺术学、心理学、社会学、神经科学、计算机科学、信息论、控制论、符号学等。"它可以指一种活动、一段历史、一种产品、一种过程、一种身份、一种功能、甚至一种隐喻。此外，翻译作为一个蓬勃发展的产业，一项方兴未艾的学科，正在不断拓展着其丰富的涵义。"（刘军平，2017–11–13）

众多学者倾向使用跨学科（trans-discipline）来界定翻译学这门独立学科，认为已经进入了后翻译时代（post-translation studies）。从构词看trans-discipline，翻译学似乎不归属于任何既定学科，因为翻译学将众多的矛盾性内容以及相互间缺失的关联性都纳入自己的研究范围，研究那些"包含多学科内容的文本，以及借用所谓他学科方法研究文本内容……这种宿命和悖论是人类认识自身与世界知识之本体论和目的论所决定的"（贾洪伟，2017：30–31）。根茨勒（Gentzler, 2017）认为，在新语境下，应从翻译学、文化学、符号学等多学科视角下重新审视翻译，从语言和文化间的言语行为观转向重叠符号系统、共享话语以及多义性研究模式。翻译自身的矛盾性表现出建构性和破坏性双重功能，跨域研究为翻译本质的深入探索提供了开放的空间与可能。

二、翻译的本质

人们对翻译的认识经历了一个由随感式、非系统性、非科学性到理论性、系统性、科学性的过程，翻译也从一种现象发展为一门独立学科。国外学者从语言学、语文学、文学、目的论、功能论、多元系统论、解构主义、后殖民主义、女性主义、食人主义、文化学派等不同视角展开了对翻译的研究，得出翻译是语言转换、翻译是跨文化交际行为、翻译是目的性行为、翻译是科学、翻译是艺术、翻译是改写等认识。我国译学史上有支谦的"因循本旨，不加文饰"，道安的"五失本、三不易"，彦琮的"十条、八备"，玄奘的"五不翻"，赞宁的"六例"，马建忠的"善译"，严复的"信、达、雅"，傅雷的"神似"，钱锺书的"化境"等高度概括、凝练的认识。此外，还有不少关于翻译的随感式认识，如"爱恋过的女人，她很美，但不忠"（17 世纪法国梅纳日，Gilles Ménage）、"有似嚼饭与人，非徒失味，乃令呕秽也"（鸠摩罗什）、"葡萄酒之被水者也"（道安）、"如乳之投水"（道朗）、"译者带着音韵和节奏的镣铐跳舞，灵活自如，令人惊奇"（钱锺书）等，这些隐喻性表达在形象性和可理解性方面更胜一筹，但翻译的本质依然模糊，因为隐喻总是用另一个领域的事物或现象来描述此事物或现象，而非事物或现象内在本质的直接呈现。

据中国知网（www.cnki.net）检索显示，自 1989 年 4 月刊登题为"试论翻译本质与其他"，至 2021 年 3 月 27 日，篇名包含"翻译本质"的文献共 70 篇，其中包括 1 篇书讯、5 篇会议纪要、3 篇书评、6 篇硕士学位论文、1 篇博士学位论文、1 篇会议通知、52 篇期刊论文。20 世纪 80 年代国外现代翻译理论的引进对我国翻译界产生了显著影响，"对翻译本质和翻译标准的认识开始丰富起来，静态的、逻格斯中心式的、单向度的僵化思维模式开始让位于动态的、多元的、多向度的观察方式"（杨晓荣，2008：39）。翻译本质与翻译标准是互为表里的两个问题，对翻译本质的认识主要是本体论和认识论问题。王克非（1997：47）认为，需要从翻译活动以及翻译活动的性质两个方面去探寻翻译的本质：一方面，"翻译是译者将一种语言文字所蕴含的意思用另一种语言文字表达出来的文化活动"，强调了译者和文化两个因素；另一方面，"说翻译是艺术，不如说翻译是一种艺术性活动……翻译艺术是译者综合运用语言等各方面知识和技巧进行双语转换的艺术"。黄忠廉（2000）在《翻译本质论》中从以下六个方面探讨了翻译的本质特征：翻译是有译者参与的活动；翻译是一种语际转换活动;翻译转换的对象是文化信息;翻译是在译作与原作间求似的过程;翻译是一种思维活动;翻译是一种语言活动。谭载喜(2007:5)指出,翻译本质关涉转换与对等两个方面,但转换和对等具有相对性、多面性、多层级性,"相对"意义上的转换和对等是翻译的"绝对"属性。周领顺(2016:79)认为,区分作为名物的原型"翻译"和"翻译活动"是认识翻译本质的必要前提,原型具有本质性,"不需要读者的参与,也不受意志和环境的影响,原文永远是唯一客观的存在,译文和原文之间永远是如影随形的关系"。其他发表的大量文章中,虽篇名中未有"翻译本质",但也有不少论及翻译的本质,如从跨文化交际角度看,"翻译以符号转换为手段,以意义再生为任务,究其根本而言,是跨文化的交流活动。在人类历史发展的长河中,翻译活动始终是人类各民族、各文化交流的最主要的手段"(许钧,2009:14)。还有借助其他学科中的范畴探索翻译,如语料库翻译学(胡显耀,2004;刘敬国、陶友兰,2006;胡开宝,2011,2018;王克非,2012;黄立波等,2012),翻译生态学(许建忠,2009),生态翻译学(胡庚申,2013,2014;韩竹林,2015),社会翻译学(王洪涛,2017),认知翻译学(罗选民,2005;谭业升,2012;文旭,2019),翻译符号学(王铭玉,2015,2016;贾洪伟,2016;吕红周等,2016;潘琳琳,2018),此外,蔡新乐(2005)从哲学角度对翻译本体论的研究,陈东成(2013:77)在对《周易》研究的基础上提出了"翻译的本质是文化交易",2014年梅扎德拉和萨凯(Mezzadra & Sakai)在 Tranlation 杂志组织了"翻译政治学"(the politics of translation)专栏,研究翻译与政治结合的必然关系,诸如社会关系中歧视的形成、翻译与战争、民族性、公民权利、文化多元主义、全球化等。

除了学者个人的研究兴趣,我国翻译界出版物也参与了翻译本质的探讨,如《中国翻译》和《东方翻译》联合发起的"何为翻译:翻译的重新定位与定义"论坛,第一届、第二届分别于2015年3月在广州、2016年5月在上海举行,两次会议均围绕"当前翻译所处的时代语境和翻译的使命",就如何重新定位与定义翻译这个主题展开。

通过文献梳理可知,近三十年间围绕翻译本质问题虽发表了大量著述,但因翻译本身的复杂性以及翻译跨域研究的不断深入与拓展,关于翻译的本质至今还并未形成一致认识。我们在此集中借鉴埃文-佐哈尔（Even-Zoher）的多元系统论和洛特曼（Ю.М.Лотман）的符号域理论，思考引发不平等文化关系背后的权力结构、意识形态因素、主体因素（如赞助人、出版商、译者等）等，从而超越语言转换、文化交流的层面，进入符号间性、翻译间性、文化间性视角。

三、多元系统论与符号域理论视角下翻译的本质

埃文-佐哈尔的多元系统论认为，各种社会符号现象构成不同系统，这些系统作为一个整体而相互联结，多元系统论强调系统的动态性、异质性、复杂性、交叉性、开放性。系统在多元系统中占据不同的位置，即中心和边缘，而这种位置关系决定着相应的翻译策略：中心位置重"充分性"，边缘位置重"可接受性"，但需要注意的是，这里的中心和边缘并非唯一的，而是同时存在多个中心和边缘。"多元系统的假说，正是为了研究这类异质文化而提出来的，无论其异质性是否如此明显。在这套理论之下，把以前被无意中忽略甚至有意排斥的事物（性质、现象）纳入符号学的研究范围不但成为可能，而且成为全面认识任何一个符号场的必要条件"（埃文-佐哈尔，2002:21）。经典文学是被统治阶级视为合乎正统的文学规范和作品，因此，任何社会中都普遍存在着经典文化与非经典文化之间的张力。埃文-佐哈尔使用次文化与经典化的对立，意欲说明两者之间的互动与融通状态，次文化对经典化的压力或刺激使得经典文化或主流的官方文化保持某种生命力和创新，避免僵化模式。

卡西尔把人定义为符号动物，人通过符号化思维和符号化行为创造了一个生活于其中的符号宇宙，如科学、文学、宗教、艺术等都是符号系统。洛特曼的文化符号学理论将文化视为不同领域符号系统的总和，且各系统间存在着交叉与重叠，各系统间的不断互动和交流导致了符号域边界的动态变化。"在这样的边界之内存在着许多规则、限制以及障碍强制的情况下，人通过文化培养出来的历史眼光，总是带着特定的视角以及沉重的历史负担"（蔡新乐，2005:254）。洛特曼的文化符号学将官方文化和

主流文化视为占据符号域中心区域的符号系统，而民间文化和地下文化则居于边缘。边缘可向中心移动并存在取代中心的可能，而中心也可降格为边缘。翻译在洛特曼的符号域理论中发挥重要作用，是各符号系统的运动机制或模式。符号需要先进入符号域内才能发挥作用，能指的流动与接收是意指活动的前提。信息通过编码进入一个符号域之中，这是一个双向过程，信息编码发生在一个文本越过自己所在符号域的边界被其他符号域吸收和同化。符号空间与非符号空间由边界隔开，边界是一个隐形的模糊区域，不仅因其将一个符号域与其他符号域分开，而且边界也是连接不同符号域的共通区域或交叉空间。边界具有动态性，观察者所处的位置影响着边界的性质。边界作为一种双语机制在发挥作用，同时将外部信息翻译为符号域的内部语言和将内部信息翻译为符号域的外部语言，只有通过这种转换符号域才能实现与非符号的和异符号空间的交际。"边界是另一种符号文本和翻译成我们的语言的机制，是外部转换到内部的过滤膜，它把异质文本转换为符号域的内部符号，然而依然保留了外来的特征"（Лотман，1999:183）。符号域外的观察者和符号域内的观察者会做出差异较大的判断，甚至得出相反或对立的结论。思想控制体系通过规定符号活动生产对社会行为进行约束：谁能／不能在什么情况下以什么符号生产或接受什么意义。边界承担着过滤器作用，边界两边具有不同的规则和标准，在边界一边是禁止的，在另一边则是允许的，如关于死刑在美国不同的州有不同的法律规定。符号域的边界可类比地理上的边界，可说中国文化符号域或俄罗斯文化符号域。此外，可用时间跨度的概念来区分符号域，如19世纪俄罗斯符号域和20世纪俄罗斯符号域。符号域的核心相对稳定和不活跃，而边缘因与外部空间持续的信息交换而具有极大的动态性。正是这种边缘区域的交际不断丰富着和更新着符号域空间，是新信息产生的源泉。

　　文化是民族精神的命脉，任何意欲消除民族文化间差异、建立一元文化的行为在本质上都是侵略和殖民化，是对民族文化主权（即文化生存权、发展权）的践踏，与多元、平等、对话的世界文化发展需求相背离。任何将求同和差异极端化的暴力行为都是对间性的破坏，对平衡与和谐的忽视。文化的延续与发展需要的是对话的整体性视角，允许并支持间性才会为文化的正常发展提供空间。"在'间'的相对稳定的限制、界限设置之内，作为主体的人，尽可能保持某种各自独立、各自稳定的生活方式和思考方式。"（蔡新乐，2005：173）翻译与边界一样作为一种双语机制发挥作用，翻译并不是跨越边界，它本身就是边界。翻译外延的扩展和丰富不再局限在语言间、文化间，如主体间（如父母与子女）、家庭间、城市间（如友好城市）、社群间等都是翻译的场所。无论是一种文化自身的发展还是不同文化间的交流都是一个动态过程，而广义文化的复杂性正在于它的不同元素（如语言、社会环境、历史进程等）具有的层级性和发展不平衡性。"既然边界是符号域的必然构成部分，在缺乏边界的情况下，符号域需要在无序的外部环境中为自身建构边界。"（Лотман，1984：17）从经济落后地区翻译的历史、音乐（如黑人说唱歌曲）、文学、艺术（如非洲鼓）等进入较为发达地区，不应被简单地视为从边缘到中心，而是一种螺旋式的旅行过程，长远来看这是世界文化形成和运动的一部分，如1964年的美国民权法案就为奥巴马当选美国第一位黑人总统奠定了基础。此外，翻译的影响具有双向性：即源语对目标语的影响和目标语对源语的影响，如印度小说译为英语之后对印度和英国小说写作都产生了不同程度的影响。莫言小说英译本获得诺贝尔文学奖之后，一方面提高了汉语文学在世界文学的地位，另一方面引起了国内对莫言小说的研究热潮。

四、翻译符号学视角下翻译的本质

"人类心灵的本质特点就是：人绝不是为当前的一刻学习，而是把一切都与他已知的东西联系起来，或为将来的联系而贮存起来。换言之，人类心灵在不停地考虑它已积聚的东西和进一步要积聚的东西，它是一种永不歇止地进行着积聚的理论。这一过程伴随着人的一生，直至死亡。人似乎永远不是完整的人，他始终在发展，在进步，在完善。"（赫尔德，1998：75）人从来到这个世界就充满了选择，不同的选择导致了不同的发展方向。如果将选择视为一种翻译行为，人以内化的百科知识、价值观、意识形态、权威力量等为基础的思维加工过程就构成了人的历时发展轨迹。这里有不同力量的对立、转换，如天/地/人、外来/内在、吸收/排斥等，人在空间之内极力呈现生命的力量,处理矛盾、沟通差异,在自由与界限之间寻找平衡与和谐。人们思考和推理是从旧知识推演新知识的过程,遵循着从已知到未知、从熟悉到陌生、从具体到抽象、从简单到复杂的一般模式。语言是思维的工具,但不是唯一工具,如失语症者、没有语言的土著人、不会言说的婴儿通过形象、数据、逻辑关系表达思维。如果我们使用符号这个概念去表征思维,就得到这样一种假设:思想是一种符号运作的体系,而任何一种符号系统只是思维的一部分。每一个符号的意义都产生于特定的符号系统中,系统之外无意义。

翻译符号学以符号转换为研究对象,从符号、对象与解释项的三者关系看,从一种符号系统到另一种符号系统的转换后,三者都发生了不同程度的变化,至少随着符号的绝对变化,进入新符号情境下的对象以及解释项已不同于源语情境下的解释,一个符号成了一个更加发达的符号。以往翻译研究中出现的翻译体(translationese)、翻译腔(translatese)、译者腔(translatorese)等类似表达,强调的是一种中间形态或第三形态,即文本或作品是介乎源语和目标语之间相对独立的个体,具有自己独特的文化身份,如塞林格(K.K.Selinker)的中介语(interlanguage)、艾伦·达夫(Alan Duff)的第三种语言(the third language)、弗劳利(William Frawley)的第三语码(the third code)、巴芭(Homi.K.Bhabha)的中介状况(inbetweenness)、艾柯(U.Eco)的第三对比项(tertium comparationis)、沃尔夫(B.L.Whorf)的第三空间(third space)等。"由于相对性规则的作用,翻译作品以及该作品代表的文化身份其地位都是相对独立的:译品及相关身份既像源语又像目标语,但它们既不属于源语也不属于目标语,而是一种介乎两者之间的形态,即第三形态。"(谭载喜、邵璐,2008:39)虽然以目标语的符号形式呈现,即便符合目标语母语使用者的表达习惯和阅读习惯,但源文在源语读者间和译文在目标语读者间在形式、内容、意义、价值、神韵、词汇、语法、风格、功能、效果、读者反应等方面的差异是不可避免的,我们把这种差异理解为间性的力量。"人本身也在这样的变的推动下,不断跨出文化历史的既定性,进入新的、扩展了的、更加自由的精神空间"(蔡新乐,2005:220)。因此,间性并非一种消极的存在或影响;相反,这是异质性文化间能够平等交流的正常形式。这种间性一方面保证了多元性、多样性各自发展的空间，另一方面产生对话的张力。"一个时期，甚至一个译本，有不同的规范在同时运作，这正是多元系统论所预期并且要尝试解释的文化现象。"（张南峰，2008：70）

翻译历史悠久且与人类关系密切，"西方翻译史的观念肇始，不是自古罗马才开始的，而是'历史以来就有的'。也就是说，人类有了历史，也就有了翻译：它是日常日用的一个组成部分，甚至也就是时刻不可回避或脱离的"（蔡新乐，2008：10）。除了个体间的沟通与协调，早期的民族融合也需要翻译的参与。在这种意义上说，人类文明的形成是不同文化因素交流融合的过程。经过丰富的交流实践和翻译活动的积累，不同国家和民族的文化都不再处于一种封闭的、孤立发展的状态，文化的多重性、模糊性、变化性成为普适性特征，某些文化因素在不同的语言与文化中交叉存在并发挥作用。翻译从对语言 A 和语言 B 间的关注转为对文化 A 和文化 B 间的关注，而所谓的文化都由多种语言（标准语、方言、民族语言等）、各种话语（政治话语、家庭话语、行业话语等）以及不同符号系统（音乐、电影、绘画、戏剧、宗教、科学、技术等）混合构成。翻译的内涵除了是文化 A 和文化 B 间的信息流通，还是两种文化间的多向度符号转换过程。翻译已不再可能是把完全异质、陌生的对象从一种文化带入另一种文化，而更多的是一种变形、吸收，以一种既不同于源语文本也不同于目标语文本的形态出现，即一种间性状态。间性研究对翻译具有启示意义，原文中心主义、译者中心主义反映了人们对翻译本质的探询过程，关于主体性、主体间性的研究曾一度丰富了翻译研究的内容。我们遵循着从符号主体性（吕红周、单红，2013）、符号间性到文本间性（吕红周、单红，2014）、文化间性（吕红周、单红，2017）的思路探索翻译的间性本质。间性的存在造成了异质文化的中间区域，边界在这里变得模糊，各种符号系统的互相渗透、发挥影响频繁发生，是文化真正变得多元的发生区域。从这一意义上看，翻译似乎不再是传统意义上文本的机械转换行为，这里的自我与他者、同与异、来源域与目标域的区别已不再重要，翻译的终极目标就是消灭边界。全球化时代，所有民族国家生活在一种逐渐去除各种边界的多元文化中，跨文化向多元文化和符际本质转化，翻译深入到生活的一切方面，"翻译学从文学和语言学的下位概念向元领域发展"（Gentzler，2017）。

五、结语

"今日世界,正是一张由无数翻译活动编织而成的巨大网络,我们每一个人都置身其中,衣食住行、所思所感,既是翻译的受惠(害)者,也同时是翻译的参与者……今日之时代,正可名之曰翻译的时代。"(王晓明,2009:15)。符号学视角下语言的边界、文化的边界、符号域的边界变得更加多元和更具可渗透性、变动性,去除边界的束缚和阻碍后,翻译显现出交际行为的间性本质,间性"不仅使社会连贯一致,而且可使宇宙成为一体"(蔡新乐,2008:10)。翻译过程除了符号转换这一前台可见的形式,还涉及源语文本的民族文化身份在目标语文本中如何解构与建构的问题。中国学派翻译理论在处理东方与西方、自我与他者、同质与异质间的关系时,其出发点与立足点应是中华民族的历史与中华文明,但同时要具备国际视野和宽大胸怀,在立足东方的基础上,在求同存异的原则下,承认民族文化的独特性与价值取向的差异性,探索全球化时代文化融合的可能性及可行性,真正实现文化间平等交流、推动世界文化健康发展。

[致谢] 特别感谢首都师范大学贾洪伟副教授在论文写作过程中给予的指导、帮助!

[基金项目] 本文为 2018 年度山西省哲学社会科学规划课题"山西十大文化符号与多语传播研究"(编号:2018B136)的研究成果。

【参考文献】

[1] 蔡新乐. 翻译的本体论研究——翻译研究的第三条道路、主体间性与人的元翻译构成 [M]. 上海:上海译文出版社,2005.

[2] 蔡新乐. 自我翻译:行走在翻译"间性"之上的思想家的苏格拉底简论 [J]. 上海翻译,2008 (1), pp. 10–16.

[3] 陈东成．翻译本质的大易视角研究 [J]．贵阳学院学报（社会科学版），2013 (6), pp. 77–79.

[4] 韩竹林．生态翻译学及其应用研究 [M]．哈尔滨：哈尔滨工程大学出版社，2015.

[5] 赫尔德．论语言的起源 [M]．姚小平译．北京：商务印书馆，1998.

[6] 胡庚申．生态翻译学建构与诠释 [M]．北京：商务印书馆，2013.

[7] 胡庚申．生态翻译学研究 [M]．北京：外语教学与研究出版社，2014.

[8] 胡开宝．语料库翻译学 [M]．上海：上海交通大学出版社，2018.

[9] 胡开宝．语料库翻译学概论 [M]．上海：上海交通大学出版社，2011.

[10] 胡显耀．语料库翻译研究与翻译普遍性 [J]．上海科技翻译，2004 (4), pp. 47–49.

[11] 黄立波，朱志瑜．语料库翻译学：研究对象与研究方法 [J]．中国外语，2012 (6), pp. 28–36.

[12] 黄忠廉．翻译本质论 [M]．武汉：华中师范大学出版社，2000.

[13] 贾洪伟．翻译符号学的概念 [J]．外语教学，2016 (1), pp. 94–97.

[14] 贾洪伟．翻译跨学科之悖论 [J]．燕山大学学报（哲学社会科学版），2017 (4), pp. 28–31.

[15] 刘敬国，陶友兰．语料库翻译研究的历史与进展——兼评《语料库翻译研究：理论、发展和应用》[J]．外国语，2006 (2), pp. 66–71.

[16] 刘军平．探析西方翻译理论发展的特征 [N]．中国社会科学报，2017–11–13.

[17] 罗选民．语言认知与翻译研究 [M]．北京：外文出版社，2005.

[18] 吕红周，单红．从翻译的重新定位谈翻译符号学 [J]．外语学刊，2016 (5), pp. 103–107.

[19] 吕红周，单红．间性研究的符号学进路 [J]．山东外语教学，2017 (6), pp. 119–127.

[20] 吕红周，单红．略论隐喻的符号间性本质 [J]．外国语文，2014 (2), pp. 75–79.

[21] 吕红周，单红．语言符号的主体性反思 [J]．天津外国语大学学报，2013 (1), pp. 19–24.

[22] 潘琳琳．翻译符号学视阈下的《红高粱》文本阐释 [M]．苏州：苏州大学出版社，2018.

[23] 王洪涛. 社会翻译学研究 [M]. 天津：南开大学出版社，2017.

[24] 王克非. 关于翻译本质的认识 [J]. 外语与外语教学，1997 (4), pp. 47–50.

[25] 王克非. 语料库翻译学探索 [M]. 上海：上海交通大学出版社，2012.

[26] 王铭玉. 翻译符号学刍议 [J]. 中国外语，2015 (3), pp. 1, 22–23.

[27] 王铭玉. 翻译符号学的学科内涵 [J]. 解放军外国语学院学报，2016 (5), pp. 1–10, 18, 159.

[28] 王晓明. 翻译的时代 [J]. 东方翻译，2009 (1), pp. 14–15.

[29] 谭业升. 认知翻译学探索 [M]. 上海：上海外语教育出版社，2012.

[30] 谭载喜. 翻译本质的绝对与相对属性 [J]. 广东外语外贸大学学报，2007 (1), pp. 5–9.

[31] 谭载喜，邵璐. 翻译的"第三形态"特质 [J]. 外语与外语教学，2008 (1), pp. 39–43.

[32] 文旭. 认知翻译学 [M]. 北京：北京大学出版社，2019.

[33] 许建忠. 翻译生态学 [M]. 北京：中国三峡出版社，2009.

[34] 许钧. 开创翻译的新天地——寄语《东方翻译》[J]. 东方翻译 2009 (1), pp. 14.

[35] 杨晓荣. 基于翻译本质观的翻译标准观：1978—2007 [J]. 外语与外语教学，2008 (12), pp. 37–41.

[36] 伊塔马·埃文-佐哈尔. 张南峰译. 多元系统论 [J]. 中国翻译，2002 (4), pp. 19–25.

[37] 张南峰. 多元系统论中的规范概念 [J]. 外国语，2008 (5), pp. 64–71.

[38] 周领顺. 论葛浩文翻译本质之论——兼谈译学界"翻译本质"之争及其启示 [J]. 当代外语研究，2016 (5), pp. 76–80.

[39] Лотман, Ю. М. Внутри мыслящих миров [M]. Москва: Язык русской культуры, 1999.

[40] Лотман, Ю. М. Семиосфера[J]. *Sign Systems Studies*, 1984 (17), pp. 5–23.

[41] Gentzler, E. Translation without Borders [O/L]. http://translation.fusp.it/articles/translation-without-borders, 2017-11-11.

[42] Mezzadra, S.&N. Sakai. Introduction [O/L]. http://translation.fusp.it/issues/issue-4, 2017-11-11.

On Interness: The Essence of Translation

Huzhou University
SHAN Hong, LÜ Hongzhou

Abstract: Translation is considered as a means of crossing the invisible border between languages or cultures that separate and differentiate people of different nations. Today translation studies cover many fields, such as linguistics, literature, art, psychology, sociology, neuroscience and technology, computer, information theory, cybernetics, and semiotics. Scholars use trans-discipline to describe translation studies. With the continuous enrichment of connotation and the expand of extension, the essence of translation shows different aspects in the study of different disciplines. This paper discusses the essence of translation based on the polysystem theory and semiosphere from the perspective of translation semiotics. From this we consider the position of translation in national culture and the unequal relationship between cultures, explore the possibilities and feasibility of cultural integration in the era of globalization, in order to truly achieve equal cultural communication and promote the healthy development of world culture.

Keywords: interness; translation semiotics; polysystem theory; semiosphere

基于系统功能语言学的广告翻译及其评价标准研究

西安工程大学
王晓慧[①]、高菊霞[②]

【摘　要】 本文从系统功能语言学的视角入手，借助译例分析，研究广告翻译的有效翻译方法，并在此基础上构建广告翻译质量的评价标准和评估模式。研究发现，成功的广告翻译需要实现译文对原文包括语言功能与文本功能在内的"功能对等"，而从形式、感染与内容三个层面再现语篇主旨并将广告目的准确地呈现给消费者是广告翻译评估的共同标准。

【关键词】 系统功能语言学；广告翻译；文本类型；质量评估

一、引言

系统功能语言学视角下的翻译研究以意义为本，而且是在语篇层面来展开的（黄国文、张美芳，2002）。从功能语言学的语言功能观探究翻译的实质，并在此基础上提炼翻译标准，是实现译文对原文语言功能对等的

---

① 王晓慧（1978— ），讲师，主要研究方向为翻译教学与实践。邮箱：douang118@163.com。
② 高菊霞（1955— ），教授，硕士研究生导师，主要研究方向为二语习得。邮箱：jxgao2007@sohu.com。

关键环节（胡壮麟，2005）。

从系统功能语言学的视角来看，翻译过程中，译者的首要任务是对原语文本进行意义发掘和功能识别；而后，译者需要综合考虑文本类型、目的语语言特征、文化环境、翻译目的和读者对象等各种因素，并围绕原文语篇功能的再现，制定翻译策略、选择翻译方法；最后，在语篇层面，译者需要对目的语系统里的词汇－语法资源进行有意识的选择和操控。从翻译结果看，译者最终呈现的是反映此过程同时具有自身语篇特性的翻译文本。

本文试图从语言功能和文本功能的视角论述同一翻译标准的双重内涵，尤其是对于广告翻译而言。广告翻译，除了兼顾豪斯（House，2014）评估模式，将语言功能和文本功能与原文的匹配考虑在内，还需要考虑额外的诸多问题，如：决定广告翻译译文质量高低的因素有哪些？如何构建高效的广告翻译质量评估模式并将其有效应用？广告翻译标准的可操作性如何？等等。

二、广告翻译质量的影响因素分析

英语广告翻译是一种再创造的过程，成功的广告翻译应能激发起购买欲望，并创造印象、加深记忆，最后促成其购买行为。因此，翻译时要在把握功能对等的原则下，遵循一些基本的原则和方法。

（一）文本类型

文本类型学被翻译界广为接受。"文本类型理论之所以有评价和规范意义，很重要的是借用了一个被广泛认可的语言功能模式"（黄国文、张美芳，2002）。表达型文本的要求应用"字面"翻译方法；信息型文本要求应用等效翻译方法；感召型文本要求应用等效再创作翻译方法（Newmark，1981：15）。广告翻译受到目的语文化和意识形态、以受众为中心等各种因素的影响。

结合 Halliday 的功能语言观（司显柱，2007），商业广告可以被进一步分为"以概念元功能为导向"和"以人际元功能为导向"的广告语篇。从语篇的体裁目的层面分析商业广告的翻译对等问题，可以进一步明确广告语篇体裁与最佳翻译策略选择之间的动态关系。

关于不同类型文本的翻译标准，司显柱（2007）提出，所有文本的翻译都必须遵循的一个最低的、共同的标准：实现原文和译文在语言功能和文本功能上的"功能对等"。对于概念功能主导型文本，要放弃的当然是"形式"；反之，对人际功能型文本，要放弃的则是"内容"。这是因为，内容和形式对不同类型文本的重要性是不可同日而语的，两者并不总是能兼顾。

（二）广告翻译

广告翻译需要遵循"忠实"的原则。翻译的本质要求是再现原文，对作者忠实，这是一个最原始也是最持久的标准（吕俊，2007），中西毫无例外。严复的"信、达、雅"，泰特勒的翻译三原则，奈达的"动态对等"，纽马克的"语义型翻译"和"通达型翻译"等等，"这些翻译标准，基本上都是强调忠实的"（张南峰，1995）。王晓慧（2019）从翻译质量评估模型角度论证"信、雅、达"三者之间的地位次序，说明"信"都是第一位的，"忠实"始终是第一标准。

根据赖斯关于翻译类型的论述，广告文本翻译的焦点分别是"发送者"和"感染"的对象——"接受者"。因此，翻译是"重形式的""重感染的"，而不是"重内容的"。对于感染类文本的广告翻译，为实现基于"形式的"和"感染的"文本主导功能的对等而有时不得不容忍在语言概念功能上的偏离，即不是"重内容的"（朱永生，2015）。符合商业活动的翻译应该具备认知功能、理解功能、说服功能以及促使受众采取行动的功能。

二、语言功能和文本功能视角下的广告翻译

广告译本的评估之所以强调"言后之力"，是因为作为"感染类"文本，翻译是"重感染的"，而这正是我们所论述的翻译标准内涵中的文本

功能对等的内在要求。譬如：翻译汉语四字广告词组时，可采用直译、意译和修辞译法三种翻译方法。一般来说，英汉直译法结构基本对应，如"畅销全球"译为"sell well all over the world"，原文和译文均为"中心词+地点状语"的偏正结构。而广告文本的意译法则对原文有所省略、增补或顺序调整。如"交货及时"译为"timely delivery guaranteed"，翻译时增补 guaranteed 一词。修辞译法则调动英语修辞手段使广告语更加生动形象、对消费者具有诱惑力。如"经验独特"译为"Experience is our copyright"，译文运用了原文所没有的隐喻手段。

（一）运用排比修辞法的广告翻译

排比是对两个或两个以上意义相关或相近，结构相同或相似，语气相同的词组（主谓／动宾）或句子的并排，可增强语言的气势。

例1：英国航空公司——床位更多，空间更广，班次更密。
标准译文：More beds, more places, more often — British Airways

广告商以排比的形式来彰显英国航空的卖点。在这个译文中，我们既采用了直译也采用了意译法，译文保留了源文的排比结构。但若仔细分析，我们可以发现翻译中出现了一些变化。

表1 及物性分析

(British Airways)	(has)	more beds
主语	Present have 限定成分 述语	more places 补语
床位	（是）	更多
空间	（是）	更广
班次	（是）	更密
主语	限定成分 述语	状语

相对于源文而言，译文的主语不再是源文中的潜在主语 British Airways，而是换成了源文中充当补语的"床位""空间"和"班次"。译文中保留了排比结构，并将公司名称放在文本开头这个最显著的位置以强调英国航空的优势，帮助读者下定决心选择此家航空公司。由此可见，广告译者需要思考文案是否能打动消费者刺激消费，是否能更好地帮助航空公司树立品牌形象，是否符合企业文化。

例2：蕴藏着活力的奥秘——以睿智为你缔造无瑕的美。
标准译文：Energy bottled. Advance thinking creates unparalleled beauty.

这是一则润肤霜广告。类似的还有，"炫蓝飞扬"（Fly blue，唇膏）和"无尽风情尽在双眸"（Eyes that glow with enchantment，眼影），二者因其淡化科技，强调唯美而更受青睐。与此相比，"完美实现无瑕雪肌"（You will never need to worry about dark spots again，祛斑霜）和"电激引力——刹那惊艳眼神"（Electrify—captivate in an instance，睫毛膏），加强科技元素。在跨文化交际中，当广告的字面意义与美感发生矛盾时，译者应舍弃形、义，再现美感，以强化其感召力和诱惑力，达到交际效果。由此可见，广告翻译应坚持"忠实与创作辩证统一、等效与求美有机结合"的原则，在尊重译文评估标准多元化因素的基础上，实现产品成功的宣传与推广。

（二）用仿拟修辞法的广告翻译

仿拟是一种巧妙、机智而又有趣的修辞格。它有意仿照人们熟知的、现成的语言材料，根据表达的需要临时创造出新的语、句、篇，以使语言生动活泼，或讽刺嘲弄，或幽默诙谐，妙趣盎然，以达到广告营销的效果。

例3：He laughs best who runs longest.
标准译文：跑得最远的人笑得最好。

这条轮胎广告语套用了英语谚语"He laughs best who laughs last"。译者通过"笑到最后的人笑得最好"的谚语，完成从源语到目标语的修辞建构。广告商利用人们对源语的语言记忆，重建修辞化的目标语。

例4：关注孩子，不要关住孩子。
标准译文：Let Children Work AND Play, Not Let Work END Play.

此公益广告翻译运用仿拟修辞法。其中 work and play 出自英文谚语 All work and no play makes Jack a dull boy。在具体语境中，源语和目标语可以同现，称明仿。也可以只出现目标语，隐去源语，称暗仿。但隐去的源语，仍然作为潜在的意义参照，引导人们对目标语的认知。

例5：In the east, it is one of the best-known companies; in the west, it is one of the best kept secrets.
标准译文：在东方尽人皆知 在西方无不称奇。

例5模仿现成语言形式，置换或增减其中的部分构成元素，使现成语言形式以陌生化的面目出现，是实现艺术效果的一种修辞方式。"仿"和"拟"为同义语素，其中"拟"除了包含"模仿"的意思以外，兼有"设计"之类的意思。所以，仿拟是一种模仿性的修辞设计。

例6：A wise choice, a choice of meiji. A Major choice, a choice of meiji.
标准译文：大众的选择，选择明治。

例6译文在语言功能的维度上较好地忠实于原文的"概念意义"。在文本功能的角度，实现了此类文本翻译所要求的"重形式"，即做到了对于广告这样感染文本的翻译评估。笔者同样是从语言功能和文本功能的角度做出评判：在语言功能的层面，译本同样在概念意义上基本忠实原文；在文本功能的角度，为实现此类文本的感染读者的功能，译本作出了相对于原文在形式上和内容上的适度变化,从而基本实现了类似原文对原文读者施以的影响。换言之,这种译文之所以较为成功,就是因为在语言功能和文本功能的两个层面兼顾到了对原文的"对等"。

例7:"波导手机——手机中的战斗机"。
标准译文:"Bird mobile phone — as powerful as fighters" (Bird is a famous mobile phone company specializing in all kinds of mobile phone products and accessories in China).

例7的译例增加英文注解。波导曾经是中国著名的手机生产商,括号里的文字解释产品种类功能,便于消费者了解并购买。以概念元功能为导向的商业广告,其目标是通过传递诸如商品的价格、特征、功用、优点等信息来吸引潜在客户,因而直译是首选的翻译策略。此广告译文以源语结构形式为基础将其加以改造,改造后的目标语与源语之间往往产生意义上的差异。

例8:一滴沾唇,三月犹香。
标准译文:Wonders will never cease.

这是一则酒类广告。原广告撰稿者利用中文四字格、对仗和夸张手法,使广告具有感召力。但译者没有直译,而是抓住西方人喜猎奇、爱冒险的心理,以"wonder"为突破口,直接套用英语习语"Wonders will never cease"。译文不仅暗示了此酒品质妙不可言,令人回味无穷,而且还易使人想到品酒者赞不绝口的神态,从而使读者产生对产品的喜爱之情,燃起购买欲望。

例9:Life is a playground.
标准译文:游戏人间。

例9源语和产品特点毫无关系,重在表明产品使用者的一种生活态度,属于典型的感性广告。"游戏人间"是把人生当作游戏,所以塑造的是一个游戏者的形象，非常接近广告原意。既然"playground"是一个休闲娱乐的地方，那把生活当作游乐场就是一种游戏人间的态度。"游戏人间"的译法，与产品所描述的、在广告片和海报中所塑造的"追求快乐、潇洒不羁"的人物形象是一致的。因而，与"竞技场"或"漫游大都会"等其他译文相比，更贴切地道。

综上所述，语言转化的能力，更是赋予译者一种能根据不同广告的体裁类型和语域特征传达广告人际意义及概念语篇意义的技能。好的广告翻译能够准确立意，避免词不达意、词语运用不正确、语意不通畅和添词或少词、意义表达欠妥、连词使用不准确等错误。译者能够准确将句子的含义理出来，并对句子结构理解透彻，使内容语言与形式达到有机的统一。成功的广告翻译是译者应该在内容上"信"于原文，在形式上"达"于读者，在信息传递中"雅"于原文。

三、功能语言学视角下的广告翻译质量评估模式构建与应用

结合广告语言的三种功能，即信息功能（the informative function）、表情功能（the expressive function）和感染功能（the appellative function），笔者认为广告翻译的质量评估涵盖如下三个步骤。

首先，从形式、功能、情景三者互动的角度，对原文和译文语篇里的小句自下而上地做及物性（Transitivity）、语气（Mood）、情态（Modality）、评价（Appraisal）和主位（Theme）分析，并据此判断译文与原文是否产生了概念与人际意义的"偏离"。其次，自上而下地以整个语篇为视角，同样从形式、功能、情景互动的角度，从反映翻译情景的目的语特征、社会文化环境等方面，重新审视前述微观层面所发现和描写的各"偏离"个案，排除对译文质量造成的影响。最后，在前两步的基础上，从调整后的"偏离"个案出发判定译文在多大程度上和原文"对等"，进而从形式、功能、情景互动的角度，将译文置于包含各种言语交际所涉及因素的言语行为框架中去分析，得出合理的结论。

具体示例如下：

例 10：LAPTOP IS KNIFE.
标准译文：苹果电脑犹如一把刀。

通过这一则苹果笔记本电脑广告，我们可以发现参与者是如何构建隐喻的。在广告画面中，电脑将火腿切成薄片。该广告中，电脑的特性是通过假借其他实体的功能构建的。很容易推断，苹果电脑充当了刀的角色。通过角色替代，电脑"借用"了其他实体的特性，构成"LAPTOP IS KNIFE"这一隐喻。映射项为刀的特性：薄。当然，跟文字隐喻一样，映射项的识别还取决于语境等要素。动作者替代语法功能：动作者（actor）—过程（process）—受动者（goal）。图像元素：苹果电脑（Apple Laptop）。映射：切火腿（cut ham）。背景知识：刀（knife）。除了参与者，过程本身也可以被替换，形成动词隐喻。这种隐喻通常是一个具体过程代替一个抽象过程。

例 11：A MASTERPIECE IS FROM EVERY ANGLE—Lexus 250.
标准译文：雷克萨斯 250 从任何一个角度来说都是一款杰作。

这是一则 Lexus 汽车广告上方的文字。中间为镶嵌在墙上的精美画框中的汽车图像。很显然，该广告将汽车比喻成名画（CAR IS PAINTING）。在文字中，该隐喻是通过倒装的关系过程实现的，即"Lexus 250 is a masterpiece from every angle"。在图像中，目标域由带有"Lexus"标志的车头构建，源域则主要由画框构建。这种多模态映射最大限度地保证了隐喻的解读，但增加了创作的复杂性。广告翻译使用了修辞。文字可以将汽车比喻成任何事物，但要在图像中将该事物与汽车结合，并不容易。因此，广告一般采用文字映射和图像支持目标域的模式。

例 12：故其法每传于高流隐逸，有烟霞泉石、磊块胸次间者。
标准译文：Eremitic wisdom with lofty characters and peaceful mind.

这一广告语极具中国茶文化代表性，其内在含义是说只有平静和谐、亲近自然的人才能真正与茶相配，"烟霞"与"泉石"等都是茶人不沉迷于凡尘、略带孤傲的独特象征。翻译者用十分简洁明了的语句阐述出了源语的内涵与茶人的孤傲风骨，尽管原文形象的省略有些遗憾，但译者却非常到位地表达出了源语的深层文化内涵，更便于读者阅读与理解，其翻译效果十分明显。笔者从语言功能和文本功能的角度做出翻译评估：在语言功能的层面，译本同样在概念意义上基本忠实原文；在文本功能的角度，为实现此类文本的主导功能—感染读者，译本作出了相对于原文在形式上和内容上的适度变化，从而基本实现了类似原文对原文读者施加的功效。换言之，这种译文之所以较为成功，就是因为在语言功能和文本功能的两个层面兼顾到了对原文的"对等"。如果按照原广告语直接翻译，则不仅信息堆砌冗杂，而且无法有效将深邃的文化蕴意表现出来。

例 13：白象电池。
标准译文：brown lion.

错误译文是 white elephant。white elephant 在英文中是"昂贵且派不上用场的东西、没有用反而累赘的东西"，或者"无用且累赘"的意思，因此自然导致电池卖得不好。带异国风情的东西在译入语中须得以恰当再现，否则将带来巨大的经济损失。又如，双羊牌高档羊绒被的商标误译成英文 goats，结果导致销路特别不好。原因在于英语中"goat"这个词除了"山羊"的本意外，还有"色鬼"之意。上述译例证明，进行广告翻译时，不仅需要重视不同国家的广告法律法规要求及其规范标准，翻译为目标广告语时也必须对商品或服务的质量、性能、价格、售后承诺等做出真实、客观的表述，更重要的则是熟悉目标语国度的深层历史人文环境、风土人情、语言表达方式、民生习俗等方方面面的内容。只有基于文化因素，努力掌握在商务翻译使用上的技巧，不去触碰禁忌而又能灵活运用这些规则，才能避免导致严重后果。

以上译例表明，功能语言学对语言三种功能的阐述是分别展开的。笔者通过译例对包括"语言功能"和"文本功能"在内的"功能对等"的广告文本翻译适用的共同标准命题进行了论证。从译文质量评估的角度，它们对译文质量的影响自然也是不同的。用功能语言学的术语即概念功能和人际功能来说，它们的偏离对译文质量的影响权重也不同。在对译文质量进行评估时要考虑语篇类型。既要根据不同的语篇类型确定不同类型的意义偏离（概念或人际）对译文质量产生的不同影响，同时也要对微观层面的偏离个例进行梳理、分类并做出价值判断，如此评价才算是全面、公允、合理。

四、结语

广告翻译应遵守功能语言学的文化信息等值原则以实现的语义信息对等、文体对等和文化信息的对等，使译文达到与原文最贴近的等值。笔者建构了一个较为完整、操作性较强的翻译评估模式并将其应用于对商业广告翻译的质量评估中。广告翻译评估模式的构想、思路、设立的参数、遵循的路径、采纳的方法是基本可行的。

显而易见，广告翻译虽有别于其他类型文本，翻译质量评价，都不可能完全做到客观化。实际上，感召型文本、委托人、文化差异的要求有时迫使译者持有现代本体论阐释学立场，这是实用主义的表现。评估者由于自身的语言、文化能力与修养的不同，对同一译本的评价往往表现出较大的差异，译文的字里行间也会渗透着作者的逻辑思维。

虽然笔者列举了经典的广告翻译，但即便出自大家的译本也有未臻尽善尽美之处。广告翻译只能是在语言功能和文本功能的双重脚镣束缚下"跳舞"，在作者和读者之间取得平衡，从而表现出译文既是对原文的翻译——忠实于原文神韵、精神和旨意——又不拘泥于原文、为原文所束缚。

[**基金项目**]本文为西安市 2021 年度社会科学规划基金项目（项目编号：FS85）的部分研究成果。

【参考文献】

[1] 胡壮麟. 系统功能语言学概论 [M]. 北京：北京大学出版社，2005.

[2] 蒋磊. 英汉文化差异与广告的语用翻译 [J]. 中国翻译，2002 (3), 71–73.

[3] 李静. 以概念和人际元功能为导向的商业广告翻译策略 [J]. 外语学刊，2015 (2), 98–101.

[4] 李稳敏，李馨. 广告语翻译的修辞策略与效果 [J]. 黑龙江工业学院学报，2019 (11), 106–109.

[5] 雷英. 语境观与广告语篇翻译——系统功能语言学视角 [J]. 青年与社会：中外教育研究，2010 (8), 64–65.

[6] 李克兴. 论广告翻译的策略 [J]. 中国翻译，2004 (6), 64–69.

[7] 吕俊. 翻译标准的多元性与评价的客观性——价值学视域下翻译批评标准问题探讨 [J]. 外国语，2007 (2), 67–73.

[8] 司显柱. 系统功能语言学路向翻译研究述评 [J]. 外语研究，2007 (4), 85–89.

[9] 阎燕. 从奈达的功能对等理论看国际商务英语翻译中的文化信息等值问题 [J]. 读与写（教育教学刊），2014 (4), 35–39.

[10] 王大智. 翻译与翻译伦理——基于中国传统伦理思想的思考 [M]. 北京：北京大学出版社，2012.

[11] 王晓慧. 基于语料库的大学翻译教学模式的实证研究 [J]. 现代语言学，2019 (4): 661–673.

[12] 张美芳、黄国文. 语篇语言学与翻译研究 [J]. 中国翻译，2002 (3), 3–7.

[13] 张敬源. 功能语言学与翻译研究 [J]. 外语教学与研究：外国语文双月刊，2010 (4), 250–250.

[14] 张南峰. 走出死胡同，建立翻译学 [J]. 中国翻译，1995, (4): 15–18.

[15] 朱永生. 论 Bourdieu 文化再生产理论对 Maton 合法化语码理论的影响 [J]. 外语与翻译，2015 (1), 32–35.

[16] House J.（2014）Translation Quality Assessment: Past and Present. In: House J. (eds) Translation: A Multidisciplinary Approach. Palgrave Advances in Language and Linguistics. Palgrave Macmillan, London. https://doi.org/10.1057/9781137025487_13.

[17] Lai, K. S., & Chen, J. M.. (2019). The differences between Chinese and

western culture in advertisement and translating strategies [J]. *Overseas English*. 48-50.

[18] Newmark, P. *Approaches to Translation* [M]. Hemel Hempstead: Prentice Hall, 1981, 1988.

[19] Nord, C. Translating as a Purposeful Activity——Functionalist Approaches Explained. Manchester, UK: St. Jerome Publishing, 1997.

Research on the Systemic Functional Linguistic-based Advertisement Translation Assessment

Xi'an Polytechnic University
WANG Xiaohui, GAO Juxia

Abstract: Based on the systemic functional linguistic theory and the analysis of translation examples, the present paper aims to explore effective translating methods and establish the quality assessment standard and evaluation model on advertisement translation. The research reveals that functional equivalence, including language functional equivalence and textual functional equivalence, during the advertisement translation need to be achieved between target language and source language. Moreover, the common criteria for advertising translation assessment are to reproduce the discourse theme through the form, emotion and content and convey accurately the advertising purpose to consumers.

Keywords: systematic functional linguistics; advertisement translation; text type; quality assessment

口述和笔译在古代和现代的实践

北京语言大学
柳博赟[①]

【摘　要】本文首先以犹太教和基督教的《圣经》以及基督教教父著作为例，简要分析宗教经典的书写、抄录者的角色、口头叙述和口译的重要作用，以及译文之权威地位的确立。其次，本文描述了作者在古代作者的启发下，使用现代语音录入软件，将笔译转化为口译的实践。最后，文中列举了语音录入存在的若干问题，期待未来的技术发展能够解决这些问题。

【关键词】宗教经典文本；口述；笔译；讯飞语音识别

一、引言

宗教经典文本的成书常常经历从"口述"到文本的过程。本文所关注的"口述"，既包括口头叙述，也包括即时口译。口述的内容被记录下来，经过编修和传抄，形成了我们现在所流传的经典。宗教经典的"口述"实践和形成过程是怎样的？对当代社会的口笔译实践有无实践指导意义？这是本文关注和探讨的问题。

---

① 柳博赟（1982—　），博士，北京语言大学讲师。研究方向为宗教翻译史。邮箱：ruether@126.com。

二、经典文本从口述到文本

众所周知,古代典籍的书写,未必是作者本人亲自动笔的结果。即使是神圣经典,也时常出现作者口述、助手眷写的情况。眷写出来的文本归于作者的名下,而助手也会在文中插入一句话点明自己的身份。比如,《旧约·耶利米书》36:4"所以耶利米召了尼利亚的儿子巴录来,巴录就从耶利米口中,将耶和华对耶利米所说的一切话写在书卷上。"耶利米具有先知身份,而其秘书巴录的身份也得以提升,甚至也被视为先知。被归在他名下的《巴录书》(Book of Baruch,天主教译为《巴路克》)也在一些基督教宗派中被视为次经,属于正典的一部分。

《新约》经卷也是如此。占据了《新约》篇幅最大比重的是保罗书信,根据传统说法,保罗患有眼疾,因此他亲笔写的字比较少,而且笔画粗放、容易识别。《加拉太书》6:11 可以为佐证:"请看我亲手写给你们的字是何等的大呢!"保罗也有一位助手,名叫德丢(Tertius),我们在保罗书信中能够看到他的简短陈述。比如,《罗马书》16:22"我这代笔写信的德丢,在主里面问你们安。"有些书信是德丢笔录,而保罗也会略略写上几笔,表明文本的权威性出于自己。再举两个例子:《哥林多前书》16:21"我保罗亲笔问安。"《腓利门书》1:19"这是我保罗亲笔写的。"此外,还有《帖撒罗尼迦后书》3:17"我保罗亲笔问你们安。凡我的信都以此为记,我的笔迹就是这样。"《歌罗西书》4:18"我保罗亲笔问你们安。你们要记念我的捆锁。愿恩惠常与你们同在。"但后面这两卷书的作者是否为使徒保罗,学术界一直有争议,因此我们只能将其中提到的"笔迹"视为无法确认身份的作者的笔迹,虽然这位作者很有可能也请了助手做录入的工作。

到了教父时代,文献中有更明确的记载,我们可以了解口述、笔录、眷抄的全套工作是如何进行的。教会史学家优西比乌(Eusebius of Caesarea)在《教会史》(*Church History*)中提到,著名的希腊教父奥利金(Origen of Alexandria)受到了朋友兼恩主安布罗修(Ambrose of Alexandria)的资助来撰写《圣经》评注,安布罗修为他提供了一个助手团队，其中包括：七名速记员，他们按时轮流上岗，录入奥利金口述的内容；七名抄写员；还有一些书法水平高的女生（Eusebius, 1890: 678）。这些速记员和抄写员做出了很大贡献，节省了作者的时间和精力成本，否则奥利金不可能成为早期教会最多产的思想家。按照奥利金的拉丁文译者鲁菲努斯（Rufinus of Aquileia）的说法，埃庇法纽（Epiphanius of Salamis）曾经声称，自己阅读过奥利金所写的六千卷著作（Rufinus, 2010: 136）。虽然古代的"卷"和我们熟悉的书籍形制和篇幅都不同，但这仍然是极为可观的数量。

这些经典文献非常重要，因此后世不断有人抄写，然而抄写者有时也扮演了编修者的角色，出于"恢复原本应有之义"或者"修正经文难解之处"等目的对原文做出改动。异文甚多的《圣经》西奈抄本（Codex Sinaiticus）、梵蒂冈抄本（Codex Vaticanus）就有不少这样的例子。拜现代化技术之赐，我们现在可以在线阅览原件图片。与此相似，教父奥利金的著作也受到了抄写者的改动，但他认为这是出于恶意的篡改，是对他怀有敌意的人所为。奥利金写过一份自辩词，说使徒保罗的书信尚且被篡改，何况是自己的论著（Rufinus, 2010: 128）。但与《圣经》抄本不同的是，在奥利金的一些论著被改动的时候，奥利金仍然在世，能够做出声明和再次修正。《圣经》的作者却没有这个机会，我们只能从现在所看到的各种抄本中运用文本批判（textual criticism，也称低等批判，lower criticism）的方法尽量探求原文的本貌。

三、经典文本从口述到笔译

现存的宗教经典文本比如《圣经·旧约》，也体现了从口传传统到文本传统的过程。最初的口传传统被记录下来，具有神学意图的编修者（redactor, editor）、文士或曰抄工（scribes）对内容做出编纂和修改，对文字做出润色，继而多个文本合并结集，宗教权威召开集体会议确认其为正典，文本经过多重传抄和进一步的变动流传至今。《圣经·旧约》是以希伯来语书写的，但其中也存有希伯来语之外的语言书写的部分，或者提及希伯来语之外的语言，其中多为亚兰语，而且是和翻译相关的。比如《以斯拉记》4:7 以下内容："亚达薛西年间，比施兰、米特利达、他别和他们的同党，上本奏告波斯王亚达薛西。本章是用亚兰文字、亚兰方言……你们所上的本，已经被翻译在我面前。"（"已经被翻译" מְפָרַשׁ，和合本作"已经明读"。）以及《但以理书》5:25 的"弥尼、弥尼、提客勒、乌法珥新"，先知但以理对其做出释读，并据此预言：迦勒底王伯沙撒的国家将被倾覆，归于玛代人和波斯人。

　　《新约》的书信部分，正如我们前面所提到的，最初也经常是口述，由秘书笔录，寄送至某地教会，在信徒聚会的时候宣读，因此也包含了很多口传的因素。而基督教的信经比如使徒信经，也是口传传统的一部分。它在信仰宣告的意义上具有核心性地位，一直到今天还在敬拜礼仪上使用，会众要大声诵出信经以表达自己的正统信仰。此外，耶稣的言辞（logion）也是经由门徒口传而后记录下来，主要见于《新约》的福音书。众所周知，福音书是以希腊语书写的，除了"以利，以利，拉马撒巴各大尼"（《马太福音》27:46），"大利大古米"（《马可福音》5:41）等零星的几个字句保留了耶稣的母语亚兰语，绝大部分耶稣言词都被转译成了希腊语。也就是说，宗教经典所记录的神圣言词经历了从口传到文本的过程，而且从一开始成文的时候就是译文。因此，就《圣经》的很多经卷而言，它们的成书和正典化涉及口传传统向文本传统过渡，之后文本传统经由多年渐渐成型。我们在考察这些文本的时候，不能忘记它最初是以口传的方式出现的。与此相似，我们在考察耶稣的言词的时候，也不能忘记其中绝大多数都是译文。而且，神圣言词以译文的方式流传，这说明译文的重要性也未必低于原文。

　　至于《圣经》经卷译文的权威性，我们还有几个很好的例子。基督教中被称为《圣经·旧约》的，就是犹太教的宗教经典《希伯来圣经》。在犹太教的圣经观之中，摩西五经（Torah）地位最高，其次是先知书（Nevi'im），再次是圣文集（Ketuvim）。在公元前 1 世纪的时候，近东地区通用语是亚兰语，希伯来语仅仅是学术和仪式使用的语言。在宗教仪式上，为了使会众更好地理解所朗读的内容，经常会有人进行即时口头翻译，将经课（lections）视译为亚兰语。这种翻译或者说诠释被称为"塔尔衮"（Targum）

（Alexander, 1992: 8607）。虽然这种口译最初是禁止被书写下来的，但因为塔尔衮非常重要，对于会众理解宗教不可或缺，所以塔尔衮还是被文本化了，从现场口译转变成了书面译文。在死海古卷中，我们发现了《利未记》和《约伯记》的亚兰语塔尔衮，时间可以勘定为公元前 2 世纪到公元 1 世纪之间（VanderKam, 2010: 50–51）。同样是在公元 1 世纪，摩西五经的塔尔衮也以文本的形式成书了，即"塔尔衮•昂凯洛斯"（Targum Onkelos），按照巴比伦塔木德（Babylonian Talmud）的记载，译者是从异教改宗犹太教的昂凯洛斯（Skolnik and Berenbaum, 2007a: 433–434）。在犹太教中，摩西五经极具权威，而塔尔衮•昂凯洛斯也被视为权威文本，由拉比们亲自进行了文字校勘。塔木德中甚至规定，个人每周研读经文之时，要先读两遍希伯来原文，再读一遍塔尔衮•昂凯洛斯。直至今日，正统派（Orthodox）犹太教徒仍然在这样进行宗教实践（Skolnik and Berenbaum, 2007b: 513）。另外一部摩西五经的塔尔衮是"塔尔衮•托名约拿单"（Targum Pseudo-Jonathan），它成书较晚，而且在译文之外补充了很多非律法传统（aggadah）的内容。这也体现了"塔尔衮"一词"翻译"和"诠释"的双重含义。

至于其他语言的《圣经》译本被视为正典，权威性甚至超出原文本身，我们也有很多的例子。三个比较典型的例子是希腊语、拉丁语和叙利亚语译本。我们知道，东正教所使用的《旧约》是希腊语七十子译本（Septuagint）。七十子译本从第二圣殿时期的犹太教到早期教会时代，一直被视为权威的宗教文本。后来犹太教才因为基督教对七十子译本的重视而改用其他译本，而拉丁教会也转而使用拉丁语译本。直至今日，东正教教会神学家和教会领袖都认为七十子译本具有极高的属灵意义，更有甚者甚至否认在出现希腊语与希伯来语字词相异的时候，希伯来语原文的解读要优先于希腊语。在东正教的译经运动中，七十子译本常常是其所依据的底本，虽然有时也参考教会斯拉夫语（Church Slavonic）版本做出修改。北京北堂 1910 年第一次发行的石印版《官话圣咏经》（Psalter in Mandarin Chinese）便是北京主教英诺肯提乙（Bishop Innokenty，本名 Ivan Appolonovich Figurovsky，1921 年升任北京大主教，去世前被提名为北京及全中国都主教）从七十子译本翻译成中文的。

在拉丁教会中，从七十子译本翻译成拉丁语的各种"老拉丁语"《圣经》（Vetus Latina）版本，流行范围很广，影响很大。公元4世纪晚期，哲罗姆修改并重译而成的拉丁语通行本《圣经》（Vulgate）面世。当时这一版本的《圣经》引起了一些争议，教父奥古斯丁（Augustine of Hippo）就对其持保留态度。拉丁语通行本被视为权威文本之后，老拉丁语《圣经》的痕迹也没有完全消除，在弥撒礼仪所用的主祷文（天主教称之为天主经）中仍然可以看到与拉丁语通行本相异，与老拉丁语《圣经》相同的字词。

拉丁语通行本的重要性不遑多论。它很快就在很大程度上取代了老拉丁语本，成了天主教权威《圣经》版本，后来天特会议（Council of Trent, 1545–1563）为了反对路德等人将《圣经》从原文直接翻译为民族语言，更是官方确认了拉丁语通行本的正典地位。事实上，在很长时间内，天主教会都对原文兴趣缺缺，而是一直使用这一拉丁文译本。到了宗教改革时期，伊拉斯谟是最早对《圣经》原文进行抄本汇总和批判的人之一，他尽可能多地搜集了《新约》希腊语文本，并且基于这些文本（即公认文本Textus Receptus）重新出了一部精校本拉丁语《新约》。但他搜集到的《新约·启示录》并不完整，于是他依据拉丁语通行本，将最后几节拉丁语经文以及其他多处经文倒译回了希腊语。不仅如此，在他解读希腊语文本的时候，也时常是依据拉丁语通行本来推断希腊语语词的含义。（Krans, 2006: 54–55）

叙利亚语诸教会（叙利亚正教教会、东方教会等）的情况和天主教教会类似。虽然很早就出现了"老叙利亚语"福音书（Old Syriac Gospels）和塔提安（Tatian）的"合并本"福音书（Diatessaron），但成为权威版本的是叙利亚语简行本《圣经》（Peshitta），至今叙利亚语诸教会仍然在使用简行本。叙利亚语是亚兰语埃德萨（Edessa，叙利亚语称Urhoy，在今天的土耳其尚勒乌尔法 Şanlıurfa）方言，也被称为"新亚兰语"或者"基督教亚兰语"，与耶稣当年所使用的亚兰语巴勒斯坦方言近似。叙利亚语诸教会认为简行本使用的是耶稣母语，其经卷内容是使徒所传，因此是教会信仰大公性的一个重要保证。简行本福音书中记载的耶稣言词是从希腊语倒译回叙利亚语，但叙利亚语诸教会认为这相当于是耶稣亲口所传，具有最高的权威性。在叙利亚语诸教会中，东方教会曾经来到中国，唐代称之为景教，元代称之为也里可温。我们在《大唐景教流行中国碑》中，可以看到"经留二十七部"（朱谦之，1993：223）的记载，这指的是《新约》27卷经文。值得我们注意的是，东方教会传统的简行本《新约》一共22卷而不是27卷。时至今日，亚述东方教会认定的《新约》正典仍然不包括《彼得后书》《约翰二书》《约翰三书》《犹大书》《启示录》这些存疑书信（antilegomena）。然而，唐代景教的《新约》却有27卷，这说明在781年修建景教碑的时候，教众很可能已经采用了616年叙利亚正教教会哈克尔的多马（Thomas of Harqel）对《新约》的增补。段晴教授曾经指出，唐代景教的教众应该是包括东方教会、叙利亚正教教会教友在内的（段晴，2003：459–460）。景教碑对叙利亚语《新约》经卷数量的描述可以作为一个有力的佐证。而正是这一与拉丁教会、希腊教会《圣经》经卷数目高度一致的叙利亚语《圣经》译本，将最早的在华教众联结在一起。

四、将笔译转化为口译的实践

我们在前面简要介绍了一些宗教经典文本是如何从口传传统转化到了文本传统，也看到了经典文本中如何出现了从口述、口译转向笔译的进程。在这些例子之中，口译的重要性非常明显，而被记录下来的译文的权威性也并不一定低于原文。古代的书写，也经常是涉及口述、速记、誊写、校对、传抄的复杂过程。正如我们已经提到的那样，使徒保罗使用了一位助手来记录他口述的内容，而奥利金的例子更为典型，他身边有一个工作组来协助他以口述的方式写作。

实际上，类似的做法现在仍然存在。例如，国际会议上经常会备有速记员，速记员戴上耳机，用速录机打字，将发言人的讲话内容以及同声传译译员译出的内容即时录入电子文档。但其缺陷在于，发言人、口译员与速记员几乎不可能是长期合作的关系，口译员与速记员也不一定只为某一门专业领域提供服务，并对这一领域的知识和进展有深入了解。这就导致了很多学术会议上录入的文本信息的准确度大打折扣。录入的内容可以编辑出来做新闻报道，却并不太适合以纸质媒介的方式在学术界流传。若要正式出版，则必须做出大量的校对和格式调整。

但正是在古代贤哲的启发和现代技术的支持之下，笔者也尝试了采用口述—录入的方式，将笔译借助口译来实现。我的第一次翻译实践是教父奥利金的《约翰福音注释》(*Commentary on the Gospel According to John*)。这是一部非常重要的早期释经学著作，为后世教会对《圣经》的阐释和对圣子二性的理解贡献很大。2006 年开始，我将其从海涅（Ronald E. Heine）的英译本翻译成了中文，2010 年由华夏出版社出版，书名为《属灵的寓意：〈约翰福音〉注疏》，两册一共 53 万多字。第一册是笔者以传统方式翻译的，没有使用软件或助手。在翻译第二册的时候，笔者（当时还在北大读博士）在北大未名 BBS 上发了帖子，招愿意来做有偿录入的同学到笔者宿舍，把即时口译的内容敲进笔记本电脑的文档里。前后一共有 5 位同学成了笔者的助手，虽然每个人的准确度和速度不尽相同，但总体而言还是令人满意的。他们使用的是笔记本电脑上的搜狗输入法。因为笔者之前已经做过宗教学相关的书籍翻译，包括《约翰福音注释》上册，也写过这个领域的论文，所以笔记本电脑上的搜狗拼音已经积累了相当可观的词库。助手只要普通话听力无碍，汉语拼音使用熟练，当他们打字的时候，搜狗拼音可以非常准确地提供宗教学专有名词，比如《圣经》经卷的名称、先知的名字、近东的地名等。口述—录入的优点在于大大提升了翻译速度，笔者只需要看着英文文本并且口述翻译，不需要像之前独自翻译的时候那样，时而低头看文本，时而抬头看屏幕。若是将原书扫描成电子版，分左右两栏来翻译，需要盯着屏幕的时间就更长了，比较伤眼。口述—录入的缺点就在于校对和修改的时候还是需要译者亲自动手，不能完全通过口述来达到目的。除此之外，学术书籍的翻译报酬本来就比较低，招人来有偿录入还进一步增加了翻译成本。若非出于对翻译工作本身和所翻译书籍的热爱，这样从事笔译是一件极其不划算的事情，尤其对于一名同声传译译员而言更是如此。

笔者的第二次翻译实践是 2014 年，将美国圣母大学范德凯（James C. VanderKam）教授的名作《今日死海古卷》(*The Dead Sea Scrolls Today*)译为中文。该书 2017 年已由华东师大出版社出版。在翻译这本书的时候，笔者仍然采用了口述—录入的方式。但因为这时候已经毕业参加工作了，不方便随时请人到家中帮忙录入，因此转而使用了科大讯飞的语音听写软件，让它来发挥助手的作用。但我所翻译的文本涉及考古、宗教、历史，很多人名地名和术语并不常见，有些甚至没有固定的中文译法。这对讯飞语音是一个挑战。讯飞语音在识别高频词、常见词上问题不大，但在识别《今日死海古卷》中专有名词的时候，还是难免犯了一些错误。有的时候几次语音输入同一个专有名词，软件还听写成了不同的结果。

在这里举一些出错的例子，以此来对讯飞语音录入的质量提供一些参考数据：

表1　正确名称与语音识别录入对比

正确名称	语音识别录入
撒母耳记上	沙漠手机上、沙漠耳机上、沙漠日记上
撒母耳记下	萨默尔今夏、你说过一句笑话、杀母鸡下、沙漠日记下、沙漠耳机下、方某人敬上、三个人经手
士师记	是诗句、是书记
以诺一书	一摞医书、遗落一书
耶路撒冷	岳麓山岭、有了沙龙
亚奈乌斯	杨乃武死、原来如斯
古卷	古剑、古建、估计、固件、猪圈
昆兰	股权、蜂蜡、快点、困难、昆仑、波兰、芬兰、春兰、库仑、柯南、骷髅
西番雅书	西班牙输
五十禧年书	五十禧年书
十二先祖	十二仙子
利未	立委
耶利米	一粒米
以赛亚	盐水鸭

正确名称	语音识别录入
先知玛拉基	先吃麻辣鸡
撒玛利亚	沙宝亮
隐基底	演技帝
耶利哥	乐理课
西迦迦	C++
启示	寝室
人子	壬子
洞穴	冬雪
亚历山大	压力山大
大卫王	大胃王
大卫	大V
归类失误	龟类食物
不见于伪经	不见于北京
已知的伪经	已织的围巾
摩西登上西奈山	我熄灯上西南山
救恩必临到上帝的百姓	就安倍领导上帝的百姓
献给护佑我的上帝	献给忽悠我的上帝
挨得非常近	爱得非常贱
和战争使用的武器	核战争使用的武器
也与末世论相关	英语默示录相关
分为竖条	风味薯条
看！奥秘已经临近	看！澳币已经临近
希腊之子	希腊赤字
金和银子	天何言哉

正确名称	语音识别录入
拿波尼德的祷告	老婆你多多祷告
传道书、以斯帖记、但以理书	传道也是天意，但你已输
犹太的王	猴子派来的王
拜偶像	被我消灭

从这些例子中，我们可以发现，讯飞语音在语料库中没有某个术语，或者该术语不常见的时候，就会出现识别困难，而它往往会选择读音相近的常见词来替代。有的时候，讯飞语音还会自动使用一些模糊音，比如 m 和 b 之间、l 和 n 之间、zh 和 ch 之间、i 与 ai 之间的切换。在听写人名地名如"大卫王""亚历山大"的时候，讯飞语音倾向于给出发音相似的流行语写法。这也表明，在实际的文字使用中，流行语的使用频率要远远高于所"戏仿"的原词。

笔者在口述译文的时候，必然会给出大量的短语和句子。尤其是在涉及专用术语的情况下，讯飞语音似乎联系上下文背景并给出合理选项的能力不是很强，于是就会出现与本意差别很大的听写，需要做出整体修改。讯飞语音在判断一个短句意义不完整的时候，会自动联想并补足音节，这说明应该内嵌有句法或常用短语结构，尽管它的判断常常是有误差的。

从这些例子之中，我们可以总结出一个规律：讯飞语音有一个庞大的语料库，在使用者口述的时候，它会从语料库中寻找发音最为接近的语词。如果它像搜狗拼音一样，可以高度个性化，充分利用个人语料库，则录入效率还可以进一步提高。搜狗拼音在记忆专有名词方面非常有效，只需输入一遍，第二遍就能够自动出现。如果讯飞语音也能够与文字处理联系得更紧密，在更正一遍之后就不需要每次都更正，就必将成为极为理想的录入手段。

五、结语

宗教经典文本从口述到文本及其从口述到笔译的实践，在特定的历史条件下对于宗教的传播起到了至关重要的作用。这样的实践对于当今社会的口、笔译实践也具有重要的指导意义。

随着科学技术的深入发展，高度成熟的语音录入软件替代速记员应该不是难事。对于实时翻译软件而言，准确的语音录入只是第一步，下一步是将其翻译为通顺达意的外语。2018年，各种人工智能翻译设备已经开始出现，其中对口语化发言和科技类术语的语音录入做得越来越好了。随着技术的进步，人工智能领域所取得的研究成果一定会进一步拓展到其他专业领域，包括人文和社会科学，使电脑程序能够利用这些学科的海量数据深度学习，提高语音识别准确率。人工智能对各种古典语言的准确识别、录入和翻译必将提升古代宗教、哲学典籍翻译及其类似学术会议的口译效率和准确性。

[基金项目] 本课题为北京语言大学院级科研项目（中央高校基本科研业务专项资金资助），项目编号为21YJ020001。[The essay is a result of the scientific research project funded by Beijing Language and Culture University (Special Funding for Basic Scientific Research in High Education Institutions). Project No.: 21YJ020001.]

【参考文献】

[1] 段晴. 唐代大秦寺与景教僧新释 [A]. 见荣新江. 唐代宗教信仰与社会 [C]. 上海：上海辞书出版社，2003.

[2] 朱谦之. 中国景教：中国古代基督教研究 [M]. 北京：东方出版社，1993.

[3] 圣经梵蒂冈抄本 (Codex Vaticanus). 检索日期：2018年6月27日. 网址：https://digi.vatlib.it/view/MSS_Vat.gr.1209

[4] 圣经西奈抄本 (Codex Sinaiticus). 检索日期：2018 年 6 月 27 日．网址：http://codexsinaiticus.org/en/

[5] Alexander, Philip S. Targum, Targumim. [A]. in *The Anchor Bible Dictionary*. [C]. ed. David Noel Freedman (New York: Doubleday), 1992.

[6] Eusebius of Caesarea. *Church History* [M]. Trans. Arthur Cushman McGiffert. Ed. Phillip Schaff. New York: The Christian Literature Publishing Co., 1890.

[7] Krans, Jan. *Beyond What is Written: Erasmus and Beza as Conjectural Critics of the New Testament*. [M]. Leiden: Brill, 2006.

[8] Rufinus, On the Falsification of the Books of Origen.[A]. in St. Pamphilus, *Apology for Origen with the Letter of Rufinus on the Falsification of the Books of Origen*. [C]. Trans. Thomas Scheck. Washington D.C.: The Catholic University of America Press, 2010.

[9] Skeat, T. C. The Codex Sinaiticus, The Codex Vaticanus and Constantine. [J]. *Journal of Theological Studies*. 1999, 50 (2): 583–625.

[10] Skolnik, Fred and Michael Berenbaum, eds, *Encyclopaedia Judaica*, second edition, vol. 15. [M]. Farmington Hills, MI: Thomson Gale, 2007a.

[11] ——, eds, *Encyclopaedia Judaica*, second edition, vol. 19. [M]. Farmington Hills, MI: Thomson Gale, 2007b.

[12] VanderKam, James C. *The Dead Sea Scrolls Today*. [M]. Grand Rapids, Michigan/Cambridge, U.K.: William B. Eerdmans Publishing Company, 2010.

Dictation and Translation in Ancient and Modern Times

Beijing Language and Culture University

LIU Boyun

Abstract: The completing of sacred texts often goes through the process from dictation to written text. Dictation here includes both oral narration and instant interpretation. The contents of the dictation are recorded, edited and copied, forming the classic texts that are known to us. The first part of this article will take the Jewish and Christian Bible and the Church Fathers' writings as examples to analyze the formation of religious texts, the role of scribes, the vital importance of oral narration and interpretation, and the confirmation of the authority of the translated text. The second part will demonstrate how, inspired by the authors of religious texts in ancient times, I have made use of modern voice input software to turn translation into interpretation. In the article, I will list the existing problems of the speech-to-text practice, in the hope that technological developments will solve them in the future, so that machine translation can be more accurate and convenient.

Keywords: sacred texts; dictation; translation; iFlyVoice

翻译理论 ▶▶▶

《西游记》韦利英译本的经典化

——中国文学外译经典化案例探析

英国利兹大学

王斌华[①]

【摘　要】针对坊间对《西游记》亚瑟·韦利英译本的批评，本文对韦利英译本在西方的经典化过程进行了回顾，分析了该节译本的整体情节选译策略及保留章回，指出该译本对取经途中章回仅选取三个故事而省略其他故事是译者有意识的选译策略。在对比节译本与全译本的接受情况后，扼要分析了韦利译本的整体叙事结构、各章之内的细小删节之处、译本的语言风格以及译者借该译本服务社会议程的翻译动机，指出该译本并非"去其精华、取其糟粕"，而是保留了原著的精华。该译本的经典化过程可为中国文学"走出去"的策略提供启发。

【关键词】《西游记》；韦利英译本；经典化；整体情节选译策略；删节之处；翻译动机；中国文学外译

一、引言

关于《西游记》主要英译本的评论，《上海书评》曾刊《〈西游记〉英

---

① 王斌华，博士，英国利兹大学口译及翻译研究讲席教授，博士生导师，现任利兹大学翻译学中心主任。研究方向：口译研究和翻译研究及跨文化传播研究。邮箱：b.h.w.wang@leeds.ac.uk。

译本的输出：去其精华 取其糟粕》一文。其代表性观点如下："就现行三种流通最广、影响最大的《西游记》英译本而言，卫利版是最差的，类似于我国市面上众多拙劣的外国名著缩写本，大抵是去其精华、取其糟粕；詹纳尔版的优点是完整呈现了原著的风貌，但在准确性和艺术性方面有许多缺陷；最优秀的是余国藩版，它同样完整，对原文的解读十分精到，绝对是汉英文学翻译的典范之作。"（陈一白，2013）在本文中，笔者想探讨的问题是：关于《西游记》韦利版英译本的上述评论是否恰当公允？

二、韦利的《西游记》英译本及其在西方的经典化

英国汉学家亚瑟·韦利（Arthur D. Waley）于 20 世纪 40 年代初英译了《西游记》，为节译本，1942 年在 Allen & Unwin 出版社出版，出版题名为 *Monkey: Folk Novel of China*。

图1 《西游记》亚瑟·韦利英译本"企鹅经典"版的封面

该译本出版后,成为西方最流行的《西游记》英译本,正是韦利的翻译使得中国古典小说《西游记》在西方大受欢迎。即使是在二战期间纸张紧缺的情况下,也连续印刷了五次(1942 年 7 月初版,1942 年 12 月、1943、1944、1945 年再版),战后更是被转译为七国语言。1961 年以出版世界文学著称的企鹅公司再版该译本,题名为 *Monkey*,并于 1973 年列入"企鹅经典"(Penguin Classics)。韦利译本的部分章节还被收入《诺顿世界文学选集》(*The Norton Anthology of World Literature*)和《贝德福德世界文学选集》(*The Bedford Anthology of World Literature*)等,使得《西游记》这部中国古典文学名著进入世界文学经典之列。

三、韦利英译本是"拙劣的缩写本"吗?

韦利的《西游记》英译本总共三十回,选取了原著的第一到十五回、十八到十九回、二十二回、三十七到三十九回、四十四到四十九回和九十八到一百回,其中第十回和第十九回大部分被删。该译本可视为原著的节译本或缩写本(abridgement)。表 1 对比了英译本的章目和原著的相关章回。

表 1 《西游记》韦利英译本选取的原著章回

译本章目	选取的原著章回	原著章回标题
Chap 1—7	第1—7回	第一回 灵根育孕源流出 心性修持大道生 第五回 乱蟠桃大圣偷丹 反天宫诸神捉怪 …… 第七回 八卦炉中逃大圣 五行山下定心猿
Chap 8—12	第8—12回	第八回 我佛造经传极乐 观音奉旨上长安 附　录 陈光蕊赴任逢灾 江流僧复仇报本 第九回 袁守诚妙算无私曲 老龙王拙计犯天条 …… 第十二回 玄奘秉诚建大会 观音显相化金蝉

译本章目	选取的原著章回	原著章回标题
Chap 13—15	第13—15回	第十三回　陷虎穴金星解厄　双叉岭伯钦留僧 第十四回　心猿归正　六贼无踪 第十五回　蛇盘山诸神暗佑　鹰愁涧意马收缰
Chap 16—17	第18—19回	第十八回　观音院唐僧脱难　高老庄行者降魔 第十九回　云栈洞悟空收八戒　浮屠山玄奘受心经
Chap 18	第22回	第二十二回　八戒大战流沙河　木叉奉法收悟净
Chap 19—21	第37—39回	第三十七回　鬼王夜谒唐三藏　悟空神化引婴儿 第三十八回　婴儿问母知邪正　金木参玄见假真 第三十九回　一粒金丹天上得　三年故主世间生
Chap 22—24	第44—46回	第四十四回　法身元运逢车力　心正妖邪度脊关 第四十五回　三清观大圣留名　车迟国猴王显法 第四十六回　外道弄强欺正法　心猿显圣灭诸邪
Chap 25—27	第47—49回	第四十七回　圣僧夜阻通天水　金木垂慈救小童 第四十八回　魔弄寒风飘大雪　僧思拜佛履层冰 第四十九回　三藏有灾沉水宅　观音救难现鱼篮
Chap 28—30	第98—100回	第九十八回　猿熟马驯方脱壳　功成行满见真如 第九十九回　九九数完魔灭尽　三三行满道归根 第一百回　径回东土　五圣成真

韦利的《西游记》英译本是"拙劣的缩写本"吗？从韦利英译本的整体情节选译策略来看，这一评论是不准确的。从其整体情节定位来看，节译本的故事情节相对完整，并无不连贯之处。韦利的英译本以"猴王"孙悟空这一《西游记》小说的灵魂人物为主角，聚焦于孙悟空的形象塑造，充分彰显了孙悟空的英雄主义形象。至于韦利的节译本是否是"拙劣的缩写本"，可从以下两个关键方面加以鉴别。

（一）韦利译本的整体情节选译策略符合当时学界对《西游记》主题的定位

韦利采用的《西游记》原著是1921年上海亚东图书馆出版的版本，在该版本的前言中，当时中文学界的代表人物胡适把《西游记》定位为神话讽刺小说，而且西天取经途中的情节确有诸多重复之处，韦利认为原著实在太长，于是采取选译的策略。在英译本胡适所作的序言中，也表达了如下观点："从诸多佛道儒评论家各种寓言式解读中解脱出来，《猴王》就是一本幽默感十足、荒诞不经、讽刺意味十足、轻松愉快的书"（Hu, 1943：1，作者译）。

当时中文学界的另一代表人物鲁迅也持类似观点，他在《中国小说史略》中指出：《西游记》"作者虽儒生，此书则实出于游戏，亦非语道，故全书仅偶见五行生克之常谈，尤未学佛，故末回至有荒唐无稽之经目，特缘混同之教，流行来久，故其著作，乃亦释迦与老君同流，真性与元神杂出，使三教之徒，皆得随宜附会而已。"又说："作者禀性，'复善谐剧'，故虽述变幻恍忽之事，亦每杂解颐之言，使神魔皆有人情，精魅亦通世故。""讽刺揶揄则取当时世态，加以铺张描写"（鲁迅，1925，第十七篇：明之神魔小说［中］）。

由此可见，当时两大中国文化巨擘均把《西游记》定位为讽喻世态的神魔小说，韦利在20世纪40年代初进行翻译时，其整体情节选择亦以《西游记》的神魔故事为主体情节。在英译本的前言中，韦利对其主题定位亦有说明："《西游记》的独特之处在于它糅合了美丽与荒诞、深奥与无稽。传说、寓言、宗教、历史、反官僚的讽喻与纯粹的诗词——所有这些迥然相异的要素都囊括在这部小说里。故事中的官员都是天上的仙人，所以大家可能会认为作者要讽刺的是宗教而非官僚机构。但中国人普遍认为，天上的等级结构无非是地上政府的复制品。"（Waley, 1942, Introduction, 作者译）

(二)韦利译本对取经途中章回的大幅删减是译者有意识的选译策略

值得注意的是,韦利译本的最大略译之处是唐僧师徒取经途中降魔伏妖的经历,原著近 80 回的章回被韦利缩减为英译本中的十来回,这是译者选译策略的关键之处。那么,关于这 80 回的情节,译者究竟选择保留了什么?又是什么原因呢?

译本中选择保留的原著回目包括以下三个故事:

(1) 乌鸡国复主除妖(原著第 37—39 回)
(2) 车迟国大圣斗法(原著第 44—47 回)
(3) 通天河救童渡冰(原著第 48—49 回)

结合韦利在 20 世纪 40 年代初翻译《西游记》当时的时代背景,可以看出这种情节选译是译者主动为之的策略。"乌鸡国复主除妖"的故事情节与英语世界脍炙人口的莎士比亚名剧哈姆雷特(*Hamlet*)有着共通之处:均是老国王被人所害,死后鬼魂诉冤;害死国王者鸠占鹊巢,霸占王后;王子认贼作父,觉醒之后为父雪冤。在"车迟国大圣显法"的章回中,车迟国盛行灭佛,佛教徒被奴役为苦力,很容易让时人联想到二战期间犹太人受到的种族迫害。而"通天河救童渡冰"故事情节中描述的唐僧师徒面对八百里通天河横亘于取经途中的取经之难与二战之初英国遭纳粹德军轮番轰炸的战时之艰堪为类比。

虽然西天取经途中的精彩情节不止这些,正如胡适在为韦利英译本所作的序言中提及:"追忆我童年时代读《西游记》时的最喜爱的部分,包括一些情节跌宕的章回,比如狮驼国斗三怪(第 74—77 回)和大战红孩儿(第 40—42 回),也包括一些妙趣横生的插曲,比如灭法国假冒贩马商(第 84—85 回)、朱紫国孙猴巧行医(第 68—69 回)、偷吃人参果(第 24—26 回),然而令我感到颇为遗憾的是,这些章回却在译本中被韦利删掉了"(Hu, 1943: 4),但值得注意的是,韦利译本选译的取经途中的章回均是孙悟空战无不胜的情节。这一选译策略与译者进行翻译时的时代背景有关。当时正值二战期间,亟须孙悟空这样的英雄主义宣传,重点围绕孙悟空的英雄形象来进行选译是译者有意识的行为(王文强,2019)。

从韦利译本出版后广受读者欢迎和在英语世界经典化的传播效果来看,韦利在上述情节选择中考虑与目标语文化融通的"借帆出海"策略显然是成功的,亦可作为今天中国文学"走出去"的策略加以借鉴。

四、节译本与全译本的接受情况比较

在韦利的节译本之后,20世纪80年代初,《西游记》有两个全译本在美国和中国几乎同时面世。一个是美国余国藩教授翻译的 *The Journey to the West*,共四卷,在1977年到1983年间由芝加哥大学出版社出版,并于2012年出修订版。另一个是曾在英国利兹大学任教的詹纳尔(William John Francis Jenner)翻译的 *Journey to the West*,共四卷,在1980年到1986年间由外文出版社出版。

在全译本译者看来,《西游记》是中国传统小说中的精品之一,包含着对儒、释、道三教严肃的讽喻,要把原文全部忠实地译出是一个十分艰巨的任务(王丽娜,1999)。余国藩在其全译本长达两万字的导言中详尽阐述了《西游记》的起源和关于作者的争议,并对书中诗词的作用和出处作了说明和考证,分析了贯穿全书的三教合一思想,也对这部作品的定位提出了独到的见解,阐释了全译的必要性。《西游记》作为中国四大古典小说名著之一,有着丰富的解读空间,余国藩和詹纳尔的两个全译本分别作为汉语母语译者的全译本和英语母语译者的全译本,均有重要的学术价值。

但是,从全译本的销量来看,在大众读者尤其是目标语读者中的接受并不理想。据芝加哥大学出版社高级编辑戴维·莫洛(David Morrow)的说法,余国藩的全译本初版第一卷三十多年间才卖掉一万六千多册,第二卷到第四卷的销量更是只有各约八千册(陈一白,2013)。

正因如此,余国藩在全译本之后又于2006年出版了《西游记》的节译本,并在前言中坦陈:"四卷本《西游记》一经出版,远近的朋友和同人便开始抱怨。他们认为全译本无论是对普通读者还是对课堂教学来说，不仅太过笨重冗长，难以掌控，而且也不堪实用。他们希望我能出版一个相对短小的译本。我对这一要求抵制多年后，如今我总算得出一个结论：韦利教授的节译选择是可取的，只是我的删减本与其不同，我尽量完整地保留了所选译回目的全部语篇特点。"（Yu, 2006: 6，作者译）

五、韦利英译本是"去其精华，取其糟粕"吗？

无论从整体叙事结构的呈现，还是从译本的删减处理之处来看，抑或是表现内容的语言风格乃至整体翻译策略中借翻译服务时代社会议程的因素来看，韦利英译本实际上保留并呈现了《西游记》的精华。

（一）整体叙事结构在译本中自成一体

韦利英译本的情节自成一体，所选回目较完整地保留了西游记的整体叙事结构。《西游记》原著共一百回的故事情节大致包括三个部分：前七回写孙悟空出世拜师和大闹天宫的故事，着重表现孙悟空的反抗精神；第八至十二回写唐僧出世、魏征斩龙、唐太宗冥府回魂，交代取经的缘由；第十三回至一百回，写孙悟空、猪八戒、沙僧等经观音菩萨指点，拜唐僧为师，一路护送其前往西天取经，途中降妖伏魔，历经八十一难，最终师徒四人修成正果，取经回到东土大唐。对比来看韦利英译本的故事情节：第一至七章是猴王出世拜师和大闹天宫的故事；第八至十二章写唐僧出世、魏征斩龙、唐太宗冥府回魂，交代取经的缘由；第十三至十五章是唐僧收悟空和白龙马的故事，第十六至十七章是收服猪八戒的故事，第十八章是收服沙僧，至此师徒一行团聚；第十九至二十七章则代表了往西天取经途中以猴王为主角的降妖伏魔，第二十八至三十章则呈现取经之后返归东土的故事。总体来看，韦利译本在重现《西游记》整体叙事结构方面是很成功的。

更值得注意的是，韦利版是第一个在西方较为完整地传播西游记主体叙事情节的英译本。韦利在译本的前言中也明确交代了其整体情节选择的原则:"《西游记》原著篇幅冗长,通常以节略的形式阅读。一些节译采取的方法是保留原始回目数量,但大幅度删减章回之内的内容长度,尤其是删去对话。而我在大多数情况下采取了相反的原则,省略了不少章回,但对于选择的章回则在翻译中内容基本上完整保留,只是省略了大部分无关紧要的诗词段落,因为那些诗词译成英语会非常糟糕。"(Waley, 1942: Introduction,作者译)

(二) 各章之内的细小删节之处不影响主要情节

笔者对韦利译本所译各章与原著进行了对比,发现韦利所译章回的内容基本完整,各章之内的细小删节之处是不影响主要情节的儒释道理论、中国传统文化的专有内容(如关于五行、炼丹等)和铺陈情景的诗词。

《西游记》原著中最难翻译的恐怕是贯穿全书的诗词,按照余国藩的考证,原著中诗词总共有七百五十首之多。然而对于韦利这位著名的汉诗英译名家而言,翻译困难并非删节原著诗词的主要原因。在翻译《西游记》之前,韦利的汉诗英译已在汉学界名动天下,其汉诗译作包括 *A Hundred and Seventy Chinese Poems*(1918)和 *The Book of Songs*(1937)等。对于《西游记》原著中的诗词大多略而不译,在其译本的自序中,韦利自称有两方面原因:一是他认为诗词在这个节译本中无关宏旨,韦利称那些诗词是"无关紧要的段落"(*incidental passages*);二是考虑英语读者的接受,韦利认为那些诗词"译成英语会非常糟糕"(*go very badly into English*)(Waley, 1942: Introduction,作者译)。

当然,关于诗词在原著中的作用,亦可作仁者见仁、智者见智的不同解读。例如,全译本的译者余国藩则认为,尽管以正统的标准来看,这些诗词大多不能说是上乘之作,但它们或提纲挈领地点明每回的要旨,或形象生动地描绘自然的景观,或活龙活现地展示打斗的场景,和整部作品是密不可分的,甚至让这部小说具有了类似于《奥德赛》或者《神曲》的史诗性质(Yu, 1977: x)。

（三）译本的语言风格充分表现内容且利于跨文化传播

韦利译本语言流畅，简明平易，尤其是朗读起来朗朗上口，不仅充分表现了原著的内容，而且对于译本的跨文化传播和被目标语读者广泛接受起了重要作用。胡适也在序言中特别称赞韦利翻译的《西游记》中的对话，无论在保留原文的诙谐幽默上，还是在保持丰富的格言形式上，都是真正的佳作。这一特点的详细阐释需要广引文本，由于本文篇幅所限，拟另文详述。

（四）译者借此译本服务社会议程的翻译动机

如上文所述，韦利译本的节译策略乃主动为之，章回选择尤其是西天取经途中的章回选择亦有其目的。我们评论这一译本时不应简单地下"取其糟粕"的结论，事实正好相反，韦利译本所取的乃是《西游记》原著的精华。值得注意的是，韦利译本的整体翻译策略与译者借此译本服务当时社会议程的翻译动机密切相关，这点尤其体现在其对《西游记》结尾佛偈的翻译方式中。《西游记》原著结尾的佛偈如下："愿以此功德，庄严佛净土。上报四重恩，下济三途苦。若有见闻者，悉发菩提心。同生极乐国，尽报此一身。十方三世一切佛，诸尊菩萨摩诃萨，摩诃般若波罗蜜。"

韦利译为：

> I dedicate this work to the glory of Buddha's Pure Land. May it repay the kindness of patron and preceptor, may it mitigate the sufferings of the lost and damned. May all that read it or hear it find their hearts turned towards Truth, in the end, be born again in the Realms of Utter Bliss, and by their common intercession requite me for the ardours of my task.

乍一看此段翻译似乎不是特别忠实于原文，但此处韦利作为译者的显身表达了他希望借其《西游记》的英译本（*I dedicate this work*）表达自己对二战期间饱受战火之苦的人民的同情之心，希望能减轻他们所承受的苦难（*may it mitigate the sufferings of the lost and damned*）；并且呼吁"若有见闻者，悉发菩提心"（*May all that read it or hear it find their hearts turned towards Truth*），如此则可"同生极乐国"（*be born again in the Realms of Utter Bliss*）。从译文来看，这句话可理解为"如果那些发动战争、并给人民带来无限苦难的人读到或听到《猴》这部小说，希望他们能够体会这部小说所蕴含的真知，转变心意，放弃战争，这样他们就能在极乐国重生"（王文强，2019）。如此，译者"我"于二战期间冒着战火翻译此名著的艰辛就得到了回报（*requite me the ardours of my task*）。

六、结论

韦利译本的经典化对中国文学外译和传播具有重要的启示。从韦利译本的情节塑造来说，以猴王为中心的整体叙事情节塑造非常成功。从译文的可读性来看，韦利版的语言非常流畅。这两点均促成了该译本在西方读者中的广泛接受和译本的经典化，在中国文学名著的对外翻译传播方面堪为成功的范例。另外，韦利译本"借帆出海"的策略和借翻译实现当时社会议程的做法亦可为中国文学外译提供启示。当然，该译本在一定程度上牺牲了原著的复杂性和艺术性，未能完全呈现这部中国文学名著可丰富解读的全貌。

在进行文学外译的批评尤其是关于节译本的批评时，我们有必要把译本放在更广阔的世界文学视域下来看。正如 Damrosch 在其世界文学批评论著中指出的那样："所有的作品在被翻译之后，便不再是原文化的专属产品，原语言中的创作只是一个'开端'"（Damrosch, 2003: 22）。文学作品在被翻译为另一种语言后，便进入了世界文学的新世界，被赋予了新的生命，要理解这种新的生命，我们便要关注其在译本和新的文化语境中是如何被重新书写的（Damrosch, 2003: 24）。如果我们把世界文学的作品看作是呈现或者了解世界不同国家地区和文化的一扇窗户，我们就应该考虑到，其中反映的图景经过了跨文化过程中的多重折射（Damrosch, 2003: 24）。

【参考文献】

[1] 陈一白. 2013,《西游记》英译本的输出：去其精华 取其糟粕 [J]. 上海书评，2013-05-13.

[2] 鲁迅. 1925,《中国小说史略》[M]. 上海古籍出版社，1998.

[3] 王丽娜. 1999,《西游记》在海外 [J]. 古典文学知识，1999 (4): 117-126.

[4] 王文强. 2019,倾听译者的心声——阿瑟·韦利的《西游记》英译本研究 [J]. 山东外语教学，40 (1): 115-124.

[5] Damrosch, D. 2003. *What Is World Literature?* [M]. Princeton: Princeton University Press.

[6] Hu, S. 1943. Introduction. *Monkey: Folk Novel of China* [M]. A. Waley trans. New York: Grove Press.

[7] Jenner, W. J. F. (trans.). 1980—1986. *Journey to the West*. By Wu Cheng'en. Vol.1-4 [M]. Beijing: Foreign Languages Press.

[8] Waley, A. (trans.). 1961. *Monkey*. By Wu, Cheng'en [M]. London: Penguin Books (First published by Allen & Unwin 1942).

[9] Yu, Anthony C. (trans. and ed.) 1977—1983. *The Journey to the West*. By Wu Ch'eng-en. Vol.1-4 [M]. Chicago: University of Chicago Press.

[10] Yu, Anthony C. (trans. and ed.) 2006. *The Monkey and the Monk. An Abridgment of The Journey to the West* [M]. Chicago: University of Chicago Press.

Canonization of Arthur Waley's Translation of *Xiyouji*: A Case Study on Canonization of Translated Chinese Literature

University of Leeds

WANG Binhua

Abstract: In response to criticism about Arthur Waley's translated version of *Xiyouji*, this article reviews the process of its canonization in the West.

Through an analysis about its selection of chapters in this abridged translation, the article reveals that the selection of three stories while omitting other chapters about the pilgrimage journey to the west is a deliberate strategy adopted by the translator. By analysing its narrative structure, its minor omissions within the chapters, its language style and the translator's motivation in serving social agenda of his times with the translation, the article argues that the translation retains the essence of the original well and that the criticism of "discarding the essence and keeping the dregs" is not justified. The canonization of Arthur Waley's translated version of *Xiyouji* can provide useful inspirations for Chinese literature translation in "going-abroad".

Key words: *Xiyouji;* Arthur Waley's translated version; canonization; selection of chapters; omissions; motivations in translation; Chinese literature translation

汉英对照本《红楼梦》中的"不对照"现象研究

上海工程技术大学
巫元琼[①]

【摘　要】以汉外对照的形式着力打造文化精品是"中国文化走出去"的重要方式之一。然而，不规范的汉外对照出版物影响传播效果和国内文化精品的对外形象。采用杨宪益、戴乃迭译文的《红楼梦》汉英对照本属于"大中华文库"系列丛书之一，存在着多种类型的不对照现象。通过版本比对，我们发现，"不对照"现象与杨宪益、戴乃迭《红楼梦》英译底本的复杂情况密切相关。不对照现象，既有悖于"大中华文库"项目的初衷，亦有损于《红楼梦》的经典形象，不利于"中国文化走出去"。

【关键词】大中华文库；《红楼梦》；汉英对照；影响

一、引言

近年来，以汉外对照形式出版中国文化书籍，着力打造一批文化

---

① 巫元琼（1975—　），副教授，英语语言文学硕士。研究方向：翻译研究、外语教学与研究。邮箱：ellen5@163.com。

传承和传播价值厚重的文化精品，成为国家大力倡导的"中国文化走出去"的重要方式之一。"大中华文库"即是我国历史上首次系统全面地向世界推出外文版中国文化典籍的国家重大出版工程。首批纳入该文库的中国文化经典有100种，均以汉英对照形式出版发行。该文库自出版发行以来收获了良好的声誉，成为世界了解中国文化的重要"名片"，国家领导人出访时也多次将该套丛书作为"国礼"赠送给受访方。研究中我们发现，汉外对照一旦把关不严、处理不佳，极易产生"不对照""乱对照"等四不像类出版物，从而影响传播的效果，影响国内文化精品的对外形象。本文试以"大中华文库"汉英对照版《红楼梦》为例，探讨汉外对照出版物的"不对照"现象、产生原因及其影响。

二、"文库本"《红楼梦》汉英对照中的"不对照"

汉英对照版《红楼梦》是"大中华文库"之一，共6卷，120回，译文采用杨宪益、戴乃迭合译本内容，由外文出版社和湖南人民出版社于1999年联合出版发行。研究发现，"文库本"正文存在着多种类型的"不对照"，而这种"不对照"皆与《红楼梦》复杂的版本现象有关，尤其是与杨宪益、戴乃迭译本底本歧义有关。

《红楼梦》是一部版本复杂的小说，形成了早期抄本和梓本两大版本体系。早期抄本指1791年之前该小说处在手写传抄阶段形成的本子，今存的该类抄本"或全或阙，存留最多的也只是八十回书，今各抄本为百二十回者，除杨本另有复杂情况外，其余各本的后四十回书，亦大都为藏书家后来的补配"（林冠夫，2006：7）。后期梓本指1791年冬由程伟元、高鹗整理，经翠文书屋以木活字排版印行的"乾隆辛亥翠文书屋木活字摆印本"（现称为"程甲本"），次年程、高在此基础上进一步改订印行的"乾隆壬子翠文书屋木活字摆印本"（现称为"程乙本"）以及根据这两个本子形成的各种翻刻本。后期梓本为百二十回本，除《石头记》或《红楼梦》外，还有别题为《金玉缘》或《大观琐录》者（同上：12）。据林冠夫（同上：7-13）统计，迄今为止发现的重要抄本有庚辰本、甲戌本、有正本等凡 11 种 14 个本子，后期梓本"多达百余种"，包括"本衙藏板本""东观阁本""抱青阁本""藤花谢本"等重要版本。这些本子及其各衍生本之间异文众多，却又相互关联，形成了错综复杂的版本现象。

《红楼梦》复杂的版本现象给翻译该小说，尤其是完整翻译该小说提出了一个"以什么为底本"进行翻译的问题。我们发现，"文库本"《红楼梦》忽视了《红楼梦》复杂的版本现象，从而重现出多种类型的"不对照"现象，主要表现在：译文以"庚辰本"为底本，"文库本"相应中文部分为"有正本"；译文以"程甲本"为底本，"文库本"相应中文部分为"程乙本"；"译文"底本采用了其他版本，或综合各本内容形成的新版本，"文库本"没有关注到相应事实，其相应中文部分版本与译文不对照。前两种"不对照"明显反映了杨、戴英译《红楼梦》底本的歧义，而后一种"不对照"则反映出杨、戴英译《红楼梦》活动中涉及的复杂版本选择过程。

（一）译文内容与"庚辰本"一致，中文却以"有正本"对照

杨、戴英译《红楼梦》前八十回的底本分歧主要表现在底本是"庚辰本"还是"有正本"。"文库本"中相应的不对照现象反映了这一分歧，即杨、戴译文与"庚辰本"内容一致的地方，"文库本"相应中文却为"有正本"。例如杨、戴第 2 回译文："Examples of the second are <u>Chi You</u>, Gong Gong, Jie, Zhou, Qin Shi Huang, Wang Mang, Cao Cao, Huan Wen, An Lushan and Qin Hui"，中文对照作："共工、桀、纣、始皇、王莽、曹操、桓温、安禄山、秦桧等……"（曹雪芹、高鹗，1999：48–49）（下划线为强调起见，由本文作者添加，以下同）。此处杨、戴译文中的"Chi You"（蚩尤）与"庚辰本"中内容同，而"文库本"相应中文内容无"蚩尤"，与"有正本"内容一致。又如，杨、戴第 2 回译文："'I have chosen <u>the second day of next month</u> for my daughter's departure for the capital,' continued Ruhai"，中文对照作："如海乃说：'已择了<u>正月初六日</u>小女入都……'"（同上：60–61）。杨、戴译文中"the second day of next month"（下个月第二天），与"庚辰本"内容"正月初二日"同，而"文库本"相应中文对照为"正月初六日"，与"有正本"内容同。可见，杨、戴译文均

以"庚辰本"为底本,而"文库本"相应中文为"有正本"。

(二)译文内容与"程甲本"一致,中文却以"程乙本"对照

杨、戴译《红楼梦》后四十回的底本分歧主要在"程甲本""程乙本"两个版本之间。"文库本"的后四十回中文为"程乙本",而没有注意到译文参照了"程甲本"进行翻译。例如杨、戴第 82 回译文:"…she fell on her knees and clasped the old lady's waist",相应中文对照为:"于是两腿跪下去,抱着贾母的腿说道……"(同上:2512–2513)。此处杨、戴译文中"clasped the old lady's waist"(抱着贾母的腰)与"程甲本"的内容一致,"文库本"的相应对照中文为"抱着贾母的腿",与"程乙本"内容一致。又如杨、戴第 83 回译文:"They ordered four green sedan-chairs and some dozen carriages to be made ready by dawn…",相应中文为:"遂吩咐家人预备四乘绿轿,十余辆翠盖车,明儿黎明伺候"(同上:2548–2549)。译文中"some dozen carriages"(十余辆车),没有关于车子外形颜色的描述,与"程甲本"内容"十余辆大车"一致,而相应中文添加了"翠盖"内容,描述车子的形制和颜色,这与"程乙本"内容一致。

(三)其他类型的不对照

《杨宪益自传》内容表明,政治家、红学家和译者共同参与了杨宪益、戴乃迭翻译《红楼梦》的过程。其中,红学家参考了诸多版本,"择善而从"(杨宪益,2010:291),形成了杨、戴翻译《红楼梦》的底本。"文库本"没有关注到这一事实,出现了涉及歧义版本之外其他版本的多处译文的不对照。例如杨、戴第 1 回译文:"Though my home is now a thatched cottage with matting windows, earthen stove and rope-bed, this shall not stop me from laying bare my heart. Indeed, the morning breeze, the dew of night, the willows by my steps and the flowers in my courtyard inspire me to wield my brush",相应中文对照为"虽今日之茅椽蓬牖,瓦灶绳床,其晨夕风露,阶柳庭花,亦未有妨我之襟怀笔墨者"(曹雪芹、高鹗,1999:2–3)。此处译文的划线

部分"文库本"汉语对照为"其晨夕风露，阶柳庭花，亦未有妨我之襟怀笔墨者"。如果不追究底本问题，很可能导致翻译研究者根据此种对照得出杨、戴将"亦未有妨我之襟怀笔墨者"创造性地拆译成"this shall not stop me from laying bare my heart"和"inspire me to wield my brush"的评论。《红楼梦》各版本中与该译文相关的原文分别如下：

庚辰本：虽今日之茆椽蓬牖　瓦灶绳床　其晨夕风露　堦柳庭花　亦未有防我之襟怀笔墨

有正本：虽今日之茆椽蓬牖　瓦灶绳床　晨夕风露　堦柳庭花　其亦未有防我之襟怀　束笔阁墨

梦稿本：虽今日茆椽蓬牖　瓦灶绳床　并不呈防我襟怀　况那晨风夕露　堦柳庭花　更觉得润人笔墨

程甲本：故当此蓬牖茅椽　绳床瓦灶　未足妨我襟怀　况对着晨风夕月　堦柳庭花　更觉润人笔墨

程乙本：所以蓬牖茅椽，绳床瓦灶，并不足以妨我襟怀；况那晨风夕月，阶柳庭花，更觉得润人笔墨；

比较以上诸本，该部分内容主要区别有两处。第一处关于"晨风夕月"（程本）、"晨风夕露"（梦稿本）、"晨夕风露"（有正本、庚辰本）。杨、戴译文是"the morning breeze, the dew of night"（晨风夕露），与"梦稿本"内容一致。第二处关于"我之襟怀"与"笔墨"的分与合。"庚辰本"中两者合为一处"亦未有防我之襟怀笔墨"，而"梦稿本""程甲本"和"程乙本"中两者分开，由"况那晨风夕月，阶柳庭花"中间隔开，"有正本"中该内容置于"晨夕风露　堦柳庭花"之后，且添加了"束笔阁墨"。杨、戴译文中"this shall not stop me from laying bare my heart"（不呈妨我襟怀）与"inspire me to wield my brush"（润人笔墨）中间由"the morning breeze, the dew of night, the willows by my steps and the flowers in my courtyard"（晨风夕露　阶柳庭花）隔开，与"梦稿本"一致。综合以上分析，我们可以推论杨、戴此处译文底本与"梦稿本"内容一致，而"文库本"却依据"庚辰本"进行了对照。

又如，杨、戴第 4 回译文："…I beg Your Honour to arrest the criminals, punish the evil-doers and help the widow and orphan. Then both the living and the dead will be everlastingly grateful!"相应中文对照为"……望大老爷拘拿凶犯，剪恶除凶，以救孤寡，死者感戴天地之恩不尽！"（同上：96-97）杨、戴译文中的"both the living and the dead"对应于"存殁"，该信息与程甲本、程乙本内容一致，而在"甲戌本""梦稿本""有正本""庚辰本"中，此处均是"死者"。但是，杨、戴译文中的"help the widow and orphan"与"甲戌本""梦稿本""有正本""庚辰本"中的"以救孤寡"相一致，程本中的相应信息则是"以扶善良"。可见，杨、戴译文底本是综合各本"择善而从"的结果，其相应中文对照应为"望大老爷拘拿凶犯，剪恶除凶，以救孤寡，存殁感激天恩不尽"，而"文库本"却凭"有正本"内容进行对照。

三、"文库本"《红楼梦》汉英不对照原因分析

以上"大中华文库"版《红楼梦》汉英不对照的现象体现出《红楼梦》本身的复杂版本现象。首先，曹雪芹写作《红楼梦》过程中，其稿本曾在极少数至亲好友中抄阅评论，其中脂砚斋、畸笏叟等对内容情节的安排进行点评，并提出过修改意见，如"脂砚斋四阅评过""故命芹溪删去"等字样记录了至亲好友对该书不同阶段的评语和修改意见。在传抄过程中，亦有稿本遗失的情况。其次，作者曹雪芹曾"批阅十载，增删五次"，每次增删后的本子必然不同。后来，《红楼梦》渐渐在民间流传，藏书家、书贾纷纷开始抄写该书，导致该书面貌发生巨大变化，可见各种抄本之间存在着的复杂状况。而各种梓本虽然都系由"程甲本"或"程乙本"而来，但由于付印数量激增，且随着《红楼梦》影响的增大，书贾出于牟利计，翻印镌刻，导致诸多版本的出现，其版本差异的复杂性也可想而知。

《红楼梦》复杂的版本现象是严肃翻译该著作工作不可回避的一个问题。正如另一位《红楼梦》译者英国汉学家大卫·霍克思所说，对于《红

楼梦》而言，译者在不同版本之间做出的选择"事关一些相当基本的问题，如该小说作者是谁、版本的演变、评注者是谁、早期编者是否可信及其编注的本质等问题"（Hawkes, 1989:159）。杨宪益、戴乃迭翻译《红楼梦》时，版本的选择也颇费了一番周折。据杨、戴《红楼梦》英译本的责任编辑汪祖棠回忆（1999:441），在请教了"红学界"的诸多专家并反复研究之后才最终确定《红楼梦》英译本出版120回本。同时，请"红学家"吴世昌担任杨、戴译文核稿工作，李希凡为《红楼梦》英译本写"前言"。同时，汪祖棠回忆，在诸多红学家的参与下，杨、戴英译版《红楼梦》前80回以"人民文学出版社出版的《戚蓼生序石头记》80回影印本"为底本，后40回以"人民文学出版社出版的120回影印本"为底本（同上）。汪祖棠回忆中提及的《戚蓼生序石头记》为乾隆时人戚蓼生的收藏本，因1911左右上海有正书局出版了该本石印本，故又名"有正本"；汪祖棠回忆中提及的120回影印本是人民文学出版社于1957年出版的一种"程乙本"。汪祖棠关于底本的回忆与杨宪益、戴乃迭英译《红楼梦》第一卷的"出版说明"中底本的描述一致。然而，正如译者杨宪益（2010:291）所说的，他们的翻译参考了"诸多版本"，"择善而从"，这从本文所讨论的译文中即可见一斑。但"大中华文库"版《红楼梦》却忽略了杨、戴译文所采用的复杂底本情况，导致多处汉英不对照。

四、结语

作为我国重大出版工程，"大中华文库"在向世界介绍中国文化经典方面起到了重要作用，而该系列丛书之《红楼梦》诸多汉英不对照现象则应当引起高度重视。首先，汉英不对照现象的出现在一定程度上有损《红楼梦》的经典形象，影响了"大中华文库"系列丛书的品质。其次，"文库本"《红楼梦》是国内外广大中国文化爱好者的重要阅读书籍。如果读者仔细阅读"文库本"《红楼梦》译文和汉语对照，势必会发现译文和汉语对照内容的诸多"不对照"之处，由此得出"译文质量低劣"等错误判断，从而质疑译者和出版者的水平。再则，"文库本"《红楼梦》也是国内外众多研究者研究《红楼梦》的重要参考资料。如果研究者据"文库本"《红楼梦》汉英对照进行研究,并在此基础上讨论"译者的背叛""增译法""意译法"等翻译研究基本问题,将会给该领域带来不可预估的负面影响。

【参考文献】

[1] 曹雪芹. 戚蓼生序本石头记[M]. 北京:人民文学出版社,1973.

[2] 曹雪芹,高鹗. 红楼梦(程乙本)[M]. 北京:人民文学出版社,1974.

[3] 曹雪芹,高鹗.《红楼梦》(I—VI)[M]. 北京:外文出版社,长沙:湖南人民出版社,1999.

[4] 曹雪芹. 脂砚斋重评石头记 庚辰本(一)[M]. 北京:人民文学出版社,2009.

[5] 曹雪芹. 红楼梦乾隆间程甲本[M](一一六). 北京:中国书店,2014.

[6] 林冠夫.《红楼梦版本论》[M]. 北京:文化艺术出版社,2006.

[7] 汪祖棠."《红楼梦》英译本出版始末".《中国外文局五十年回忆录》[A]. 北京:新星出版社,1999.

[8] Hawkes, D. The Translator, the Mirror and the Dream—Some observations on a New Theory [A], Minford, J. & Wong, Siu-kit (eds.), *Classical, Modern and Human* [C], Hong Kong: The Chinese University Press. 1989.

On the Influence of Non-Correspondence in Chinese-English Version of Classics
— A Case Study of the Chinese-English Version of A Dream of Red Mansions

Shanghai University of Engineering Science

WU Yuanqiong

Abstract:The Chinese-English version of Chinese canons is a very important mode of transmitting Chinese culture. However, incorrect correspondences are taking their toll to these canons. In this paper, *A Dream of Red Mansions* in the series of "Library of Chinese Classics" is to be examined, and the reasons of incorrect Chinese-English correspondences analyzed. Finally, the destructive influence of these incorrect correspondences on Chinese canons is to be discussed.

Key Words: Library of Chinese Classics; *A Dream of Red Mansions*; Chinese-English correspondence; destructive influence

也谈译者的主体性与主体间性
——兼评《三体》英译本

北京外国语大学
王秀慧[①]

【摘 要】本文以中国科幻小说《三体》的英译者刘宇昆为主要研究对象，沿着安托瓦纳·贝尔曼在《翻译批评论：约翰·唐》中提出的翻译批评路径，从翻译立场、翻译方案和译者视域三方面对译者进行系统研究，进而考察译者主体性如何发挥以及译者如何处理与作者、读者和操纵主体之间的主体间性。

【关键词】刘宇昆；《三体》英译；贝尔曼

一、引言

法国翻译理论家安托瓦纳·贝尔曼（Antoine Berman）在其著述《翻译批评论：约翰·唐》（*Pour une critique des traductions: John Donne*）中构建的翻译批评体系囊括了对"何为翻译批评"以及"怎样对翻译进行批评"的回答。针对第二个问题，贝尔曼提出了较为完整的翻译批评路径，其中"寻找译者"这一步骤被贝尔曼视为方法论上一个至关重要的转折点，因

[①] 王秀慧，在读博士，北京外国语大学法语学院。研究方向：法语语言文学。邮箱：877155162@qq.com。

为当读者面对一部译作时,总是惯性地询问"作者是谁",译者却鲜有人问津,而译者恰恰在作品的译介过程中扮演着不容忽视的角色。

随着中国文学作品的不断外译,且开始受到国际奖项的青睐,国人除了追捧获奖的作家,也越来越关注作品背后的译者,马悦然、杜特莱、葛浩文等翻译大家的名字屡屡见刊。中国科幻界近年的头等喜事便是刘慈欣的《三体》与郝景芳的《北京折叠》先后摘得雨果奖,而这两部小说的译者均是一位名叫刘宇昆的美籍华人。媒体在报道中国小说赢得世界科幻领域最高殊荣的同时,亦不忘提这位幕后的翻译功臣。

刘宇昆11岁时移民美国,是熟练的英汉双语使用者,兼通中西文化,在哈佛大学接受了英美文学、计算机和法学等文理教育,知识储备强大,在其译作斩获雨果奖之前,刘宇昆个人的两部科幻短篇就已连续两年蝉联该奖项。刘宇昆兼及作家与译者的多重身份对其译作的增益自不待言,但除了这些有关译者的"纯粹信息","翻译批评还应走得更远,即从翻译立场、翻译方案以及译者视域三方面对译者进行考察"(Berman, 1995: 74)。

二、翻译立场

在贝尔曼看来,"没有翻译立场的译者是不存在的"。首先,翻译立场是译者在"翻译冲动"驱使下对翻译活动——如翻译的意义、翻译的模式等——的个体认知,然而这种"翻译观"并不是纯个人的,"每位译者必然带有历史、社会、文学及意识形态的印记",因而翻译立场亦是一种"妥协",是译者对"周边关于翻译的认识(即规范)的内化与折中"(Berman, 1995: 74-75)。

关于如何确立译者的翻译立场,贝尔曼认为批评者可从译序、译后记或译者相关访谈中得到线索,但它们并不总能表达真实的立场,所以最根本的途径仍要"从译文本身开始重新构建"(Berman, 1995: 75)。

（一）"碎片"与"再生"

在《三体》英译本的译后记中，刘宇昆称"翻译是把一种语言的作品分解，并带着这些碎片跨越鸿沟，用另一种语言重组成一部新的作品"（Ken Liu, 2014: 397）。刘宇昆"解构原文"的翻译观不能不让人想起本雅明在《译作者的任务》中提出的"碎片"论：译者的工作就像重新黏合瓶子的碎片，"这些碎片的形状虽不用一样，但却必须能彼此吻合"（本雅明，2012:90），最终译文得以呈现的是充满"差延"的原文，后者那原有的神韵"只能永远存在于无限的追求之中"（费小平，2005:276）。

关于"译文所呈现的是打了折扣的神韵"这一说法，刘宇昆在接受《新京报》采访时，也谈及了中国科幻脱离本土进入新的文化圈时，所面临的不可避免的"丢失"现象，但他认为："如果你只关注丢失的那部分，不喜欢新纳入的东西，这是很狭隘的看法。在翻译的过程中，一部作品拥有了新的读者，变成了新的文化的一部分"（林嘉燕，2014）。如前文所言，每一次翻译都是原作的一次碎片化过程，因此"在跨文化的过程中，不可能保存每一个细节"（林嘉燕，2014）。但与此同时，译者通过发挥自身主体性，使原文在翻译过程中不断增益，最终迎接一个创造性文本的产生，即《译作者的任务》中所谓的"原作的来世"（本雅明，2012:83），译文成为原文经过文化旅行、越界以及移植等过程后所形成的具有新的文化意涵与主体性的建构体，译文反过来决定着原文的生命价值。法国文论家亨利·梅肖尼克（Henry Meschonnic）在《翻译诗学》（*Poétique du traduire*）中提出的中心偏移说（décentrement）也认为，"译作的价值在于它能够延展作品的艺术生命"，而要延其生命绝非屈从于原文的"附着"类翻译可以做到，只有"创作"能够"使目的语、亦包括目的语的文化接纳进新鲜空气，从而使原作的艺术生命在新的氛围中重新得到锻造"（许钧、袁筱一，2001:147）。因此，译者并非唯原文是从的被动誊抄者。刘宇昆在采访中借用美国翻译家威廉·韦弗（William Weaver）的比喻——"翻译就是一场艺术表演，原作是乐谱，翻译是乐手，在表演的中心是作家的原意，但不同的翻译会创作不一样的成果"（林嘉燕，2014）——便是对翻译活动之建构意义的体认。

（二）跨文化翻译

在贝尔曼那里，翻译立场决定着翻译方案，也就是说，"如何翻译"这一问题"指向的从来不是翻译的方法，而是翻译立场，确切地说，是译者在翻译过程中面对原作、面对他者所选择的立场与态度"（刘云虹，2014：21）。对刘宇昆这样一位生活在美国的少数族裔作家／译者来说，翻译活动旨在促成两种文化间的了解与交流。这一点类似于皮姆提出的译者的专业伦理责任——"促成理解"，译者首要"忠诚"的既非源文化，也非目标文化，而是居于其间的"文化间性"。译者作为双方的中介，作为文化间性的调解者，被推到了前景。译者不是隐形的，也不可能是隐形的。他的立场决定了其遵循的翻译方案不再是"归化"或"异化"，而是"实现跨文化"（朱志瑜，2009：10）。

在促成异域文本进入目标语境时，译者在各个层面都面临着艰难选择，他的决定会影响译文的接受，并将形成目标文化对源文化的看法。从这点来看，"译者的任何行为，都不可避免地是一种权力的行使"（Crăciun，2019：88）。所以当《新京报》记者提问译者在跨文化的过程中会遇到什么困难时，刘宇昆说道："我很注意不要让西方对中国的刻板印象影响到这部作品"（林嘉燕，2014）。

事实上，在成为译者之前，刘宇昆便已是顶尖的英语科幻作家。我们不妨说少数族裔英语作家创作的文本都是"被翻译的"，因为他们的写作行为本身就是一种翻译。刘宇昆在谈及自己的创作时曾说，"我积极将那些所谓的中国经历加入作品中，让故事中的中国角色开口说话，与此同时，我希望我能挑战西方矮化华人的目光，改变他们对华裔的看法"，他坦言"少数族裔作家面临的问题和女性作家类似"（李怡，2016），对他们来说，写作是边缘作家冲破强势话语、夺回主体地位的手段。正如贝尔曼关注到的那样，译者的翻译立场与译者的"书写立场"有关（Berman，1995：75）。刘宇昆所持的"书写立场"同样影响其"翻译立场"：跨文化翻译应同边缘作家的创作一样，避免沦为"被想象"或"被猎奇"的异国情调之作，而使交流难以实现真正的平等、开放与互惠。

三、翻译方案

贝尔曼指出,"翻译方案由翻译立场以及待译作品提出的具体要求而定"(Berman, 1995: 76)。要为《三体》量身打造合适的翻译方案委实不易:首先,《三体》是刘慈欣的鸿篇巨制《地球往事三部曲》的第一部,篇幅较长;其次,刘慈欣作为硬科幻小说家代表,用坚实的科学理论辅以丰沛的技术细节,为读者打造了卓异的宇宙观;再者,《三体》的故事发生在"文革"时期,牵涉到大量政治历史背景。因此,这部作品所承载的科学、历史和文化因素注定了译者的工作将是一项浩大工程。

就译文呈现的总体结果来看,刘宇昆的译本用词趋向简单,句子复合结构较少,基本没有长难句。当然这也是原作者的风格,刘慈欣不是堆砌辞藻的作家,因此译文保留了作者简洁直接的语言特点。这在一定程度上反映了译者在翻译科幻小说时一般会遵循的"通俗性"原则(郭建中,2004:203),以促成科幻小说的读者——多为普通大众——理解作品中繁复的科技细节,并跟上作者迂阔的想象力。

译者的翻译立场使其在翻译过程中可选取灵活多变的翻译策略以"促成理解",而不拘泥于"异化"或"归化"的固有模式。就具体翻译方法来看,刘宇昆首先大量采用直译以忠于原文:对于人名的译法,译者保留了中文前姓后名的习惯;考虑到"文革"时期不断变更的学制,译者避免使用"freshman""sophomore""junior"和"senior"等英语中的对应词来翻译学生红卫兵的年级(Liu Cixin, 2014: 13);纵是一些成语和俚语,在目标读者能够理解的情况下,同样采取了直译的方式,如歇后语"肉包子打狗"(刘慈欣,2008:11)便被译为"a meat dumpling thrown to the dogs"(Liu Cixin, 2014: 63)。

虽然刘宇昆在接受采访时称"希望能在故事上留下最小的指纹"(林嘉燕,2014),但在译后记中他同样写道:"过分直译远不能忠于原文,事实上还会因晦涩而扭曲作者的本意"(Ken Liu, 2014:398)。因此,在处理俗语如"穷山恶水出刁民"(刘慈欣,2008:233)时,译者并未停留在"山"和"水"的字面翻译上,而是究其内涵,译为"The poorer a village, the craftier the people"（Liu Cixin, 2014: 308），兼顾了俗语应具有节奏感的特色。

《三体》原著中嵌入了大量"文革"时期的特定用语，若不做特殊翻译，便会削弱原作的历史背景支撑。因此，《三体》英译本共计 37 条译者脚注中，约三分之一是对"文革"背景下的特殊话语所做的注解。比如在处理"大字报"（刘慈欣，2008：125）的翻译时，刘宇昆除了直译为"big-character posters"，亦在脚注中向西方读者解释：这些使用大号汉字手写的海报乃文革前后被用来发起政治运动的宣传工具（Liu Cixin, 2014: 171）。

此外，译者也会直接在正文中通过解释性翻译传递这类特殊词汇的完整含义。比如针对"批斗会"（刘慈欣，2008：59）的翻译，刘宇昆先将其直译为"mass struggle session"，并加引号向读者表明其独特性，再以单独的句子紧随其后，解释批斗会是通过言语和身体上的虐待来羞辱并击垮革命敌人、直到他们在群众面前承认自己罪行的公开集会（Liu Cixin, 2014: 11）。与之类似的特定词汇，如"大检阅"和"大串联"（刘慈欣，2008：58），则直接被释义为"see Chairman Mao in the great rallies in Tian'anmen Square"和"revolutionary tours around the country"（Liu Cixin, 2014: 9），即"在天安门广场参见毛主席的大集会"和"围绕全国的革命游行"。值得注意的是，该页中的四段英译对应的仅是原文中的一段内容，这种对较复杂段落的分解处理，可避免译作冗长、节奏感弱等问题，是译者在合理范围内对源文本进行的重构。

针对其他具有中国文化特色的词汇，译者也有选择地做了脚注，如专有名词"二锅头"（刘慈欣，2008：94），译者先用汉语拼音进行音译，再加注解释"二锅头"是一种用高粱酿造的蒸馏酒，并类比烈酒伏特加，形容二锅头是"中国的伏特加"（Liu Cixin, 2014: 131），以带给读者更感性具体的认识。同样的处理方法还体现在对作家钱锺书（刘慈欣，2008：7）的翻译上，若单音译其名，钱锺书对国外读者来说只是一个代号，因此刘宇昆在脚注中将钱锺书同美国作家托马斯·品钦作类比，凸显二者拒绝曝光于媒体前的低调为人（Liu Cixin, 2014: 59）。

当被《新京报》记者提问是否为《三体》的翻译任务而给自己设定了什么目标时，刘宇昆答道："当然是避免让刘慈欣显笨"（林嘉燕，2014）。

由于表音文字向读者传递意象的效率不及汉字，便造成了英语和汉语的信息量差异问题，不难想象《三体》译成英文后不可避免要篇幅倍增，从而使得在汉语里还能被作者控制在"拖沓"临界点内的叙述在翻译后瞬间暴露。比如刘慈欣在原作中对"冯·诺伊曼"做了简单注解（刘慈欣，2008:153），但刘宇昆并未将其译出。虽然很多中国读者并不了解冯·诺伊曼，但他是 20 世纪最重要的数学家之一，更有"计算机之父"之称，西方读者对其毫不陌生，因而译者的省略处理合情合理。

综上可见，刘宇昆采用了不同的翻译策略力求保持作品的原汁原味；同时，为避免小说中的文化负载词、政治话语以及科技语令读者望而生惧，译者采用添加脚注或文中释义的方法，在减少阅读障碍的同时，也为不熟悉中国或科幻题材的读者提供了大量翔实的背景知识；考虑到汉语英译后体量扩大可能会给读者带去拖泥带水的阅读体验，刘宇昆在不破坏原文的基础上对译文进行适当精简与调整，使其详略得当，结构层次也更为鲜明。

四、译者视域

翻译不可能发生在真空之中。贝尔曼继承现代阐释学思想，提出"译者视域"概念，意指一系列决定译者所感、所思和所为的参数，这些参数包括一定历史阶段所形成的社会、文化、文学和语言因素等（Berman, 1995: 79），例如目的语读者对源语文化的了解程度，目的语国家对源语国家作品的译介与研究情况，译者所处的翻译环境、翻译风气等。

视域具有"双重属性"。一方面，视域指译者行为产生意义并得以施展的空间；另一方面，视域也指那些将译者圈定在有限可能性中的空间（Berman, 1995: 80）。因此，译者视域既是开放的又是有限的，在这个"双重视域"内，译者既有所可为，又有所不能为。这就意味着我们对译者的研究除了要考察其主体性，还应关注其与作者、读者和操纵主体之间的主体间性。

（一）译者与作者

同为科幻作家，"二刘"因《三体》的英译结缘。刘慈欣将《三体》的翻译工作托付与刘宇昆——当时美国唯一的中英科幻翻译家，不仅因为他是美籍华裔，相比母语非汉语的译者有更大优势，更因刘宇昆同为科幻小说家所具有的科学和文学素养。刘慈欣完全信任由刘宇昆操刀《三体》的译事，面对外界疑虑，刘慈欣直接回应"完全不用质疑"（葛倩，2015）。刘慈欣给予译者的充分信任使后者对原文能够有充分的施展空间。例如，原文有一处说"背景辐射的波长是 7 厘米，比可见光大了七八个数量级"（刘慈欣，2008：90）。"七八个数量级"属刘慈欣的计算失误，刘宇昆在翻译时没有不假思索直接译出，而是经验算后，且在作者同意的情况下，在译文中改成了正确的"五个数量级"（Liu Cixin, 2014: 125），以保证书中的科技元素在专业人员眼中依然合理，以至于刘慈欣在获奖致辞中高度赞扬刘宇昆的翻译"近乎完美"。

当然，作者与译者之间的主体间性既为译者提供了自由空间，同时也不由他脱离原作的限制而任意发挥。刘宇昆在采访中透露："有的译者会选择很直接的方式来分析原作，但我喜欢先跟作家有充分的沟通……我在翻译的过程里会不断反思自己的译文，看看是否全部忠于作家原意"（林嘉燕，2014）。好的译作是原作者与译者的视域融合，在此过程中，译者不断靠近作者的视域，领悟作者的本意。这一点在"二刘"对待科幻小说与政治关系的态度中得到了进一步体现。

刘慈欣常对媒体重申，他的写作无关政治。2017 年《三体》正式以波兰语出版，刘慈欣接受波兰媒体采访时说道："《三体》的'文革'背景只是故事需要，并非想去回顾或表现那段历史，作为一名科幻作家，对后者我没有兴趣。"（Skowron, 2017）刘慈欣的这番"抗辩"耐人寻味。事实上，自清末在"科学救国"和"西学东渐"的浪潮下被引入中国的科学小说，一直到 1978 年在"科学的春天"到来后得以复兴的科幻小说，"中国科幻作品的整个历史都无法摆脱现实和政治的枷锁，每一部作品似乎都在想象力背后隐藏有深刻的政治意识，使得这种文学体裁成为一块不断吸纳政治的海绵,而其中想象的成分被降到了次等位置"(Aloisio, 2017)。

而自 20 世纪 90 年代起,人们见证了科幻这一体裁在中国的重生,一批新兴作家推出了更自由、更具想象空间的作品,科学普及和说教已然被放在了一边。作为其中的代表作家,刘慈欣对笔下不同人物的政治立场和选择保持着相当冷静的距离,且《三体》的法语译者认为,刘慈欣真正感兴趣的是"剖析人类道德在一个不讲道德的宇宙中的极限"(Gaffric, 2017),又或者说,刘慈欣的写作"不再局限于'民族的就是世界的'这样一种乡土命题",他在"与世界潮流同步思考着人类的命运"(李方,2015:85)。因此,在接受美国国家公共广播电台采访时,刘慈欣就表示希望"美国读者会因这是科幻小说而购买和阅读《三体》,而非因为它是中国的科幻小说"(Kuhn, 2015)。

在翻译过程中,刘宇昆践行他作为译者对原作者的责任,"尽可能避免在那些涉及中国历史和政治的段落中掺入西方式解读"(Ken Liu, 2014:398)。同时他还在多处采访中呼吁读者抵制这种诱惑,因为在刘宇昆看来,中国当代科幻作家所关注的,和世界其他地方的科幻作家并无两样。"仅仅因为这些作家恰好是中国人,就试图把一套先入为主的期望强加给他们,远不如将其看作独立的个体并研究作品本身来得有用和有趣"(Ken Liu, 2016)。

(二)译者与读者

曾多次斩获雨果奖与星云奖的美国科幻小说家金·斯坦利·罗宾逊(Kim Stanley Robinson)在《三体》英译本的封底荐语中称赞"刘宇昆出色的翻译……让这本书成了最好的科幻小说,作品读来既熟悉又陌生"。可以说《三体》在西方的成功,无不得益于读者能在译文中同时体验到的"熟悉感"与"陌生感"。

"熟悉感"一是因为《三体》风格类似于被誉为 20 世纪三大科幻小说家之一的克拉克。据刘慈欣说,是这位作家的作品伴随着他的成长:"我写的每一个字都是对阿瑟·C·克拉克拙劣的模仿。"(星云网,2015:35)西方读者在一定程度上熟悉老一辈欧美科幻作家的作品,因此更有利于他们对《三体》的接受。二是因为《三体》译文符合译入语的行文习惯。正如上文在分析《三体》英译本的翻译方案时指出的那样，刘宇昆调动多种翻译策略，使译文呈现出美国读者更为熟悉的叙事方式。

刘宇昆在译后记中写道："有那么几处地方，我尝试进行调整，使之成为美国读者更为熟稔的叙事技巧。还有几处地方我则顺其自然，相信保留原汁原味更为恰当。"在他看来，"最好的英译本并不是读来像是用英语写成的原生作品"，而是通过翻译，"读者应能瞥见另一种文化的思维模式，听见另一种语言的节奏韵律"（Ken Liu, 2014: 397-398）。因此，在采取"归化"策略的同时，译者特意保留原文的痕迹，制造"陌生化"效果，突显跨文化翻译中本雅明所说的语言的"异己性"（本雅明，2012: 86）。

当然，对一些读者来说，《三体》所呈现的"陌生感"即其中关于文革的内容。事实上，"文革"作为小说的背景引入，在全书中所占的分量不算多，而不少西方读者将"文革"当作重心来阅读，似乎在他们的理解中，《三体》不止是一部科幻小说，更是一部"文革"血泪史。从这一现象也可看出，西方对中国文艺作品的解读免不了附带政治关切，甚至但凡从其他世界释放的声音，都可以被简单地映射到他们固有的知识地图上。

对此，刘宇昆曾评论："中国科幻作者似乎是些'他者'，故事里那些充满异域特色的细节，让我们对自己的幻想更加深信不疑：那是一个我们所害怕，或是捉摸不透的社会。"（Raeka, 2017a）为此，继《三体》之后，刘宇昆又编译了英语世界第一部中国当代科幻作品选《看不见的星球》（*Invisible Planets*），其中收录的科幻作家除像刘慈欣这样的重量级大师，亦不乏素人作家；13 篇小说主题和风格各异，所呈现的社会矛盾不止在中国，在任何一处地理坐标上都可能存在。尽管中国科幻对西方读者来说就像真实存在却看不见的星球，但对此译者仍大有可为。刘宇昆并不一味地迎合本地市场，而是选译能真正反映源语文化的作品去影响目的语读者，意欲通过更多元的译介为西方读者提供更全面解读中国科幻的机会。

（三）译者与操控主体

如果说意识形态是"一只看不见的手"（王东风，2003: 16）在操纵着翻译活动，那么勒弗菲尔提出的赞助人（patronage）概念就是那只"看得见的手"在为意识形态推波助澜。出版商作为文学系统外的赞助人，决定着该选择谁的作品出版以及该如何策划译事。《三体》并非中国科幻在北美的首秀，早在半个多世纪前，老舍的《猫城记》作为中国第一部外译科幻小说，就于1964年由美国密歇根大学出版社出版。出版社选择翻译这部作品，与其说是因为它的文学价值，不如说是为迎合当时政治的需要。《猫城记》写于1932年，讲述飞机坠于火星后"我"误入猫国的种种见闻，隐射了中国腐朽的社会现状。译者迪尤（James E. Dew）不顾《猫城记》创作的时代背景，在翻译过程中最大程度地将老舍用以反映30年代旧中国的"猫人世界"与60年代的中国大陆等同起来，并将共计27章的原作节译为只剩20章，只为突显他认为"重要的"，即与西方臆想的中国形象相一致的内容，而断章取义后的《猫城记》也再次印证了西方对中国的东方主义解读。然而，当译者带着意识形态预判去阅读甚至侵入作品将其肢解时，作品真正的价值就会在译者手中发生形变，最终沦为社会信息和地域色彩的再现。

如今不同意识形态间的拉锯并未停歇，当源语国家的意识形态与译入语国家不同时，出版社出于审查与销售安全的考虑，会对译本主动做自我审查。就翻译《三体》来说，译者主体性的发挥依旧受意识形态及赞助人的制约。刘慈欣曾在水木清华的BBS上提到，Tor出版社的责编是位女权主义者，于是小说中联合国秘书长的美女设定就成了性别歧视，四名面壁者皆为男性也属于性别歧视。这意味着译者不得不在翻译过程中模糊掉性别差异，甚至进行改写以彰显女权主义这一政治正确。例如原作中提到巴赫"是最不可能令孩子、特别是女孩子入迷的音乐"（刘慈欣，2008：52），这样的表述在一定程度上是对女性审美能力的偏见，因而译者做了删除处理，以避免对女性区别对待或暗示女不如男；此外，译者还对"让人联想到身材苗条的艺术体操运动员"（刘慈欣，2008：207）等明显带有对女性外貌偏好的描写做了淡化。

为争取更大的商业利益，出版社甚至会对译文进行大幅修改，这些都对译者提出了额外要求，制约其主体性的发挥。但这并不意味着译者只能被动接受意识形态和赞助人的操控。对于《三体》中存在的其他似有违女权的问题，刘宇昆在与作家沟通讨论之后，则认为"这些问题并非作者故意设置，而是根植于中国文化，乃汉语语言特性的一种表现，若全部按西方的思维模式进行调整，整篇小说就会失去它应有的气质"（Raeka, 2017b）。此外，刘宇昆多年从事科幻写作与翻译，不仅能写会译，且身为圈中人士深谙美国科幻界的规则，定位精准，有的优秀作品他在读过之后，或自己翻译，或推荐给美国的科幻杂志翻译。要知道科幻小说源起于西方，而美国长久以来又是科幻文学之中心，因此美国科幻界不免对译入作品有着天然的傲慢，但刘宇昆一直致力于将中国科幻作家的作品译介到西方，并利用自身资源奔走宣传，无疑对于中国科幻走向世界提供了加持。

五、结语

刘宇昆对翻译的理解、对作品的选择以及对翻译策略的调动充分彰显了其译者主体性。与此同时，主体性的发挥不是抛开原作的任意发挥，而是在忠于原作、对作者负责的基础上，平衡读者、意识形态、赞助人等因素。译者、作者、读者、赞助人等各主体在交往的、动态的翻译过程中相互作用，共同影响和决定着译文的生命，正是各主体相互之间的间性作用才使得各个主体的存在显得必要。如今更多中国科幻作品想要走出国门，同时摆脱东方主义式的"言说"和"想象"，这无疑对译者提出了更高的要求。除了运用自身的双语能力和知识储备，译者更要积极处理与作者、读者、意识形态、赞助人等多个主体之间的关系，真正实现跨越不同文化和时空的平等交流。最后，借用刘宇昆在其短篇小说集《折纸及其他故事》（*The Paper Menagerie and Other Stories*）中的一句话作结："每一个交流行为都是翻译的奇迹"（Ken Liu, 2016: vii），如果没有译者，我们只能生活在与沉默接壤的孤岛。

【参考文献】

[1] Raeka. (2017a). 刘宇昆译作选《看不见的星球》：中国科幻的"不平衡感" [EB/OL]. 不存在日报，2017–01–19. 检索日期：2021 年 04 月 12 日．网址：https://www.douban.com/note/602954517/.

[2] Raeka. (2017b). 对话刘宇昆：好读者成就好作者丨2017 中美科幻 tour [EB/OL]. 不存在日报，2017–06–23. 检索日期：2021 年 04 月 12 日．网址：https://www.douban.com/note/626053217/.

[3] 本雅明．译作者的任务 [A]．汉娜·阿仑特编，张旭东、王斑译．启迪——本雅明文选 [C]．北京：三联书店，2012.

[4] 费小平．翻译的政治：翻译研究与文化研究 [M]．北京：中国社会科学出版社，2005.

[5] 葛倩．《三体》译者刘宇昆：翻译是场美丽跨界 [J]．南方都市报，2015–09–02．检索日期：2021 年 04 月 12 日．网址：http://news.163.com/15/0902/06/B2G4EIHJ00014AED.html.

[6] 郭建中．科普与科幻翻译——理论、技巧与实践 [M]．北京：中国对外翻译出版公司，2004.

[7] 李方．刘慈欣为什么能得雨果奖 [J]．商周刊，2015 (18), p. 85.

[8] 李怡．《三体》译者刘宇昆谈华裔作家生存状态标签化 [EB/OL]. 新华网，2016–03–12. 检索日期：2021 年 04 月 12 日．网址：http://www.chinaqw.com/zhwh/2016/03-11/82116.shtml.

[9] 林嘉燕．刘宇昆：想把《三体》的妙处带给西方读者 [J]．新京报，2014–12–13. 检索日期：2021 年 04 月 12 日．网址：http://epaper.bjnews.com.cn/html/2014-12/13/content_551716.htm?div=-1.

[10] 刘慈欣．三体 [M]．重庆：重庆出版社，2008.

[11] 刘云虹．译者伦理：身份、选择、责任——皮姆《论译者的伦理》解读 [J]．中国翻译，2014 (5), pp. 18–23.

[12] 星云网．《纽约时报》：在这个喧嚣的世界上中国科幻悄然兴起 [J]. 博览群书，2015 (3), pp. 34–36.

[13] 许钧，袁筱一．当代法国翻译理论 [M]．武汉：湖北教育出版社，2001.

[14] 王东风．一只看不见的手——论意识形态对翻译实践的操纵 [J]．中国翻

译，2003 (5), pp. 18–25.

[15] 朱志瑜. 翻译研究：规定、描写、伦理 [J]. 译论研究，2009 (3), pp. 5–12.

[16] Aloisio, L.. Le « roman scientifique » en Chine: prémices d'une science-fiction instrumentalisée [J]. *ReS Futurae*, 2017 (9). 检索日期：2021年04月12日. 网址：https://journals.openedition.org/resf/991.

[17] Berman, A.. *Pour une critique des traductions: John Donne* [M]. Paris: Gallimard, 1995.

[18] Crăciun, D.. A Portrait of the Writer as a Translator: Salman Rushdie and the Challenges of Post-Colonial Translation [J]. *American, British, and Canadian Studies*, 2019(1), pp. 83–106.

[19] Gaffric, G.. La trilogie des *Trois corps* de Liu Cixin et le statut de la science-fiction en Chine contemporaine [J]. *ReS Futurae*, 2017 (9). 检索日期：2021年04月12日. 网址：http://journals.openedition.org/resf/940.

[20] Kuhn, A.. Cultural Revolution-Meets-Aliens Chinese Writer Takes on Sci-Fi [EB/OL]. *NPR*, 2015–04–09. 检索日期：2021年04月12日. 网址：http://www.npr.org/sections/parallels/2015/04/09/398519222/cultural-revolution-meets-aliens-chinese-writer-takes-on-sci-fi.

[21] Liu, C.. *The Three-Body Problem* [M]. Liu, Ken (trans.). New York: Tor Books, 2014.

[22] Liu, K.. Translator's Postscript [A]. Liu, Cixin. *The Three-Body Problem* [M]. New York: Tor Books, 2014, pp. 397–399.

[23] Liu, K.. (2016a). *Invisible Planets* [M]. New York: Tor Books. 检索日期：2021年04月12日. 网址：http://maxima-library.org/knigi/knigi/b/373839?format=read.

[24] Liu, K.. (2016b). *The Paper Menagerie and Other Stories*[M]. New York: Simon & Schuster.

[25] Skowron, M.. Liu Cixin: Chiński rynek science fiction jest naprawdę mały [J]. *Super Express*, 2017–05–16. 检索日期：2021年04月12日. 网址：http://www.se.pl/wiadomosci/opinie/liu-cixin-chinski-rynek-science-fiction-jest-naprawde-may_992845.html.

Translator's Subjectivity and Intersubjectivity
Comments on the Translation of *The Three-body Problem*

Beijing Foreign Studies University
WANG Xiuhui

Abstract: Taking Ken Liu, the English translator of the Chinese science fiction *The Three-body Problem*, as the main object of study, this paper follows the path of translation criticism proposed by Antoine Berman in *Pour une critique des traductions: John Donne* and systematically studies the translator from three aspects, which are the position of translation, the project of translation and the horizon of translator, in order to examine how the translator's subjectivity is brought into play and how he deals with the intersubjectivity towards the author, the reader and the manipulating subject.

Key words: Ken Liu; *The Three-body Problem*; Berman

原型-模型翻译理论：
产生背景与发展基础

长治学院
赵联斌[①]

【摘　要】原型-模型翻译理论诞生于2008年，既是世界翻译研究发展的产物，也是中国翻译研究发展的产物；既是世界翻译理论发展的必然结果，也是中国翻译理论发展的人文推动；既是全球一体化国际大背景文化发展的偶然性，也是中国文化走出去优秀传统文化发展的必然性。本文指出，"型本源"的认知路径、"原模共轭"的生存特征、"一原多模"的理论体系以及"阴为始、阳为存"的同源贯通，是原型-模型翻译理论发生和发展的基础、前提和条件。

【关键词】原型-模型翻译理论；东方辩证法；背景；研究基础

一、引言

原型-模型翻译理论提出于2008年，经过《原型-模型翻译理论》（2009年国防工业出版社出版）、《"模拟"翻译教学模式探究》（2010年国

[①] 赵联斌，长治学院外语系副教授，上海外国语大学中青年骨干教师高级访问学者，硕士。研究方向：翻译理论研究、外宣翻译与诗歌翻译。邮箱：czxyzlb@163.com。

防工业出版社出版)、《原型-模型翻译理论的研究焦点与理论视角》(2013年河南大学出版社出版)、《译者适应性的主体性发展研究》(2015年吉林大学出版社出版)、《跨文化旅游营销翻译》(2017年江西人民出版社出版)和《外宣翻译理论导论》(2019年安徽师范大学出版社出版),还有一系列相关论文的发表,甚至省级科研奖和省级教学成果奖的获得,构成了原型-模型翻译理论循序渐进、稳步发展的过程。如果将这些年来原型-模型翻译理论构建的理论体系当作这一过程的输出结果,那这一结果必然有其发生、发展的基础、前提和条件等等。笔者在本文将详细阐述原型-模型翻译理论产生的背景及其发展的基础。

二、产生背景

一个翻译理论的产生与任何一个事物的产生是一样的,总是会收到这样和那样的外界因素的干扰,而这样干扰其形成的因素便被叫作它产生的背景。

(一)中西融通的国际环境

首先,它是中国翻译理论发展到能与西方翻译理论平等对话的必然结果。张柏然教授曾经指出,中国翻译理论是否成熟的检验标准是中国翻译理论是否能与西方翻译理论相拥发展。无论是中国翻译理论,还是西方翻译理论,都具有某些普遍的价值和某些相同的追求。原型-模型翻译理论正是在这样的背景下,将与西方辩证法同等地位的《易经》现代阐释——《东方辩证法》作为哲学基础,吸收西方范畴论、原型论、目的论和阐释学的精华,以原型-模型论为前身,发展成为一个中西融通、与世界翻译理论平等对话的中国翻译理论。

其次,它是人们认识世界、改造世界,世界观和价值观提升的必然结果。截止本文撰写之际,人类对整个世界认识和改造的结果使得无论是中国的科学界还是西方的科学界都形成了一种共识:即世界是物质组成的，物质世界中的事物都有其相对应的独立存在方式。正是因为科学家对事物独立存在方式的探讨，理论界才形成了不同的学科（赵联斌，2012：17-21）。奥地利生物学家路德维希·冯·贝塔朗菲提出了系统论，认为每一个相对独立的事物都以系统的方式存在。瑞士语言学家索绪尔认为，每一个相对独立的事物都以符号的方式存在。美国物理学家威藤认为，每一个相对对立的事物都以"振动着的弦"的方式存在。中国科学家蔡文认为，每一个相对独立的事物都以物元的方式存在（赵联斌，2012：17-21）。原型-模型翻译理论认为，一切事物都以型的方式存在。人类实际上就生活在一个由原型和模型编织而成的世界中。万事万物发生、发展、变化和结束的规律，就是以原型发生、发展、变化和结束为模型的规律（王宏强，1997：488-497）。这一过程显示，当代哲学所面对的，是由认识论到存在论、由唯一存在论向多样存在论的转向。正是这样的哲学转向，打开了原型-模型翻译理论"型本源"的研究思路，形成了中国翻译理论独有的研究路径。

（二）中国文化的阴阳智慧

中国文化是一种阴阳文化，一阴一阳之谓道，因而就体现为一原一模之谓型（王宏强，1997：88）。阴阳学说可以视为中国传统文化的一个主流，这其中即含有对"原型"属性的体悟，体现出中国传统文化之中的辩证生存原理。这些辩证生存原理以"无极与太极""动与静""体与用"和"道与器"为特征，包含着丰富的哲理。

太极指的是在空间和时间上同他物有固定界限的、由物质构成的个体、物体和实体。宇宙可称为终极太极，其阴仪为空间，阳仪为物质，空间和物质在一定条件下可以互相转化。空间是没有被一定的物质实体占据的，物质是被一定的物质实体占据的。在如今的宇宙中，一边是物质，一边是空间，这是一种阴阳分判的状态。根据逻辑推理，那就一定会有阴阳未判的状态存在。这种阴阳未判的状态便是"无极"状态，即是一种空无所有的状态（张今、罗翊重，2002：330）。这种"无极与太极"的思想体现在原型-模型翻译理论中便是，源语文本（原型）最初便是一种阴始无极状态，源语文本在没有进入翻译过程之前的阴性属性是百分之百的。源语文本（原型）在向译语文本（模型）转化的过程既是阴属性减弱、阳属性增强的过程，同时也是由无极向太极转化的过程（赵联斌，2017：8）。模型产生的过程既是阴阳平衡的过程，同时也是太极形成的过程。为了追求原型与模型的阴阳趋于平衡，译者尽可能使用最为合理的翻译策略，充分发挥个人的主观能动性，做出最佳的选择和最忠实的反映。

中国哲学史上有两种动静观，一种是以庄子、荀子、程颐、欧阳修和王夫之为代表，认为运动是天地的根本属性，运动是绝对的，静止是相对的。另一种是以老子和王弼为代表，认为万物以静为本，静止是绝对的，运动是相对的。原型-模型翻译理论以第一种动静观为哲学基础，认为有物质才有运动，有运动才有静止（张今、罗翊重，2002：331）。原型只有在被译者改造的过程中，才会阴性减弱，阳性增强，从而趋于阴阳平衡，呈现模型这样的生存状态。处于"无极"状态的原型是不具备生存条件的，只有在"太极"的状态下，阴阳趋于平衡时原型才成为模型，从而构成了生存的状态。

体就是本体，用就是功能，用就是运动规律。万事万物都以太极为其本体，太极又有阴阳之分。在人的改造作用下，太极的阴阳两仪相互作用，产生运动。伏羲两仪卦是事物内部矛盾运动的规律，伏羲四象卦就是事物外部矛盾运动的规律。太极和卦结合在一起就是道，道就是辩证法，这就是东方辩证法的本体论（张今、罗翊重，2002：331）。在翻译过程中，译者对源语文本理解和翻译的过程便是源语文本在向译语文本转化和靠近的过程，正像阴阳永远无法达到绝对的平衡状态一样，译语文本永远无法等同于源语文本。

道是事物辩证运动的规律，器是体现道的具体事物。道与器的关系是：道寓于器，器体现道。无器则无道，无道则器也没有灵魂。道与器包含了普遍与特殊、具体与抽象、本质与现象等一系列普遍的关系。器是可以凭借经验综合认知的，道则是从无数具体的事物中概括出来的，道是先验的，是可以通过对器的感知而直观体悟到的。

以上这些包含了中国古典哲学"太极""阴阳""动静""体用"和"道器"等的型论思想，成为孕育和形成原型-模型翻译理论的中华智慧资源，也是中国学者提出原型-模型翻译理论的重要支点。

(三) 相关领域的学科发展

随着一般原型-模型论成为一种思维方法和研究方法，原型和模型有了更深层次的含义。

自从数学家们用微积分为一般原型-模型论打下坚实的研究基础之后，在计算机科学中，马国伟等人对一般原型-模型论进行了应用研究。他认为，人脑作为原型，产生了计算机（模型），人的思维是原型，产生了计算机信息处理（模型），计算机到机器人的发展过程同时也是原型向模型的发展过程。在物理学中，形态各异的物体在物理学特性上都可以找出其物理原型，而无数高级或低级的物理原型构成了各种各样的现实物质。高级的物理模型又包含着多个低级的物理原型。在数学中，直角三角形的三边无论有多少组数据（模型），都有一个最终的原型（直角边长的平方和等于斜边的平方）。在班级管理学中，每一个学生就是原型，我们所期望的理想化班级便是模型，因此可以将管理过程目标化和制度化。在哲学中，物质是原型，意识是模型。在物质初元阶段，阴属性占百分之百。意识是被改造过的，趋于阴阳平衡的阶段。在文学中，小说的主人公形象各有其现实的人物原型。在语言学中，象形文字作为模型，其原型就是自然界的山河日月（姜玲，2015：127）。以上这种发展状况所带来的启示和探索也成为原型-模型翻译理论早期准备研究时的一种动力。

(四) 翻译领域的型论发展

随着原型-模型翻译理论的进一步发展，"原型"的含义更为丰富。在学术理论界，维勒根茨坦认为，语言游戏具有家族相似性，学者不易将语言游戏进行范畴划分。Rosch 通过实证研究发现，参试者在辨别最像鸟的鸟时达成十分客观、一致的认识，Rosch 把这种鸟叫作原型（Rosch E., 1978：27–48）。近年来，认知语言学发展迅速，翻译理论家也开始用认知语言学的理论解释原型-模型翻译理论（崔中良，2014：72）。因此，隐喻翻译理论、概念整合翻译理论等认知语言学理论都被应用到了原型-模型翻译理论的研究之中，推动了原型-模型翻译理论的向前发展。李和庆、张树玲给出了原型的四个特征：归纳性、经验性、规约性和动态性，并用这四个特征分析了翻译过程中如何认识原文和再现原文的方法与策略（李和庆、张树玲，2003：9–12）。王仁强、章宜华认为翻译研究就是原型的研究，翻译是一个原型范畴，翻译评价标准应理解为原型范畴的各个属性特征。黎妮以原型理论为理论支撑，提出了翻译过程的三条原则：（1）原作核心原则；（2）译作核心原则；（3）整合原则。（黎妮，2007：43）黄亚丽认为，翻译是通过目的语寻找一个最佳原型样例的活动，源语文本的认知、文化和艺术等层面是否可译完全取决于有没有接近原型认知、文化和艺术的样例（黄亚丽，2007：37–39）。郭亚丽认为，翻译等值体现在原文读者与译文读者的认知对等，也就是原型与模型的对等（郭亚丽，2007：22–24）。谭载喜认为，翻译范畴呈现于原型范畴的特点，对翻译进行原型定义，能够消除翻译范畴过于泛化、翻译本体无所适从的问题（谭载喜，2011：14–17）。梁萍通过对《道德经》英译本的分析，使型论的应用型得到了验证（梁萍，2011：10–29）。杨炳钧教授构建了翻译过程实现原型的系统功能框架（杨炳钧，2012：17–23）。笔者认为，原型-模型论在翻译研究中的运用构成了原型-模型翻译理论，翻译因此被定义为：模拟者（译者）通过遵循一定的模拟规范（翻译标准），运用模拟三规则（即气质模拟、改造模拟和定型模拟）对原型（源语文本）进行模拟（翻译）的过程，模型（译语文本）要既忠实于源语文本（原型），又适合于译语文本读者的阅读需求（赵联斌，2012：19）。

上述研究者在其研究和描述中，大都提及了"原型"这一概念，从一个侧面表明了"型本源"独立存在方式的翻译研究已经出现。

（五）原型-模型翻译理论研究的缺失和局限

从原型-模型翻译理论研究和运用的视角来看，目前其缺失和局限大致体现在如下几个方面：

1. 原型-模型翻译理论的系统研究不足

从总体上看，现有研究的不足和欠缺颇为明显：一是散而不专，从原型-模型翻译理论研究视角研究考察翻译的研究迄今还只有"散论"或"偏论"，系统的原型-模型翻译理论无论从参与的学者数量还是从研究的专题来说都相对较少；二是"引"而未"发"，一些研究还是停留在引用原型-模型翻译理论的一些术语或一般概念的阶段，还没有根据原型-模型翻译理论的基本内涵对翻译活动给予系统的、深入而一致的描述和阐述；三是狭隘单一，缺乏对更多的问题作出多维度的阐释和概括；四是未成体系，虽然提出者赵联斌已经做了一些探讨和描述，但是仍未建立相应的话语体系，因而学术影响力不大。此外，一些研究还只是局部探讨，没有将原型-模型翻译理论的研究放在全球性的型论研究和中西融通的时代背景下综合考察和研究。因此，总的来看，从原型-模型翻译理论视角对翻译的专题系统研究仍显不足。

2. 中西融通环境下若干议题的忽视

就中国译论的独立发展而言，原型-模型翻译理论的提出具有里程碑的意义。然而，原型-模型翻译理论的发展研究中也有某些不合理的局限和盲点：（1）思路不够缜密；（2）策略尚不成型；（3）文本无界定；（4）研究力量尚弱（赵联斌，2016：56）。譬如，原型-模型翻译理论的诞生是基于中国的翻译理论家欲将中华民族的翻译理论资源输入到现代语境中，与我们现代的西方译论进行平等、对等的对话与沟通，从中挑选出更符合翻译现象实际的理论范畴和命题，进行创造性的整合和建构，从而创造出有中国理论资源参与的翻译理论新形态（赵联斌、刘治，2009：6）。然而，当下中国翻译理论已经打破自我封闭的研究视野，破除了过去那种单调的研究方法，基本上与西方翻译理论同步发展，能够与国际翻译理论研究接轨并进行平等对话。这个时候，原型-模型翻译理论仍然缺乏西方翻译理论与时俱进的渗透与融合发展。尽管原型-模型翻译理论这几年也有相关著作和论文的出版及发表且有一定的发展，但是国内知名学者参与研究原型-模型翻译理论的人数仍然很少。

3. 跨学科研究内在共性尚且欠缺

近年来,"型本源"的思维方式逐渐被科学化,"原型"二字有了更为深层的含义。Eleanor Rosch 创立了原型论流派,认为原型是由"属性槽-属性值"构成的对子集合。属性值的凸显程度则取决于被试者的出现频率和被知觉的程度。(徐英瑾,2015:90)在这样的定义驱动下,各门学科的研究者们纷纷开始采用型论进行研究。除了原型-模型论和原型-模型翻译理论以外,仅与翻译关系密切的就有《"离去型"中国民间故事的文化原型论》(黎亮,民族文学研究,2015 年第三期);《幻笔的艺术:红楼梦的"金陵省"与"所指优势"释出的要旨》(洪涛,红楼梦学刊,2020 年第三辑);《语言涉身性的原型论与语言构造的拓扑变换原理》(吕公礼、布占廷,外语学刊,2016 年第三期);《走向心灵深处的研究——克里斯托弗·皮科克心灵哲学思想研究》(张钰,华中师范大学博士学位论文,2016 年 5 月)。这里只是部分列举了近年来一些具有代表性的文章,这些型论的运用和发展为原型-模型翻译理论的研究提供了无形的助力。

三、发展基础

原型-模型翻译理论从 2008 年提出之日起,虽然历经了多年的科研坎坷,但也不断地产生论文、著作和课题等层面的新成果,这也构成了它能够继续发展的先前条件和发展基础。

(一)原型-模型翻译理论的三个立论基础

"型本源"的理论属性、"模拟"的改造世界手段、约束模拟行为的"模拟规则"等在原型-模型翻译理论的发展过程中发展起来的理论特色,奠定了此论从开始到现在继续发展的基础。

1. "型本源"的模拟路径

人类总是在改造客观世界和精神世界的过程中推动着自然和社会的发展，笔者（赵联斌，2018:91-95）曾图示了一条从客观存在到社会认知的具有内在模拟关系的认知发展链条，可称为原型向模型发展的模拟路径，其含义为：原型是万事万物的客观存在形式，呈现初元化的阴始特征，其阴性的百分之百证明了人类没有对其进行干预的未被触及的完整性特征。作为模拟者，人类在对原型进行改造的同时也打破了原型阴性百分之百的属性，使原型的阴性特征逐渐减少，同时阳性特征逐渐增强，当阴阳趋于平衡的时候，原型则转变为模型（赵联斌，2017:8）。翻译是原型向模型的转化，译者对源语文本的模拟体现为整体模拟和局部模拟两种方式，这要取决于译者的模拟需求和模拟目的。弗米尔认为，译文应该符合翻译指令的要求，这一指令是根据翻译目的、译文的预期功能和译文读者的阅读需求等因素所做的综合决定（Vermeer H, 1996: 19）。

如图所示：

源语文本（原型）→译者（模拟者）→整体模拟/局部模拟→译语文本（模型）

图1　源语文本向译语文本的转化

这一"模拟路径"体现了人类认识世界和改造世界的发展思路，它符合事物发展的普遍规律，同时具有共存性和替代性的特征，可以说刻画出了人类认知视野递进延展的逻辑序列和内在指向机制。翻译研究从翻译本身到语言、到文化、到型本源属性，其间不断反复、互动，正好反映出这一走向和发展特征。

2. 原型/模型的共轭相生

原型和模型的关系与源语文本和译语文本的关系在许多方面具有类似性和同构性。首先，原型强调初元化的阴始特征，源语文本也是这样。经过作者对客观物质世界和精神世界的模拟产生的源语文本，在没有进入翻译过程之前，其源语文本的原型特征也是阴性百分之百，这是一种始终停留在原始状态的未被影响和未被作用的原始形态。源语便是保留这种初元化原型特征的源语文本的生存环境。

其次，模拟过程是人类对万事万物的改造过程，翻译过程也无不如此。译者结合自身的翻译目的，可以对源语文本进行整体模拟，提取其绝大多数的属性特征，也可以对源语文本进行局部模拟，选取自身需求的部分特征。而这些特征在向译语文本过渡的过程中，其阴性特征逐渐减弱的过程便是其原型特征逐渐消失的过程，而其阳性特征逐渐增强的过程也是其模型特征逐渐增强的过程。当原型和模型的阴性特征和阳性特征逐渐趋于平衡的时候，译语文本也就生成了。译语文本与源语文本具有共轭相生性的特征，各自以自身的"型本"特征满足着自己读者群的阅读需求。源语文本不会因为译语文本的产生而消失，译语文本也不会因为源语文本的存在而不能产生。

再次，模拟目的是人类认识世界和改造世界的驱动力。在翻译过程中，译语文本产生的前提条件是具有一定的读者群。因此，在"忠实"于源语文本的基础上，"适合"于译语文本读者的阅读需求是译者翻译源语文本的驱动力。当译语文本读者需要源语文本的整体内容和信息时，译者需要对源语文本进行整体模拟；当译语文本读者只需要源语文本的局部内容和局部信息时，译者则只需要对源语文本进行局部模拟。

最后，原型和模型之间存在着同构异质性特征。在翻译过程中，译者只是将源语文本的特征尽可能完整地转移到译语文本中，使之尽可能地转化为译语文本的特征。"忠实"于源语文本是每一个译者应当具有的职业操守。但在翻译过程中，译者的认知水平和翻译目的是有差异的，同一个源语文本在不同译者的认知过程中总会产生这样或者那样的差异。因此，出自同一个源语文本的多个译语文本，相互之间尽管同构，也会出现异质的必然。

3. 模拟 / 规范的理论体系

由于原型-模型翻译理论是在东方辩证法中阴阳学说的哲学基础上建立起来的，因此，其模拟规范与阴阳学说的发展规律是一脉相承的。原型-模型翻译理论（赵联斌，2009）将自然科学研究中的原型-模型论引入到翻译研究中，将翻译定义为是一种根据译语文本的阅读需求和译者的模拟水平对原作进行模拟的一种社会交际行为（赵联斌、刘治，2009：363）。同时，将翻译的本质界定为"模拟行为"。译者在对源语文本模拟的过程中并不是随性而为的，而是受模拟规范的制约的。译者需要在模拟过程中完成对源语文本的气质模拟、改造模拟和定型模拟的规范操作。具体流程为：（1）气质模拟：基于"适合"于译语文本读者阅读需求的目的，译者需要对源语文本的信息进行归类，将其分为显性信息和隐性信息两大类，适合译语文本读者阅读的部分被称为显性信息，需要译者"忠实"地翻译出来；不适合译语文本读者阅读的信息被称为隐性信息，这部分不需要翻译出来。译者对源语文本的忠实只是体现在译者是否忠实于源语文本的显性信息而不是全部信息。（2）改造模拟：不同的译者其世界观、价值观和社会观是不一样的，译者在翻译过程中必然会受到自身认知水平的影响，主要体现在译者对源语文本显性信息提取、译入语选择和翻译策略选择的过程中。译者在翻译过程中还要照顾到产生的译文是要满足什么样的译语文本读者的阅读需求。这样的翻译要素导致译者在对源语文本进行改造模拟的过程中会产生差异，导致不一样的译语文本的产生。译者在改造模拟的过程中主要是将源语文本中提取的显性信息通过翻译过程转化为译语文本的全部信息。（3）定型模拟：译者将改造模拟阶段完成之后，并不能直接产生译语文本，译者还需要在定型阶段仔细审查欲满足阅读需求的译语文本读者的阅读认知水平，尽量能够让译语文本在阅读认知层面、语言层面和体裁层面能够尽可能地满足译语文本读者的阅读需求。奈达认为，译语文本应该充分考虑译入语的语言环境和译语文本读者的阅读感受（Nida E. A., 2001: 37）。因此，译者有必要结合这三个层面在本阶段针对不同的读者补充具有差异但内涵一致的背景知识。例如，对公元1420年的理解：针对欧洲读者，译者可以选用"距莎士比亚出生140年"这样的背景信息满足译语文本读者的阅读理解；而针对北美读者，译者则可以选用"距哥伦布发现新大陆72年"这样的背景信息（赵联斌，2017：123）。译者只有完成这三个规范的模拟流程，才称得上是"忠实"地翻译出了"适合"译语文本读者阅读需求的译语文本。

（二）论／学一体的同源贯通

就原型-模型翻译理论的沿革、发展而言，论／学贯通、论／学一体的理论发掘，可以说是原型-模型翻译理论发展的一个突破。原型-模型翻译理论的前身原型论貌似西方学者荣格提出的，事实上也是来源于中国的《易经》。德国汉学家卫礼贤着手翻译的《易经》于1922年在德国以德文出版，荣格在为该书撰写序言的过程中提到，他从这本书的阅读中吸取到东方有着同样的欧洲人无意识中猜测到的东西。从这本书中他接受到了有关集体无意识最多的东西（牛政凯、蔡成后，2020:135-144）。也就是说，荣格的原型理论是在他吸收中国《易经》知识之后与自己认识的共同产物。

荣格的集体无意识，构成的基础是原型。荣格认为，原型意象是所有无意识表达的重要方式，心理医疗的过程就是唤醒治愈者、沟通者与转化者三种原型的过程。张今教授认为，一个人的全部知识是整个客观物质世界和精神世界的模型，客观物质世界和精神世界则是一个人全部知识的原型（张今、罗翊重，2002:551）。笔者于2008年在其硕士论文中将原型-模型论引入翻译研究中，在2009年的著作《原型-模型翻译理论》中正式提出原型-模型翻译理论。笔者认为，"型"是万事万物独立存在的方式，原型是任何事物的初始化阴始状态，这是一种最原始的、起初的、未受任何影响和作用的状态。人对万事万物改造的过程称为模拟的过程，在这一过程中，人类需要对万事万物完成气质模拟→改造模拟→定型模拟的模拟规范过程，模拟后的结果便是模型。由于人们之间存在着认知差异和需求差异，因此，同一个原型会产生不同的模型。但是，模型始终需要尽可能地呈现原型的属性特征，只有这样，模型才具有模型的属性特征。Reiss认为，成功的翻译应该是源语文本与译语文本在内容、语言形式和交际功能等方面的对等（Reiss K., 2000: 45）。除此之外，模型还需要尽可能地满足人类的改造需求，只有这样，模型才有产生的必要。模型不需要每次都百分之百地模拟原型的全部特征，模型只需要模拟此次模拟过程中能够满足人类需求的部分或者全部原型的特征。在翻译过程中，源语文本就被称为原型，具有与原型完全相同的属性特征；译语文本就被称为模型，具有与模型完全相同的属性特征;译者被称为模拟者,担当着将源语文本改造成译语文本的重任(赵联斌,2012:18)。

以上梳理表明,以"型本源"为重要理论基石的原型论和后续发展的原型-模型翻译理论是"同源"的,相互之间是一种继承关系,本质上是一致的。这种追本溯源的探究,这种更深层次的学理发掘,对原型-模型翻译理论的发展来说可谓意义重大。原因是,如果从本质上更紧密、更具体地将原型-模型翻译理论研究与原型论研究途径衔接起来,就可以在宏观《易经》理论的关照下,使前期原型论的"型"特征研究与宏观的原型-模型翻译理论体系"打通"和"对接",使宏观的原型-模型翻译理论建构研究、中观的原型和模型属性研究和微观的模拟过程具体研究实现一以贯之。

四、结语

原型-模型翻译理论的发生和发展,既有全球因素,又有中国因素;既有外部因素,又有内部因素;既有客观因素,又有人为因素。原型-模型翻译理论在新世纪初应运而生,既有其偶然性,又有其必然性。

原型-模型翻译理论的三个立论基础是其客观性、存在性和可持续性的重要前提和理据。其中的逻辑理路是:如果没有"型本源"的事物独立存在方式研究,那么就不可能思考源语文本的原型特征;如果没有"原型"和"模型"的共轭相生性关系研究,就不可能思考源语文本与译语文本的共存性研究;如果没有译者的"模拟主体"身份属性研究,就不可能研究同一源语文本能够产生不同译语文本的差异性问题。如果原型-模型翻译理论不是以《易经》中的阴阳学说为研究基础,就不可能进一步挖掘原型的"阴始"特征和原型与模型共存的阴阳平衡特征。最后,如果没有原型和模型之间的模拟规范研究,就不可能对翻译过程的整体运作进行研究。这是一个由小到大、由局部到整体、由不太系统到比较系统的、循序渐进的发展过程。

[**基金项目**] 本文系山西省高等学校哲学社会项目"译者适应性的主体性发展研究"（项目编号：2015271）的阶段性研究成果。

本论文系 2021 年山西省大学生创新创业项目"一对一线上英语作业帮辅家校合作模式研究"的结题成果之一。

【参考文献】

[1] 崔中良．近十年来翻译原型理论在中国的研究评述［J］．重庆：重庆第二师范学院学报，2014 (01): 72-75.

[2] 郭亚丽．翻译等值的原型理论诠释［D］．重庆：西南大学，2007: 22-24.

[3] 黄亚丽．翻译可译性的原型理论解读［D］．重庆：西南大学，2007: 37–39.

[4] 姜玲．原型—模型论与原型范畴论对比研究［J］．河南：河南大学学报，2015 (02): 125-131.

[5] 李和庆，张树玲．原型与翻译［J］．中国科技翻译，2003 (02): 9-12.

[6] 黎妮．翻译原则的原型观［D］．重庆：西南大学，2007: 43.

[7] 梁萍．《道德经》第三十三章的英译个案研究：翻译原型取向［D］．重庆：西南大学，2011: 10–29.

[8] 牛政凯，蔡成后．分析心理学在中国：发展历程及本土改造［J］．西北师大学报（社会科学版），2020 (06): 135-144.

[9] 谭载喜．翻译与翻译原型［J］．中国翻译，2011 (04): 14-17.

[10] 王仁强，章宜华．原型理论与翻译研究［J］．四川外国语学院学报，2004 (06): 105–109.

[11] 王宏强．一般原型-模型论的理论体系（V）——在不同领域和学科中的应用研究进展［J］．河南：河南科学，1997: 489–499.

[12] 徐英瑾．原型论对"家族相似"论的形式化方案刍议［J］．中国高校社会科学，2015 (04): 82–97.

[13] 杨炳钧．翻译原型论的系统功能框架［J］．山东外语教学，2012 (04): 17–23.

[14] 张今，罗翊重．东方辩证法［M］．河南：河南大学出版社，2002: 548-550.

[15] 赵联斌. 原型-模型翻译理论的研究焦点与理论视角[J]. 上海翻译, 2012 (02): 17–21.

[16] 赵联斌. 原型-模型翻译理论的阴阳思辨[J]. 陕西中医药大学学报, 2017 (02): 7–10.

[17] 赵联斌. 原型-模型翻译理论的合理性与不足之反思[J]. 滁州学院学报, 2016 (03): 53–56.

[18] 赵联斌, 刘治. 原型-模型翻译理论[M]. 北京: 国防工业出版社, 2009.

[19] 赵联斌. 原型-模型翻译理论及其在外宣翻译中的应用[J]. 九江学院学报, 2018 (01): 91–94.

[20] 赵联斌. 新闻翻译的"适合"与"忠实"[J]. 牡丹江师范学院学报, 2017 (04): 122–126.

[21] E. A. Nida. *Language and Culture, Contexts in Translating* [M]. Shanghai: Shanghai Foreign Language Education Press, 2001.

[22] Rosch, E. *Principles of Categorization.* In E. Rosch and B. Lloyd (eds.), *Cognition and Categorization.* Hillsdale, N. J. 1978. 27-48.

[23] Reiss, K. *Translation Criticism: Potentials and Limitations* [M]. Manchester: St. Jerome Publishing, 2000.

[24] Vermeer, H. *A Skopos Theory of Translation (Some Arguments for and Against)* [M]. Berlin: Heidelberge, 1996.

Prototype-model Translation Theory: Background and the Foundation of Its Development

Changzhi University

ZHAO Lianbin

Abstract: The Prototype-Model Translation Theory has been proposed in 2008, which is both a researching production at home and abroad, and which is both the necessary production of world translation theory and a developing process of Chinese research. Occasionally, it has developed under the environment of international globalization and of Chinese Cultural globalization. The thesis points out the cognitive way of Proto-Origin, the characteristics of co-existence between the prototype and model, the theoretical system of a prototype having many models, and the theory of Yin-beginning and Yang-existence, all of which are the foundation, presumption and condition of the Prototype-Model translation theory.

Key words: the Prototype-Model translation theory; Eastern Dialectics; background; researching foundation

陶忘机译介的"缘起"与"缘续"

同济大学第二附属中学
朱文婷[①]

【摘 要】陶忘机（John Balcom）是美国著名汉学家、翻译家。自1983年发表首篇译作至今，他笔耕不辍，常年译介台湾文学作品，诗歌尤甚，但他的译本并不局限于此，小说、文集、佛家文本均见于其笔端。此外，他在诗歌和翻译研究方面也颇有建树。他所提出的"高级或是引种园艺"（advanced or exotic horticulture）翻译理念，弥合中英文化差异的方法及其数十载积累的翻译策略，对中国文学外译具有重要的参考价值。

【关键词】陶忘机；汉学家；诗歌；翻译研究

一、引言

陶忘机（John Jay Stewart Balcom，1956— ）是美国著名汉学家、翻译家。一直以来，他心怀对中国文学的热爱，秉承对自身与目标读者的责任，耕耘于中国文学外译这片沃土之上，加之"汉学家在了解中国文化、外文创作功力和市场认知方面占有优势，他们的译文往往更能够吸引国外读者，一些译作在国外产生较大影响"（谭业升，2018：102）。陶忘机合作

[①] 朱文婷，同济大学第二附属中学，邮箱：1070019365@qq.com。

的不少中国作者及其文学作品正是因此而名扬海外,且其翻译的诗集与小说在美国也斩获了不少翻译奖项。陶忘机注重文学研究与翻译研究并举,在充分理解文本,吃透文化背景的前提下进行翻译。同时,他主张实践与理论并行,结合自身翻译实践,提出了独特的翻译理念和行之有效的翻译策略与经验,尤其是针对诗歌以及特殊语言与风格文本翻译,对中国文学"走出去"有一定的借鉴意义和学习价值。

二、"陶然共忘机"的中国情缘

陶忘机,顾名思义,是一个淡泊宁静,随心随性之人。他是一位治学严谨、诲人不倦的教授,也是一名译作等身、孜孜以求的汉学家。1956年,陶忘机出生于美国加州。年幼时,每每去到祖母家,看见祖母家墙壁上挂着的中国画,他总能一连欣赏数小时。那时候,中国文化已在他的心中埋下了一个小小的种子,但这颗种子真正萌芽却是在陶忘机本科阶段。

1980年,陶忘机就读于加利福尼亚州州立大学历史系。在陶忘机选修的中国历史课堂上,教授介绍了中国古典哲学和中国古诗,并推荐了一些相关的英译本。读罢,陶忘机深深为之着迷,不禁想要一探究竟。对于主修历史的陶忘机来说,阅读中国文学能够帮助他更好地了解历史背景。于是,陶忘机萌生了一个改变他一生的想法。他决定学习中文,这样,他就能亲自揭开那层神秘的面纱,真真切切地品读中国文学。陶忘机毅然决然地选择了蒙特雷国际研究院开设的暑期汉语强化班,因成绩优异,顺利前往台湾深造。这次机会,让他亲身体会到了中华文化的博大精深,中国文学的魅力所在,也让他结识了许许多多活跃在台湾文坛的文人墨客,自此为他的文学翻译之路奠定了坚实的基础。

1984年,陶忘机从蒙特雷国际研究院毕业后,进入旧金山州立大学继续研读中文。在那里,他遇见了对他一生影响巨大的老师,著名汉学家葛浩文。"葛浩文对我的翻译道路影响十分深远,他和他的作品都是我的榜样，我一直都在探索如何运用最忠实的语言保持最大化的可读性"①。现在的他们，亦师亦友，皆是中国文学外译长河中不可或缺的两大舵手。

1986年，陶忘机取得了旧金山州立大学硕士研究生学位。至1993年取得博士学位前夕，他大部分时间都待在中国，辗转于几大城市。1988年，陶忘机作为交流学者赴上海社会科学院访学；一年后，应邀前往北京，担任"中国学习之旅（CET Academic Programs）"项目教务主任，项目结束后，马不解鞍地奔赴香港中文大学任翻译初级研究员一职。直到1990年，陶忘机再赴台湾，一待就是三年。1993年，陶忘机获得华盛顿大学圣路易斯分校汉语与比较文学博士学位，随后成为了美国加州蒙特雷国际研究学院的老师。

陶忘机与中国的不解之缘还在于他的台湾人太太——黄瑛姿（Yingtsih Balcom）。她是陶忘机学习中文之初的同班同学，陶忘机这个名字便是她给取的，名取自于李白《下终南山过斛斯山人宿置酒》中的"陶然共忘机"，姓则源自他最喜欢的诗人之一"陶渊明"。二十余岁至今，两人已携手走过近四十个年头。同样作为翻译家的黄瑛姿，除了照顾陶忘机的生活起居，还是其翻译道路上的得力干将。两位翻译家联手，构成了中国文学英译的黄金组合，高质量的译本充分说明了中西合璧引发的化学反应起到了催化的作用，对原作理解更透彻且译笔更精湛。

三、诗歌英译的"璀璨之星"

诗歌英译，首先得懂诗，其次才能译诗。在中国现代诗歌英译的版图中，陶忘机便是那颗不容忽视、熠熠生辉的明星。

自从接触到中国诗歌，陶忘机便一发不可收拾地爱上了中国文学。早在1982年，陶忘机翻译了洛夫的诗五首，公开发表在《"中华民国"笔会》（*The Chinese Pen*）。创刊以来，该刊物挑选译者一直有一套准则，

---

① 引自笔者对陶忘机的邮件采访，原文为"He has done a lot to promote my career as a translator. Also his work has been a model for my own in terms of seeking maximum fidelity with maximum readability."后文部分资料同样来自笔者邮件采访。

陶忘机与其首次合作时不过学习中文三年，译诗水平如此之高，一如陶忘机所言，自己好像在这方面十分有天赋。第一次看到自己的名字出现在出版物上，年轻的陶忘机很是兴奋，加之主编殷张兰熙不断鼓励他，他便开始朝职业译者方向发展。三十余载已去，事实证明，他的选择十分正确。

一直以来，陶忘机与中国几大诗刊都有合作。陶忘机坦言，他选择诗歌的原因有二："一是自己偏爱诗歌，译诗的过程也是享受的过程；二是因为诗歌的文本简洁，初次尝试翻译的年轻人容易上手。"（李涛，2015：338）陶忘机在接受《无国界文字》的访谈时也曾表示，"诗歌语言简练，译者更容易抓住重点，并且译者可以记下整首诗，随时随地进行构思，摆弄文字、句法、结构和隐含的文字游戏。相比小说和文章，诗歌不需要花过多连续的时间，上下班的路上也可以思考如何翻译"[①]。

就译诗而言，陶忘机绝对是一个高效且高产的译者。1983年陶忘机首次发表诗歌译作至今，除1984年以外，年年都有译作产出，译诗数目高达七百首左右，合作的诗人数不胜数，洛夫、痖弦、向阳、张默、白萩、吴晟等著名诗人均在其列。除发表在诗刊上的这七百余首诗歌译作外，陶忘机翻译出版的诗集也不在少数。

1993年，美国蒙特雷道朗出版社（Taoran Press）出版了《石室之死亡》（*Death of a Stone Cell*）的英译本。作者洛夫对于陶忘机来说，是一种特别的存在，他的博士学位论文（*Lo Fu and Contemporary Poetry from Taiwan*）就与洛夫相关。他认为洛夫是当之无愧的"诗魔"，阅读洛夫的诗作，就像是走过了中国文学的奇幻之旅。《石室之死亡》是洛夫的代表作，诗思发端于金门炮战的硝烟中，历时五年，这部作品的主题涵盖了生命、死亡、爱与战争。陶忘机认为"这首长诗是上世纪六十年代台湾最杰出的现代主义诗歌之一，洛夫试图展现和改变现有的状况，利用诗歌客观化自己，从而超越以往的现实状况。他讲述的不仅仅是自己的故事，而是中国那一代作家的故事。"（Balcom，2007：72）

同年，道朗出版社出版了台湾诗人向阳的诗集《四季》（*The Four*

[①] 详见：Balcom, John. "Translator Relay", *Words Without Borders*, March 28, 2013. http://www.words-withoutboder.org/dispatches/article/the-translator-relay-john-balcom, 2013.

Seasons)。向阳与陶忘机相识于 20 世纪 80 年代初。那时，陶忘机写信征求向阳同意，先是翻译了向阳的十行诗，发表在诗刊上。1986 年，向阳发表了人生中十分重要的一部诗集——《四季》，全书共春、夏、秋、冬四卷，收录二十四首诗，冠之以二十四节气之名。1991 年，陶忘机与向阳再次取得联系，准备将《四季》整本译成英文。为使译文更加准确，陶忘机与向阳在台北见了面，细化诗歌理解上的问题。1992 年春天，他翻译的《四季：春》六首便刊登在《"中华民国"笔会》的春季号上，《夏》《秋》《冬》随笔会季刊连载出版。1993 年，陶忘机在取得比较文学博士学位前夕，向文建会"中书外译计划"申请经费，将这些译诗集为一册，交由美国加州的道朗出版社出版。

1996 年，道朗出版社陆续出版了陶忘机翻译的两部诗集：吴晟诗集《吾乡》(*My village*) 和《黑与白：林亨泰诗选》(*Black and White: Selected Poems, 1942—1990*)。2007 年，继《石室之死亡》之后，美国西风出版社（Zephyr Press）发表了洛夫另一部长诗《漂木》(*Driftwood*) 的英译本。全诗三千行，气势磅礴，结构缜密，诗人通过"漂木""鲑""浮瓶""废墟"等意象充分诠释了自己这一生的艺术探寻、人生经历以及哲学观念。2014 年，《草根：向阳诗选》(*Grass Roots*) 英译本在美国出版。一晃二十年，陶忘机再次编译老友向阳的诗作，封面采用向阳的第一张版画《老家》，内页更是收录了诗人的九张木刻版画，可见陶忘机对于朋友抑或是原作者的尊重和用心。2016 年，美国西风出版社出版了诗人痖弦的代表作《深渊》(*Abyss*)，痖弦独因这一部诗集享誉海内外。2020 年，陶忘机再度携手吴晟，发表了《吾乡：吴晟诗选》(*My village: Selected Poems, 1972—2014*) 英译本。

四、中国文学英译的"多面手"

陶忘机爱诗毋庸置疑，但他并不局限于诗歌。纵观陶忘机的卅载译路，诗歌、小说、回忆录、佛家文本缺一不可，一首首诗歌，一篇篇论文，一本本译作，皆是译者夜以继日的用心雕刻。

2001 年，哥伦比亚大学出版社出版了李乔的《寒夜》(*Wintry Night*)，这是陶忘机参与翻译的第一本小说。当时,《寒夜》属于蒋经国国际文化交流基金会台湾文学英译计划的书目之一。牛津大学的刘陶陶教授恰好为台大合作计划来到台湾,读后,便将此书带回英国翻译。交稿后,哥伦比亚大学出版社邀请陶忘机对译文进行了一次全盘美式语言的调整处理,使得此书的语言更加灵动。

接下来的几年中,美国加州哈仙达岗的国际佛光会(Hacienda Heights, BLIA)陆续出版了四部[①]星云大师的著作,皆由陶忘机一人执笔翻译。陶忘机与佛家结缘始于他的一名学生,这个学生曾经是位僧尼。一次偶然的机会,学生问他是否有兴趣为佛教组织翻译一些佛教文集,此前未接触过佛教文本的陶忘机自然有兴趣做一番尝试。陶忘机博学多识,对佛教文本有所体悟,对方对其译本十分满意,自此双方顺利展开合作。2011年,为推广佛教,国际佛光会再次邀约陶忘机,《多秋之后:中国佛教文学选集》(*After Many Autumns: A Collection of Chinese Buddhist Literature*)付梓。

2003年是陶忘机的多产之年,其中张系国的《城(科幻三部曲)》(*The City Trilogy*)反响最为热烈。这是第一部译成英语的中国科幻小说,极具开创性,也是陶忘机最早个人翻译并出版的小说之一。《城》从"五玉碟"发表到"一羽毛"付梓,历时近十年。与美国其他科幻小说不同,《城》烙上了明显的中国印记,书里可见中国传统小说的影子,只是作者将这一切转换至外星球上,科幻元素与中国特色相互碰撞,擦出了别样的火花。在陶忘机看来,"这本小说与众不同,构思新奇,恰如其分地融合了东西方艺术之美,就好比《星球大战》邂逅了中国武侠小说、奇幻小说和历史演义小说"(Balcom, 2003: vii),为科幻小说创作打开了一个全新的视角,惊喜了目标读者。

2005年,陶忘机与妻子黄瑛姿首次推出了合作编译的文集——《台湾原住民作家选集》(*Indigenous Writers of Taiwan: An Anthology of Stories,*

[①] 这四部著作分别是:《从教学守道谈到禅宗的特色》(*Teaching, Learning, and Upholding the Way in Chan Buddhism*, 2001),《论佛教民主自由平等的真义》(*On Buddhist Democracy, Freedom, and Equality*, 2002),《六波罗蜜自他两利之评析》(*Of Benefit to Oneself and Others: A Critique of the Six Paramitas*, 2002),《人间佛教的蓝图》(*Humanistic Buddhism: A Blueprint for Life*, 2005)

Essays & Poems)。不同于其他译作，这本文集中的故事、文章、诗歌均来自台湾本土作家。起先，编辑从一堆一米多高的书、杂志和报纸中挑选出最具代表性的本土作品，之后再由陶忘机主笔翻译，黄瑛姿负责校对。夫妻两人珠联璧合，加以他人辅助，台湾本土作品成功地进入了英语读者的视野。美国德克萨斯大学教授张诵圣（Sung-sheng Yvonne Chang）表示，"这些作品在民族志学和美学方面都极具价值，它们延续了旧世界的经验模式和表达方式，用最真实最独特的语言改变了我们感知和欣赏文学的方式"①。

2009 年，哥伦比亚大学出版社出版了曹乃谦的代表作《到黑夜想你没办法》（*There's nothing I can Do When I Think of You Late at Night*）。曹乃谦于上世纪九十年代初中期连续在《北京文学》《山西文学》等刊物上发表了以"温家窑风景"为题的系列乡土小说，由于当时作者名气不大，该系列小说并未引起太多关注。后来，诺贝尔文学奖终身评委、瑞典汉学家马悦然（Göran Malmqvist）发现了他和他的作品，并将该系列小说推荐给好友陶忘机。陶忘机读后深深地"爱上"了这么一位远在山西的作家，并决定将其译成英文。曾经有学者问过陶忘机为何选择翻译曹乃谦的作品，陶忘机表示，"如果每个人一生都有一本书等着的话，曹乃谦的《到黑夜想你没办法》就是我的那一本。这书是第一本哭着喊着要被译出的作品，不把此书译出我无法安生。"（李涛，2015：334）

2011 年，台湾作家黄凡的作品集《零及其他小说》（*Zero and Other Fictions*）的英文版问世。热爱阅读的陶忘机早在 1982 年就已读过《零》，黄凡的别出心裁、黑色幽默与批判精神深深地吸引了他。当时黄凡在国内十分出名，但国外知道他的读者却寥寥无几，直到王德威主持的"台湾现代华语文学"英译计划邀请陶忘机担任黄凡作品的译者，黄凡才算是真正地进入了英语世界。这部作品还荣获了 2012 年度"科幻奇幻翻译大奖"（Science Fiction & Fantasy Awards）。

---

① 原文：These writings are valuable in both the ethnographical and the aesthetic sense: holding on to some experiential patterns and expressive modes from the "old world," they speak to us in genuine and distinctive voices that reorient the very ways we perceive and appreciate literature. 详见《台湾原住民作家选集》封底。

2012年，笔耕不辍的陶忘机翻译了另一位山西作家李锐的代表作——《无风之树》(*Trees Without Wind*)。读完这本书，陶忘机迫不及待地想要译成英文，便立刻与李锐取得了联系。适逢葛浩文无暇翻译此书，拿到此书的翻译权后，陶忘机很是兴奋。他认为"这本书深度剖析了文化大革命，是中国近三十年来最优秀的小说之一。李锐的语言洗练，构思巧妙，他能够将乡土元素与极端现代主义的形式和技巧完美地融合在一起，这是他与众不同的地方。"①

2013年，企鹅出版集团推出了陶忘机编译的《中国短篇小说集：新企鹅平行双语文本》(*New Penguin Parallel Text: Short Stories in Chinese*)。企鹅推行的平行双语文本有口皆碑，陶忘机选取的文本极具特色，且在书中给出了大量注解，从销量来看，本小说集得到了广大西方读者的认可。两年后，陶忘机与黄瑛姿共同翻译的《奇莱山的记忆：一位年轻诗人的成长经历》(*Memories of Mount Qilai: The Education of a Young Poet*) 出版。这本书是诗人杨牧的自传式散文，原书名为《奇莱前书》，跨越了杨牧的童年、少年和成年时期。杨牧运用其细腻的笔触将"内心的抽象概念与其对外在世界的详细描述紧密结合，创造出了紧凑、充满典故、富有表现力的散文"（John and Yingtsih, 2015: viii）——陶忘机如是说，无怪乎他在致谢中表示翻译此书极富挑战。

2018年，陶忘机翻译出版了好友齐邦媛的回忆录《巨河流》。中文版《巨河流》出版后，齐邦媛收到了数千封来自读者的信，许多读者表示"我们这一代在世界各地流离，许多第二代、第三代不懂中文"②，希望她能够推出英文版。陶忘机欣然担任译者。齐邦媛细腻质朴的文字加上陶忘机精湛的译笔，《巨河流》译本赢得了国外读者的一片好评。

---

① 详见：Linda Morefield. "Interview with John Balcom", Washington Independent, March 19, 2013. http://www.washingtonindependentreviewofbooks.com/index.php/features/interview-with-john-balcom.

② 详见：陈宛茜：《齐邦媛〈巨河流〉英文版面世》，《联合报》，2018年。

五、翻译与研究并举的"译匠"

译本的成功输出"离不开译者的苦心孤诣和辛勤笔耕，离不开译者在翻译过程中的美学理念和各种思维的综合运用"（朱振武，2006：27），文学翻译是塑造艺术的过程，不是一蹴而就的，离不开译者的坚韧不拔、译者的"工匠精神"。美国翻译家克利福德·E.兰德斯（Clifford E. Landers）在《文学翻译指南》中说到，不同人追逐文学翻译的目的不尽相同，但大多数人都是从精神层面出发，认为文学翻译能够给人以美的体验，文学翻译是"爱的劳作"（labor of love）（Landers, 2008: preface 2）。

陶忘机从事文学翻译已卅载有余，自1983年发表第一篇译作以来，从未停下脚步。在接受《无国界文字》（*Words Without Borders*）"译者接力"（Translator Relay）专栏采访时，陶忘机提到了自己的愿望，便是能够有更多的时间专注于翻译。陶忘机在校期间，教务繁重，每天需要挤出时间做翻译，就连上下班通勤的时间也不放过。只有寒暑假期间，他才能全身心地投入到翻译工作中。翻译之于他就如水之于鱼，翻译因他更具多样性，他因翻译变得更优秀，两者相辅相成，相得益彰。

好的译者还应是一个好的学者，"翻译的过程，也是研究的过程"（许均，2001：16）。陶忘机在诗歌和翻译研究方面也颇有建树，发表过大量高质量的论文。他在"Concerning Poetry"上发表《台湾现代诗歌：三位诗人》（*Modern Chinese Poetry from Taiwan: Three Poets*），在"Free China Review"上接连发表《本土诗歌（台湾方言诗歌）》[*Homegrown Poetry (Dialect Poetry from Taiwan)*]、《文学革命（日据时期的台湾诗歌）》[*A Literary Revolution (Taiwan Poetry During the Japanese Occupation Period, Part 1)*]等四篇文章。此外，他的翻译研究成果颇丰，在"Translation Review"上发表了数篇论文，在苏珊·巴斯内特（Susan Bassnett）主编的"The Translator as Writer"上发表了论文《中国当代文学译介》（*Translating Contemporary Chinese Literature*），还在"Wasafri"上发表了《弥合差异：中国当代文学译介译者之见》（*Bridging the Gap: Translating Contemporary*

Chinese Literature from a Translator's Perspective)。在上述两篇论文中,陶忘机结合自身翻译实践,向读者娓娓道来自己的翻译观念、翻译难题与翻译策略。

优秀的工匠对待工作一丝不苟,优秀的工匠同样独具慧眼。陶忘机的翻译文本主要来自三方面:一是自行选择,二是好友介绍,三是王德威主持的哥伦比亚出版社"台湾现代华语文学"英译计划。无论哪一种途径,最终选择权都在陶忘机。好的文本是陶忘机选材的唯一准则。纽约曾经有一家出版社邀请他翻译一位"80后"作家的作品,陶忘机认为这位作家的文字太浅白,缺乏文学性,便婉拒了邀约。透过陶忘机曾经翻译过的文本,不难发现,他喜欢有独特风格的作者,喜欢简练、富有文学性的语言,喜欢布局巧妙、历史文化底蕴深厚的文本。他认为阅读中国现代文学作品是了解一个国家历史的捷径,他想把出色的中国文学介绍给外国读者,让他们能够通过文本领略异国风骚,了解文本背后的历史和文化。

每一个译者都是独立的个体,有其主观能动性。陶忘机作为一个经验丰富的译者,也有一套自己的翻译理念。他认为翻译的过程就像高级园艺或是引种园艺(advanced or exotic horticulture),翻译一部文学作品就好比园艺师将一株稀有植物从它原本的环境中移走,引种到一个全新的环境,并让它在新的环境中"开花结果"。这期间,园艺师需要做大量的工作,以确保植物能够茂盛而不只是简单地存活下来。东西方无论在语言还是文化上,都相差甚远,且读者一直以来的生活环境、生活体验和教育背景截然不同,由此形成的审美意趣与逻辑思维也因人而异,中国读者所喜闻乐见的作品不一定能够吸引目标读者。从事中国文学翻译多年的陶忘机深有体会,他认为中国文学译者主要面临着两大问题:"一是译本的接受,二是译本的产出"(Balcom, 2006: 119)。译本的接受关键在于文化背景信息和语境信息的传递,译者应把握好作者、译者、读者的三角关系,为读者搭建文化桥梁,增强文本可读性与可接受性。译本的产出在于译者的创造性和技艺,陶忘机认为一定程度上来说,一切都是可译的,只是区别在于意义和风格的信度,他一直都在追求运用最忠实的语言达到最大化的可读性。译者的创造性是为了摒弃机械地照搬照译,为了进一步的忠实,以达到读者和出版社的期望和要求。

作为一位汉学家，陶忘机一心怀有华夏梦，一生致力汉文学，站在大洋彼岸，传递中国文化。他主张译者亦学者，从翻译选材到译本出版，每一步都尽心竭力，为中国文学"走出去"添薪续力，为西方文化多样性添砖加瓦。他翻译文学从不为名为利，只是为了自己的满腔热爱，这是他想做且必须要完成的事业。多年来，他一直行走在探索中国文学的康庄大道上，不曾驻足，他是一位名副其实的"译匠"。

六、结语

在中国的那段时光让陶忘机深入了解了中国文化，也让他深深地爱上了中国文学。陶忘机在中国文学外译的道路上耕耘了卅载光阴，进行了诗歌、翻译双重研究和诗歌、小说、文集、佛家文本等多类文本翻译。一支译笔，架起了大洋两岸的文学文化桥梁。陶忘机让更多的文学作品、作家、诗人"走出"了国门，也给予了国外读者更多阅读优秀中国文学作品的机会。在作者与读者之间，陶忘机力求做到动态的平衡，同时他也推崇在译本中表达译者的声音。结合其数十载的翻译实践经验，陶忘机在其翻译研究中提出了独到的翻译见解与翻译策略，为中国文学外译提供了极佳的参考范例，也为中国文学"走出去"打下了扎实的基础。

[基金项目] 本文系国家哲学社会科学规划重点项目"当代汉学家中国文学英译的策略与问题研究"（项目编号：17AWW003）。

本论文系2021年长冶学院课程"翻译简史"（编号：502610117）的践行研究成果之一。

【参考文献】

[1] 陈宛茜. 齐邦媛《巨河流》英文版面世 [N]. 联合报，2018.
[2] 李涛. 抒情中国文学的现代美国之旅：汉学家视角 [M]. 上海：复旦大学

翻译理论

出版社，2015.

[3] 谭业升. 美国汉学家陶忘机的中国小说翻译观 [J]. 外语学刊，2018 (6), pp.102–107.

[4] 许钧. 文学翻译的理论与实践：翻译对话录 [M]. 南京：译林出版社，2001.

[5] 朱振武. 相似性：文学翻译的审美旨归——从丹·布朗小说的翻译实践看美学理念与翻译思维的互动 [J]. 中国翻译，2006 (2), pp. 27–32.

[6] Balcom, John. *Translating Modern Chinese Literature* [J]. *The Translator as Writer*, 2006, pp. 119-136.

[7] Balcom, John. *To the Heart of Exile: The Poetic Odyssey of Luo Fu* [J]. *New Perspectives on Modern Chinese Poetry*, 2007, pp. 65-84.

[8] Balcom, John. *Translator Relay* [OL]. Words Without Borders, (2013-03-28). http://www.wordswithoutborders.org/dispatches/article/the-translator-relay-john-balcom.

[9] Landers, E. Clifford. *Literary Translation: A Practical Guide* [M]. Shanghai: Shanghai Foreign Language Education Press, 2008.

[10] Morefield, Linda. *Interview with John Balcom* [OL]. Washington Independent, (2013-03-19). http://www.washingtonindependentreviewofbooks.com/index.php/features/interview-with-john-balcom.

[11] Yang Mu, Balcom, John, Balcom, Yingtsih (translated by). *Memories of Mount Qilai: The Education of a Young Poet* [M]. New York: Columbia University Press, 2015.

[12] Zhang Xiguo, Balcom, John (translated by). *The City Trilogy* [M]. New York: Columbia University Press, 2003.

The Beginning and The Continuity of the Translation Course of John Balcom

No 2. Secondary School Affiliated to Tongji University

ZHU Wenting

Abstract: John Balcom is a well-known sinologist and translator in the United States. Since the release of his first translations in 1983, John has insisted on the translation of Taiwan literature, especially the poetry. However, he has translated novels, anthologies and Buddhist texts as well. In addition, he is quite successful in poetry studies and translation studies, in which he has put forward the theory of advanced or exotic horticulture, methods to bridge the gap between Chinese and English and translation strategies accumulated for decades. In this way, it is valuable to the translation of Chinese literature.

Key words: John Balcom; sinologist; poetry; translation studies

翻译技术与本地化 ▶▶▶

计算机辅助口译学习系统的构建原则与方法[①]

北京语言大学
许明[②]

【摘　要】本文系统回顾了 CAIT 研究的发展历史，理清了 ICT 技术在口译教学和口译实践中的应用现状，进而提出了计算机辅助口译学习系统的设计原则与方法。研究发现，ICT 技术环境下，学生由课堂学习转向多用户、远程协作学习，教师群体日益多元化，教师角色更多转向教育和引导；口译学习模块需要突出学生的自主学习和建构主义学习，实现语料的生态存储与利用，构建多模态、交互性强、专业化、高效的口译学习环境；开放性、交互性、吻合学生认知特点同时兼顾学生译员个性化和终身学习的需求是 CAIT 系统构建的基本原则。

【关键词】CAIT；计算机辅助口译学习；原则与方法

[①] 本文节选自许明等著，《计算机辅助口译学习系统研究》，北京：清华大学出版社，2020，pp.17–21。
[②] 许明（1979—　），博士，副教授，硕士研究生导师。研究方向为：CAIT、口笔译认知过程、术语学、语篇理解与知识构建等。邮箱：22415591@qq.com。

一、引言

计算机辅助口译培训（Computer Assisted Interpreter Training，简写为 CAIT）的研究起源于 20 世纪 90 年代中期，是 60 年代末计算机辅助语言学习（Computer Assissted Language Learning）软件开发项目的一个发展和衍生（Sandrelli & de Manuel Jerez, 2007: 275）。此类研究的主要目的在于开发应用于口译培训的计算机程序。

口译学习和培训是个系统工程，ICT 技术（包括机器翻译）为口译培训提供了更多可能。CAIT 系统的构建不仅需要考虑口译的技能组成、阶段化发展规律和受训译员的认知发展特点，还需要兼顾 ICT 技术可提供的便利和优势。两者怎样有机结合？这是本研究的切入点。本论文重点研究 ICT 技术在口译教学与实践中的应用以及 ICT 技术环境下 CAIT 学习系统的构建原则与方法。

二、研究现状

迄今为止，国际上已有的口译学习软件、平台或系统主要有 Interpr-IT, Interpretations, Melissi Black Box, IRIS 数据库（Sandrelli & de Manuel Jerez, 2007）以及 Divace 语音文件包（Blasco Mayor, 2005: 2, 6）。此外，欧洲的许多大学都开发了用于口译教学的软件或平台。例如，西班牙格拉纳达大学口译研究小组研发的用于双语口译教学的互动多媒体软件，海梅一世大学和巴塞罗那自治大学开发的数字口译实验室和虚拟口译学习教室，哥本哈根商务学校、波兰波兹南密茨凯维奇大学开发的专门用于支撑口译教学的在线学习平台（e-learning platform）（Noraini Ibrahim-González, 2011）。2006 年，Sandrelli 和 Hawkins 提出了开发虚拟口译环境的设想，并于 2007 年在日内瓦大学着手研究专用于译员培训的虚拟学习环境（Sandrelli & Jerez, 2007）。在欧盟委员会的支持下，S. Braun 和 C.

Slater（2013）开始着手研究 IVR（Interpreting in Virtual Reality）口译虚拟现实项目，利用 3D 虚拟环境的创新特征，整合各种数字和视听资源，模拟商务和社区翻译中的职业翻译活动，为从事该领域翻译的译员及其潜在客户创建口译教育平台。

在国内，杨承淑（2003）和她的研究团队建立了一个 CAIT 学习网站。此网站面向台湾学习外语或应用外语的大学生，为其提供中、英、日、法、西、意和德等语种的听力、书面学习资源，并较为系统地介绍译员培训的不同任务。2006 至 2009 年，广东外语外贸大学仲伟合教授带领其团队先后展开了"计算机辅助口笔译教学资源库"和"数字化口译教学系统的开发与应用"的专项研究，并建成了广外正在使用的英、法口译教学平台。

在研究领域，康志峰（2012）提出了集各种多维空间技术多模态于一体的立体式多模态口译教学模式，强调利用现代立体式网络高科技，进行网络协同教学、虚拟仿真训练、远程训练、协作训练、多媒体个性化训练等教学设计。刘梦莲（2010，2011）提出了建设面向学习者的口译自主学习网站的设想。这些新的研究成果为信息通讯新技术（Information and Communication Technologies，以下简写为 ICT）在 CAIT 系统上的应用提供了全新的思路。

深入研究现有 CAIT 软件或网络平台，可以发现如下问题：其一，单机版学习软件多数是视频、音频、文字、语料的整合，口译技能培训范围有限，培训方法单一，缺乏教师与学生、学生与学生的互动，技能培训不系统、循序渐进性较差；其二，现有的口译学习网站或平台，多适合学生课外的自主学习，学生在网站上的互动基本是线下的，而且缺乏真实的口译练习环境，其学习模式、互动模式和口译学习环境有待完善；其三，受虚拟现实技术本身和计算机硬件性能的限制，虚拟现实技术只能应用于口译培训的某些局部环节，借助 3D 技术来实现整个口译培训过程的灵活、机动性较差，开发成本非常高。

三、ICT 技术在口译教学与实践中的应用及其对口译教学的影响

ICT 技术在口译教学与实践中的应用由来已久，随着技术的进步其应用方式和应用途径越来越多元化，对口译教学与实践的影响也日益突显。

（一）ICT 技术的定义与分类

信息通信技术，英文简写为 ICT（information and communication technologies, 本课题统一简称为ICT），包含一切信息、通信相关的设备和应用，如广播、电视、手机、电脑、网络软硬件、卫星系统、远程教学和远程通信等（Diana, 2010）。

信息通信技术一般可以分为两大类，即信息技术和通信技术。信息技术可以概括为软件和硬件，主要包括：计算机硬件、软件、术语和知识管理软件、教学工具、网络学习平台、术语库、自主学习软件、声音识别软件、虚拟现实、增强现实等等。通信技术主要以网络资源为代表，包括搜索引擎、平行文本、网上词典、百科全书、邮件、移动终端 APP、云平台等（Torres del Rey, 2005: 110; Diana, 2010）。

Diana（2010）将 ICT 技术概括为软硬件、服务以及通过声音、数据和图像支持信息管理和传输的内部辅助设施。它可以概括为三大类：第一，所有与人交互的计算机类产品；第二，所有与计算机和网络互联的计算机外围设备；第三，所有的声音、图像和数据网络以及实现这些操作的必要装备。例如：电视和收音机设备；可以实现数据输入、处理、输出的计算机应用程序；所有的办公自动化软件，如文字处理软件、excel 软件；个人电脑和软件；服务器类软、硬件设备，用以支撑电子邮件、小组讨论、文档存储打印服务、数据库、网络和应用服务器、存储系统、网站托管、主机空间、虚拟主机服务；数据、声音、图像网络、所有的通信设备和软件；所有的用以搜集、传输声音、视频、图像信息的计算机信息系统的外围设备，如扫描仪、解码器等；与计算机数据库

和应用交互的语音应答系统；学生、教师、培训人员使用的计算机和网络系统。

在上述通用分类基础之上，Diana（2010）将 ICT 技术区分为：外设 ICT 技术（External ICTs）和内设 ICT 技术（Internal ICTs）。外设 ICT 技术涵盖所有旨在提高口译员翻译过程、译前准备和翻译效果的、与计算机相连的技术类产品，如摄像头、录音机、录像机、电视、麦克风、耳机、袖珍电子词典等。内设 ICT 技术，主要涵盖旨在提升译员翻译效果的计算机和网络类工具，如线上资源、搜索引擎、在线词典、线上百科、在线数据库、在线术语库、在线平行文本、在线电子规范手册、离线电子资源（如光盘、电脑程序、DIY 语料库、袖珍电子词典等）。

（二）ICT 技术在口译培训中的应用

20 世纪 50 年代之前，柏林大学在语言学习中首先使用了录音机。50 年代初，赫伯特（1952: 87–88）首先建议在口译练习和译员评估过程中使用广播、电影和录音等 ICT 技术。联合国也是最早使用技术手段辅助口译员培训的机构，但当时仅限于磁带的使用。1979 年，联合国与中国政府签订合作协议建立语言实验室，以期改善汉语教学方式，其中包括视听设备、闭路电视等 ICT 技术的使用（Baigorri-Jalón, 2004）。

80 年代，Varantola（1980: 62-63）提出在同声传译教学中使用电视机、收音机以及配备麦克风和耳机的录音机。之后，录像带进入口译培训领域，培训人员从电视上录制需要的内容，根据培训需要重复播放录像（Schweda-Nicholson, 1985; Pöchhacker, 1999: 157）。随后扩展到录音机和录音带的使用，包括真实会议的录音带、收音机上的访谈录音以及实际会议、电视访谈的录像带等（转引自 Pym, 2003: 91）。这些技术在口译训练中应用的局限性在于学生译员展开的训练都是单向进行的，缺少学生与教师和其他同学之间的互动。

20 世纪 90 年代，从计算机辅助语言学习（CALL）演变而来的 CAIT（计算机辅助口译培训）开始出现（Sandrelli & de Manuel Jerez, 2007: 275）。CAIT 旨在将计算机程序引入到译员的培训过程，借助计算机技术

（如程序、网络平台等）改善口译练习方式、提升练习效果。1996 年，里雅斯特大学首先提出了 CAIT 相关的研究项目，赫尔大学也同步推出了类似研究项目（Sandrelli, 2003c: 211–221）。

　　21 世纪初，学者开始较为系统的研究 CAIT 技术，但相对较少。Diana（2010）曾统计分析了 2003 至 2009 年 Gile 口译研究信息公报（CIRIN Bulletin）发表的论文，其中研究 ICT 技术的仅占 1.6%，而直接与口译培训相关的更是少之又少。在已有的研究中，Kurz（2002）在自己的研究中讨论了 ICT 技术为口译训练项目所能提供的便利；Gran, Carabelli & Merlini（2002）、Sandrelli（2003a & 2003b & 2005）和 de Manuel Jerez（2003）分析研究了 CAIT 技术的发展；de Manuel Jerez（2003）在自己的论著中分析了 ICT 新技术在口译训练和职业环境中所起到的作用；Jimenez Serrano（2003）和 Esteban Causo（2003）在论著中介绍了一些 ICT 技术工具的优缺点，强调口译译员、培训人员和培训机构要紧密合作，同时加强口译培训工具的研究；Chung & Lee（2004）提出使用多媒体语言教室进行本科高年级口译训练；Blasco Mayor（2005）撰文详细介绍了自己使用电子口译实验室的经验，并鼓励教师将新技术运用到教学之中；De Manuel Jerez（2006）在自己的博士论文中重点介绍了 ICT 技术和 CAIT 技术在职业和教学环境下的应用；Sandrelli & de Manuel Jerez（2007）讨论了 90 年代中期开始流行的不同种类的 CAIT 工具，并将这些工具划分为集成 CAIT（如数字语料库）、智能 CAIT（创建贴近真实情景的各种练习）和虚拟学习环境（像电子游戏一样将虚拟和现实结合起来）三类。

　　随着时代的发展，收音机、电视机、录音带、录像带逐步退出历史舞台，被电脑、VCD 和 DVD 机、CD-ROM、DVD、U 盘、移动硬盘、网盘以及云平台所替代。ICT 技术在口译教学中的应用吸引了越来越多学者的关注，其研究兴趣主要集中在：ICT 技术的发展前景、ICT 技术在口译训练中的应用、职业口译员和口译学习者对于 ICT 技术的态度、观点等（Diana, 2010）。

(三) ICT 技术在口译实践中的应用

20 世纪 70 年代，远程口译技术（remote interpreting technologies）被引入口译领域。70 年代中后期，迫于实际需要，国际组织首先展开远程口译测试。1976 年，联合国教科文组织举行了名为"交响卫星"（Symphonie Satellite）的"巴黎—内罗毕实验"（Paris-Nairobi experiment）。1978 年，联合国举行了"纽约—布宜诺斯艾利斯实验"（New York-Buenos Aires experiment）。（Heynold, 1995: 12; Diana, 2010）

欧洲电信标准协会（European Telecommunication Standards Institute）于 1993 年开展了一系列的"ISDN 视频电话"（ISDN video telephony）研究。1995 年，欧洲委员会（European Commission）进行了"蟠龙工作室实验"（Studio Beaulieu experiment）。1997 年，国际通信联盟（International Communication Union）和日内瓦高等翻译学院发起了首次控制性远程口译实验。1999、2001 年，联合国也做了类似的实验（Heynold, 1995: 17）。（Diana, 2010）

90 年代中期，学者开始关注 ICT 技术在口译实践中的应用。Cervato & de Ferra（1995）研究了 CAIT 技术工具在口译中的使用；Mouzourakis（1996）研究视频会议环境下的口译；Jekat & Klein（1996）研究口译机器；Esteban Causo（1997）研究了会议口译和新技术的结合；Carabelli（1999）研究了口笔译过程中多媒体工具的使用。（Diana, 2010）

针对新技术和远程口译给口译活动带来的影响，AIIC（International Association of Conference Interpreters）于 2000 年发布了"会议口译新技术使用条例"（AIIC 2000a）和"远程口译指南"（Guidelines for Remote Conferencing, AIIC 2000b）。条例肯定了新技术在改善口译员工作环境、提高译员译前准备和工作效率等方面的贡献，但鉴于远程口译（teleconferencing）带来的一些弊端，如非语言信息的缺失、译员无法感知听众做出的语言和非语言反馈、无法评估信息接收状况、屏幕闪烁、疏离感等，新技术需要在保证在不影响交际质量的前提下进行。为此，译员需要对视频会议和远程口译的可行性进行检测（AIIC, 2000a）。远程口译指南建议译员尽可能进行现场口译；在不得已的情况下，需要跟声音和视频技术人员一起准备会议，工作时长不超过 3 个小时，声音质量需要吻合 ISO2603 中频率响应的相关规定，译员视频显示终端需要不间断的显示讲话人（近距离）、听众、主席和会议官员的彩色图像；所有译员会前未获得的发言稿以及其他展现给听众的辅助讲话材料（如幻灯片、图标等）均需同步呈现给译员；其他会议相关资料如议程、投票结果、参会人员名单、时间表等都可以展现给译员；需要单独的频道保证译员与当地译员的沟通联系，能专线联系主席、声音和图像控制人员，还需要配备有传真设施以传输会议资料（AIIC，2000b）。

　　欧盟委员会的会议口译服务部（Service commun interprétation conférences，缩略为 SCIC），现更名为欧盟口译管理总部（DG Interpretation），也进行了 ICT 技术在会议口译中的实验研究。Esteban Causo（2000）撰文描述了新技术在口译实践中的应用情况，分析了新技术的利弊。Mouzourakis（2006）讨论了新技术的未来，直接报告了 ICT 技术在口译工作中的使用。

　　在学界，学者开始关注 ICT 技术在口译实战中的应用（Diana, 2010）。Djoudi（2000）研究了计算机辅助口译工具的历史沿革，还分析了"Talk & Translate"翻译机器，把机器翻译和语音识别技术结合起来。Stoll（2002, 2009）、Will（2000）从口译职业的角度阐述了 ICT 技术在译前准备和同传箱中的应用。Benhaddou（2002）系统讨论了视频会议的方案。Braun（2004）研究了视频会议实现的条件，尤其是会议过程中单语或翻译时的沟通情况。Moser-Mercer（2005a）研究远程口译对译员在心理、翻译过程和社会行为等方面的影响。研究发现，相对于现场口译，远程口译需要译员解决更多的问题、面对比平时更多的精神和心理压力。Moser-Mercer（2005b）还研究了现场口译对于译员的重要性。Mouzourakis（2006）近年来的远程口译实验，分析了远程口译的利与弊。

　　Biau & Pym（2006: 6）研究发现，在 ICT 技术给会议口译译员提供的各项帮助中，沟通、记忆这两个方面是译员为期待和满意的。Lang（2009）借助一家法国在线翻译公司的平台分析了在线口译可行性；Kalina（2009）分析了新技术给口译职业带来的变化及其利弊。Koskanová（2009）

研究了远程口译的特点，并将其与普通会议口译进行了对比。（转引自Diana, 2010）

Diana（2010）调研了西方国家职业译员会议口译中 ICT 的使用情况。调查显示，译员使用 ICT 技术最主要的目的是获取更充分的知识、更好地理解原文，从而提升服务质量。译员最看重的首先是准确性，其次是质量。译员对技术的掌握程度主要取决于译员的个人喜好，但是掌握高科技技术的译员可以更好地提升服务质量。调研发现，职业口译员对 ICT 技术持有怀疑态度，甚至抗拒，主要原因是他们害怕自己的地位被撼动或是对技术不信赖，他们只相信自己的记忆。

Diana（2010）的调研结果显示，ICT 技术主要通过搜索引擎（54%）、术语数据库（53%）和在线字典（50%）等形式帮助译员提升工作效率。44% 的受访者认为 ICT 可以帮助进行倾听和分析，41% 认为 ICT 可以帮助记忆。87% 的调研对象认为 ICT 可以提高交替传译和交替传译训练的专业水平，尤其是在主题知识的学习、新词、表达和术语等方面。调研还发现，对技术的接受程度存在区域差异，非洲国家普遍表现出积极的态度，美洲和欧洲意见分歧较大，亚洲认为技术至关重要，大洋洲普遍认同 ICT 技术的优势。

随着技术的进步，ICT 技术在口译职业中的应用正在逐步加强，ICT 技术对口译译员的辅助作用越来越凸显。借助 ICT 技术译员可以更好地做好译前准备，高效地处理文件、资料，实现知识积累，比如借助在线词典、百科、术语库、电子规范手册等应用工具提高译前准备效率，借助诸如 Trados Multiterm 实现术语的积累与管理，借助知识图谱进行主题知识的管理与开发等（Diana, 2010）。尽管如此，需要看到，用于职业口译的 ICT 技术需要与不同口译情景的特殊需求相结合，不断升级进步，以更好地满足译员们的需求。

（四）ICT 技术对口译学习与教学的影响

新的 ICT 技术必然改变传统学习模式。随着 ICT 技术日新月异的发展，云平台、移动 APP 等使得学习和共享越来越便捷，学习的地点、方式和理念都在发生着巨大变化，机器翻译译文质量不断攀升为外语和翻译学习提供了越来越多的便利，增强现实、虚拟现实等三维技术开始进入教育教学领域，用以丰富学生的学习体验、增强学习效果。

学习是由一系列的意向、行动和思考来驱动的（Jonassen & Land, 2000）。新的ICT技术环境下，原有的课堂学习转向课下学习，从课堂上完整的学习转移到线上不规律的学习，课下、课余学习时间增加、学习比率增加，学习模式更加多元化。

ICT环境下的学习是一种网络学习（e-learning），又称之为在线学习、虚拟学习、分布式学习、基于网络的学习、计算机辅助学习等（Noraini, 2011）。网络学习的要旨在于使用网络技术拓展教学手法，增进学生的知识学习效率（Noraini, 2011）。对于学习者而言，网络学习拥有可以随时随地接入学习资源的便利，且资源丰富、内容多样，学习方式也不一而同，可以是个人也可以是团体。

网络学习要求以学生为中心进行教学，采取多种评估方式，推广教学辅助技术。学生需要具备高度的自主学习能力。教学过程中，教师可以使用网络、卫星电视、影音资料、交互电视、CD等各种媒体（Noraini, 2011）。

网络学习需要注重不同学习个体之间的互动，采取不在同一地点但同一时间在线的多用户、合作、虚拟、远程协作式学习。借助网络，学生可以对自己的学习技能进行自我和第三方评估，也可以通过收到的反馈，与教师、同学等网络社区成员进行多元互动。（Diana, 2010）

ICT环境下学习模式的变化导致教师群体的多元化和教师角色的变化。网络环境下不同水平的人群会形成社区，在社区中，掌握不同资源、拥有不同专家优势的个体都可以充分发挥自己的作用，利用不同群体的个体和层次差异，指导学生、配合学生译员的学习。

网络环境下的教师角色不再仅仅是信息的传递者，而是教导和引导者。远程教师需要尽心于更多的交际、组织、动员和创造（Tella et al. 2001: 252-254）。此外，教师需要改变传统的教育教学模式，在远程教学中突出教与学的相互呼应、理论指导与实操训练的有效结合，在技能讲解、练习释疑、点评评价、督促促进等方面发挥更大的作用。

四、CAIT 系统的构建原则与方法

（一）以学习者为中心

计算机辅助口译学习系统的构建需强调以学习者为中心，突出学生的自主学习和建构主义学习。口译技能的进阶式分布和训练模式是学生开展自主学习的前提。在口译进阶学习之前，可以围绕要习得的口译技能设计科学的调研问卷帮助学生初步了解的要掌握的知识和技能，帮助他们明确不同学习阶段的学习目的。同时，可以将调研结果与阶段练习后的结果进行对比，把控不同进阶阶段的学习效果。学生也可以根据自己的需要定制适合自己的学习模式、设定适合自己的学习阶段。

（二）实现语料的生态存储与利用

在全方位开放的环境下，语料的搜集、分类和再利用非常关键。整个系统语料的存储设计需要遵循生态经济的原则，保证语料的分类、生态存储和生态利用，否则随着时间的积累，语料将混杂在一起。

口译训练语料可以按照媒介类型、主题、口音、难易程度、原语译语、语料的权威性等来分类存储。媒介类型主要涉及音、视频两种；主题可以涵盖政治、经济、文化、商务、旅游等；口音可以按照国别和区域来划分，如东南亚、非洲，中式英语、日式英语等；不同语料难易程度的划分相对比较复杂，可以依据语流、语速、信息密度、术语密度、专业化程度等来划分；学生在学习过程中生成的语料可以用来构建学生学习者语料，学生学习者语料可以按照训练的子技能和时间节点来留存，原语语料可以把训练平台上模拟会议小组讲话人真实训练过程中生成的语料录制下来，再按照语料分类标准分类；按照语料的权威性可以分为练习语料、模拟会议语料、现场会议语料等。

在注意到上述各个层面之后，语料的存储需要注意到不同层级之间的

交叉和架构关系，可以按照如下五个层级来设计平台框架。一级标准：各个子技能；二级标准：子技能示范语料、难度进阶语料、个人练习语料；三级标准：子技能示范（专家示范）、难度进阶语料（初、中、高）、个人练习语料（按练习时间排序，分类存储到各个主题下）；四级标准：初（主题）、中（主题）、高（主题）；五级标准：每个主题都配备专家示范。

兼容性是资料存储过程中首要考虑的问题。同性质语料的存储需要遵循高度统一的标准，如按视频、音频、文字性材料等不同资料存储。不同性质的文本如流程图、网页语言、注释或是超链接等应允许以不同的格式来保存，保证彼此之间的兼容性。借助现如今的数字扫描设备和 OCR 识别程序，可以将文字性文本与音、视频文件一起归档。资料的存档需要兼顾不同介质资料之间的转换，比如磁带、录像带向数字音频的转换或是声音数据录制到录音带上等。存储过程中，还需要考虑到不同的编程语言、格式标准、电脑性能等带来的问题。

资料存储过程中需要考虑到不同终端使用者跟语料的交互性。系统应该允许个人用户按照自己的目的来使用语料，对其进行裁剪、处理等操作。学生译员可以借助自己的麦克风、耳机、声卡等录制、剪辑声音，并对自己的录音借助资源列表归档、分类存储。

语料的存储和运行平台采用中央服务器或远程工作站的形式，两者各有各的优缺点。中央服务器可以保证在任何软硬件上运行，不需要在工作站上安装其他产品，可以连接到任何有权限的网络，也可以连接到服务器上的任意资源。广大用户可以通过不同的操作系统，借助同一平台使用这些归档的资源。中央服务器的搭建需要考虑到不同级别的信息系统，保证可以在局域网、城域网或广域网等不同层级的系统中运行。

（三）构建高效、多模态、交互性强、专业化的口译在线学习模块

口译在线学习系统的设计需要注意到网络环境下教与学活动的主体，即教师、学生和不同形式的多媒体。在教育技术领域，何高大（2003）构建了"声、光、色、图、像"一体、以学生为中心的口译教学模式，强调

口译"教与学"过程中情景的真实性、交互性以及学习过程中的个性化和发现探索过程。此模式充分发挥计算机"智能教具或工具""教育信息分析装置"的作用，利用网上丰富的口译学习资源，注重多种媒介形式在教与学之间互动，让教师发挥"活动的组织者"的作用，让学生处于"教学活动的中心"，引导学生"主动建构"口译知识与技能。

口译在线学习需要考虑到教师、学生两大主要群体的具体活动需求。广东外语外贸大学的计算机辅助口译教学系统融合了数字化语言学习系统、课堂教学系统、自主学习系统、无纸化考试功能、网络教学管理系统、教学资源库、沟通交流系统、辅助学习系统等多个系统。其中，围绕教师的教学方案与教学策略，系统涵盖了教学内容设计、教学媒体设计、教学方法设计、课堂教学结构的设计、教学表达的设计、教学信息反馈的设计等详细内容，与教师的教学活动高度吻合。围绕学生群体的学习评价，系统设计的功能模块主要涉及收集学生的学习态度、学习行为、认知水平等学习评价资料的方法，包括态度量表、结构化观察、考试等。

高效的网络学习环境是在线学习的关键所在。Noraini（2011）建议高效网络学习课程的设计要考虑多媒体教学、自主学习、高效学习、引导交流四个因素，学生需要高度参与进来。口译在线学习需要使用真实素材；学习过程中，学习者需要进行自我主导式学习，即明确学习目的、建立学习目标、制定计划并执行、定期回顾、评价学习效率；高效学习，口译材料的选择要适合学生并且和学生切实相关，学生学习过程中的满足感应得到充分关注，教师应该提供真实可靠、高质量的资料及付出精力和时间完成的教学大纲；教师与学生通过邮件或评论的方式开展同步或者错峰的线上线下互动。

口译在线学习系统的搭建需要坚持多模态的原则。康志峰（2012）提出了坚持"立体式多模态口译教学"的原则，强调利用教师、学生、教材辅助磁带、录像带、粉笔加上虚拟空间、虚拟现实、互联网等方式搭建立体式多模态的口译教学。在教学过程中突出学生的主体性，通过网络协同教学、虚拟仿真训练、网络远程训练、写作训练、多媒体个性化训练等进行"应用型现代化立体式"口译教学。

口译在线学习系统的构建需要突显平台的交互性，这种交互性可以借助现有的网络通信和沟通交流工具来实现。口译技能的习得需要系统的练习，交互式多媒体是最理想的支持。如，借助 Moodle 系统，可以完成包括作业分配、课堂讨论、生词表、问答和以内容分享为目标的会议等一系列线上活动。通过模块设置与拖放，教员可以轻松实现管理课程、举办新活动等操作。辅助协调工具允许用户调用平台之外的学习资源，如在其他网站上检索双语平行语料库，查找指定的词或短语；检索结果会显示在屏幕上，用户可以进一步选择和打开任何实例，甚至是它出现的上下文，让学生学习不同的使用情景。CAIT 也可以借助电子邮件、在线聊天工具等实现系统的交互性（Sandrelli, 2003a: 76–80, 82）。

  口译在线学习模块构建过程中需要知识导入、深入学习、评估反馈、合作交流四个层面的有机结合，可以通过多种方式将这四个步骤组合起来。其中，知识导入环节的主要意图在于把学习环境、学习内容、教学信息等教师需要传达给学生的内容展示给学生；深入学习阶段允许学生在选择他们最感兴趣的内容的基础之上进行深入拓展学习；评估反馈的目的在于判断学生对学习内容的掌握程度；合作交流是在教员和学生之间、学生与学生之间的建立同步或不同步的线上沟通交流机制。

  具体来看，口译在线学习系统涉及的模块可以包括：知识导入模块，展示教师的指导意见、大纲和课程梗概；课程更新模块，用于通知学生课程通知、教学信息等；译前准备模块，包括主题关键词、阅读主题、ppt 或 pdf 格式的阅读笔记、阅读材料；线上活动模块，比如声音练习、口译练习、听力问答等；小组项目模块，方便组内学生交换意见、信息和提供教师指导；术语和新词模块，学生借此可以上传分享新的术语、词汇和表达方式；资源链接，包括主流搜索引擎检索到的与主题相关的网站链接等；评估反馈模块，将教师反馈、同伴评价、问卷调研有机结合起来，根据不同的习得技能设计有针对性的调研问卷，引导学生的同时为改进教学方法提供支持。

（四）构建多元交互、智慧学习、智能开放的 CAIT 系统

  CAIT 系统的大环境设计应注重人人交互、人机交互两个层面的互动

以保证技能练习效果。平台的内容设计应坚持过程导向的训练理念（processes oriented interpreter training），按照不同的子技能和习得阶段设计练习流程。在设计理念上，应突出以学生为中心和建构主义的学习理念，将认知技能训练纳入口译技能训练，技能练习的进阶设置也需要尊重学生的认知发展规律，对学习者语料难度和存储方式也要进行科学量化和有效地层级控制。平台设计应融合多学科最新成果，力求帮助学生译员实现专业化学习、协作学习、个性化学习和智能化学习。

CAIT 系统搭建的目的之一在于跨语际的资源整合和多层次、多领域专家技能优势的优化。通过此平台的搭建，可以有效整合国内外语言资源、口译相关的教育教学资源和不同母语的学生资源，同时对这些资源进行合理化配置，发挥不同领域的专家技能。此平台不是一个单纯面向单语学习者进行自主口译学习的平台，而是要借助远程合作学习模式，利用中外合作院校的资源，建立中外学生的虚拟学习社区。这也是解决单语环境下口译课堂存在的语言环境问题、提高语言交互的真实性和技能练习效果的最佳途径。在这一平台上，学生将改变被动学习和机械练习的传统方式，采取主动学习和自主练习的方法。

开放性是网络环境下的计算机辅助口译教学的首要原则。口译是一种交际技能，其技能养成需要在尽可能完善的交际环境下进行。所设计的平台通过分角色、自由组建不同子技能的学习小组，模拟口译学习的真实过程和真实情景，通过不同群体的在线即时互动提高子技能的学习效率。此外，开放性的平台可以保证语料的多渠道来源，允许学生译员在线上传、分享语料，同时在线生成训练语料和学习者语料。

交互性是此平台的第二大特点。平台在资质审核时，允许有不同语言特长和专家技能的学生或专家译员注册，平台根据成员的学习层次和专家技能水平设计经验值，允许不同语言能力和语言层次平台成员发掘各自需要，搭建个性化定制的平台。学习过程中，不同水平的参与对象按照学习需求、能力特长和专家技能，通过自由选择和角色扮演，完成专家技能的分享和在线传授。此设计原则的主要意图在于充分利用网络环境下的交互式、协同学习，成员之间根据技能练习需求组成真实小组、在线互动，同步生成鲜活的语料，由此来弥补我国单一语言环境下语言资源缺乏和缺少专业人才指导的困境。

认知技能训练在 CAIT 系统设计中应该得到充分体现。会议口译无论是交替传译还是同声传译归根结底是个认知处理过程，是个语言的加工处理工程。对同声传译和交替传译技能的认知分解可以大大增强学生译员对口译过程的元认知，提升口译技能自我训练和习得效率。学生对这两种不同口译形式的微观认识可以帮助学生明确不同子技能的训练目的，单项认知技能的训练可以帮助译员提升认知机制的认知处理能力，不同话语和语篇类型的针对性训练可以提升译员对同类语篇的认知处理效率和语篇信息处理技能和技巧。

个性化学习是 CAIT 系统构建的另一关键原则。系统将允许学习者构建自己的个人学习数据库。学生可以根据自己的需要定制学习，跟踪记录自己的训练和学习进度，亦可以定制自己的主题资源库，生成自己的练习语料库，并对自己的训练进行会听、标记、梳理，反思自己的练习过程，同时实现学习过程中学习资源的有效积累和终身学习。

终身学习也是 CAIT 系统构建过程中需要贯彻的一个基本理念。现有的口译教学和口译学习，存在很多的重复工作和资源浪费的情况，不同个体的学习过程相互独立、不存在任何知识的交叉和交互。借助此平台，学生译员可以结合自己的学习过程、实习实践和职业从业经验构建自己的个人知识库和个人图书馆，以实现个人知识的积累和领域知识的构建，促进自己兴趣领域、优势领域的形成和将来的职业定位和职业发展。此平台还将设置资源共享与交易模块，该模块允许有经验的译员、有特定资源和积累的译员无偿或有偿分享自己的专家技能、经验、资源、术语和知识库。

此平台的构建需要融合多个学科的理论和最新研究成果。具体来讲，需要：将口译能力阶段化培养模式和训练方法直接应用于口译技能的进阶训练；基于云平台实现数据和资源共享，解决资源短缺问题；将单项认知技能训练融入口译技能练习，提升学生译员的认知能力，提升口译练习的目的性和有效性；贯彻建构主义和终身学习的理念，实现知识的有效积累、促进职业生涯的发展；借助机器翻译提供有针对性的内容辅助，减少练习难度，提升练习的效果；突出个性化学习和协作学习，支持构建个人知识库、个人图书馆和资源共享；围绕口译教与学的过程中遇到的难题，进行有针对性设计；充分利用网络和多媒体技术，优化视听说资源的利用方式，提高练习效果；为口译能力的培养提供系统的技术解决方案。

五、结语

计算机辅助口译学习系统的构建需要考虑口译能力进阶培养过程及其学生的认知发展特点、ICT环境下口译"学习"和"教学"模式的变化、口译语料的搜集、分类、分级及应用方式、ICT技术在口译能力逐级培养过程中的具体应用方式、CAIT系统建模及其人机交互方式等因素，这些问题都有待更为深入、系统的研究。CAIT系统的构建需要融合ICT环境的不同技术优势，发掘学生译员在ICT环境的全新学习模式和学习特点，优化口译教学活动主体在ICT环境下的互动模式，以期共享国内外口译教育资源，构建完整、科学、智能化的口译技能训练模型，实现口译能力的系统化培养。

［基金项目］本文为国家社科基金项目"ICT环境下的计算机辅助口译学习系统研究"（项目编号：13BYY042）和北京语言大学梧桐创新平台资助课题（中央高校基本科研业务费专项基金）（项目编号：19PT02）的部分研究成果。

【参考书目】

[1] 何高大. 论虚拟认知外语学习环境 [J]. 外国语文，2003, 19 (3): 150–153.

[2] 康志峰. 立体论与多模态口译教学 [J]. 外语界，2012 (5): 34–41.

[3] 刘梦莲. 计算机辅助口译自主学习环境创设研究 [J]. 现代远距离教育，2010 (5): 60–63.

[4] 刘梦莲. 计算机辅助口译自主学习理论模型构建 [J]. 外语电化教学，2011 (5): 38–42.

[5] 杨承淑. 口译网络教学，实证课堂与虚拟平台的互动关系 [J]. 翻译学研究集刊，2003 (8): 199–123.

[6] AIIC (Association Internationale des Interprètes de Conférence) (2000a). Code for the use of new technologies in conference interpretation [J/OL]. Retrieved from: http://www.aiic.net/community/print/ default.cfm/page120. Accessed April, 2019.

[7] AIIC (Association Internationale des Interprètes de Conférence) (2000b). Guidelines for remote conferencing[J/OL]. Retrieved from: http://aiic.net/p/143. Accessed April, 2019.

[8] Baigorri Jalón, J. (2004). Interpreters at the United Nations: A History. Salamanca, Ediciones Universidad de Salamanca.

[9] Benhaddou, A. (2002). *Video conference and interpretation*[D]. Mémoire de DEA. Université de Mons Hainault.

[10] Biau G., José R. & A. Pym. (2006). Technology and translation (a pedagogical overview) [J/OL]. In *Translation Technology and its Teaching*, A. Pym, A. Perekrestenko and B. Starink (eds). Retrived from http://isg.urv.es/library/papers/ BiauPym_Technology.pdf. Accessed March 2007.

[11] Blasco Mayor M. J. (2005). El reto de formar intérpretes en el siglo XXI. *Translation Journal* (9), 1. Retrieved from http://accurapid.com/journal/31interprete2.htm. Accessed March 2007.

[12] Braun, S. (2004). Kommunikation unter widrigen Umständen: Fallstudien zu einsprachigen und gedolmetschten Videokonferenzen [A]. Tübingen: Narr. Cassidy, T. (1999). *Stress, cognition, and health*. London: Routledge.

[13] Braun, S., & Slater, C.. (2013). IVY – INTERPRETING IN VIRTUAL REALITY Project Deliverable 3.3 Conceptual Design. Retrieved from http://virtual-interpreting.net/wp-content/uploads/2015/08/P08-IVY-D3.3-Conceptual-Design.pdf. Accessed August 2019.

[14] Carabelli, A. (1999). Multimedia Technologies for the Use of Interpreters and Translators[J]. *The Interpreters' Newsletter* (9), 149–155.

[15] Cervato, E.&D., de Ferra (1995). Interprit: A Computerised Self-Access Course for Beginners in Interpreting [J]. *Perspectives: Studies in translatology* (2), 191–204.

[16] Chung, H.&T. Lee. (2004). Undergraduate level interpreter training using a

multi-media language laboratory [J]. *Conference Interpretation and Translation* 6 (2), 127–150.

[17] de Manuel Jerez, J. (Ed.) (2003). *Nuevas tecnologías y formación de intérpretes* [M]. Granada: Atrio.

[18] de Manuel Jerez, J. (2006). *La incorporación de la realidad profesional a la formación de intérpretes de conferencias mediante las nuevas tecnologías y la investigación-acción* [D]. Doctoral dissertation. Granada: Universidad de Granada.

[19] Diana B. I. (2010). *Information and Communication Technologies in Conference Interpreting* [J/OL]. Retrived from http://www.tdx.cat/bitstream/10803/8775/1/tesi.pdf. Accessed June 2017.

[20] Djoudi, N. (2000). *Evaluierung des automatischen Dolmetschers "Talk and Translate*[D]. Unpublished thesis. Germersheim/Mainz: Johannes Gutenberg-Universität.

[21] Esteban Causo, J. A. (1997). Interprétation de conférence et nouvelles technologies[J]. *Terminologie et traduction — revue des services linguistiques des Institutions européennes* (3), 112–120.

[22] Esteban Causo, J. A. (2000). Les Nouvelles Technologies: Le Point de Vue du SCIC. *Communicate* [J/OL]. March-April 2000. Retrived from www.aiic.net. Accessed May 2016.

[23] Esteban Causo, J. A. (2003). La interpretación en el siglo XXI: desafíos para los profesionales y los profesores de interpretación [A]. In *Nuevas Tecnologías y Formación de Intérpretes*, J. de Manuel Jerez (coord). Granada: Editorial Atrio, 143–185.

[24] Gran, Laura, Carabelli, Angela, Merlini, Raffaela. 2002. Computer-assisted interpreter Training. In Garzone, Giuliana and Maurizio Viezzi (eds.) Interpreting in the 21st Century: Challenges and opportunities: Selected Papers from the 1st Forli Conference on Interpreting Studies, 9-11 November 2000, Benjamins Translation Library.

[25] Herbert, J. (1952). *The Interpreter's Handbook: How to Become a Conference Interpreter*[M]. Genève: Librarie de l'Université, Georg.

[26] Heynold, C. (1995). *Videoconferencing—a close-up* [J]. Commission Européenne: Les cahiers du SCIC No.1.

[27] Jekat, S. & A. Klein. (1996). Machine interpretation. Open problems and

some solutions[J]. *Interpreting* 1 (1), 7–20.

[28] Jiménez Serrano, O. (2003). La formación de intérpretes profesionales ante las nuevas tecnologías [A]. In *Nuevas tecnologías y formación de intérpretes*, J. de Manuel Jerez (Coord.). Granada: Editorial Atrio.

[29] Jonassen, D. H. & S. M. Land. (2000). *Theoretical Foundations of Learning Environments* [M]. Mahwah, New Jersey, Lawrence Elbaum Associates.

[30] Kalina, S. (2009). Dolmetschen im Wandel — neue Technologien als Chance oder Risiko[A]. In Übersetzen in die Zukunft. *Herausforderungen der Globalisierung für Dolmetscher und Übersetzer. Tagungsband der internationalen Fachkonferenz des Bundesverbandes der Dolmetscher und Übersetzer e.V. (BDÜ)*, Berlin, 11.

[31] Kurz, I. (2002). Conference Interpretation: Expectations of Different User Groups [A]. In *The Interpreting Studies Reader*, F. Pöchhacker and M. Shlesinger (Eds). London and New York: Routledge, 13–21.

[32] Moser-Mercer, B. (2005a). Remote Interpreting: Issues of Multi-Sensory Integration in a Multilingual Task [J]. *Meta* 50 (2), 727–728.

[33] Moser-Mercer, B. (2005b). Remote interpreting: The crucial role of presence[J]. *Bulletin suisse de linguistique appliqué* (81), 73–97.

[34] Mouzourakis, P. (1996). Videoconferencing: Techniques and challenges [J]. *Interpreting* 1 (1), 21–38.

[35] Mouzourakis, P. (2006). Remote interpreting: A technical perspective on recent experiments [J]. *Interpreting* 8 (1), 45–66.

[36] Noraini I. G. (2011). *E-learning in Interpreting didactics: Students' attitudes and learning patterns, and instructor's challenges* [M]. Malaysia: Universiti Sains.

[37] Pöchhacker, F. (1999). Teaching Practices in Simultaneous Interpreting [A]. *The Interpreters' Newsletter* (9), 157–176.

[38] Pym, A., Carmina F., José R. B., & J. Orenstein. (2003). Summary of discussion on Interpreting and e-learning [A]. In *Innovation and E-Learning in Translator Training*, A. Pym, C. Fallada, J. R. Biau, and J. Orenstein (eds.). Tarragona: Intercultural Studies Group.

[39] Sandrelli, A. & de Manuel Jerez, J. (2007). The impact of information and communication technology on interpreter training: state-of-the-art and future prospects [J]. *The Interpreter and Translator Trainer* (ITT) 1 (2), 269–303.

[40] Sandrelli, A. (2005). Designing CAIT (Computer-Assited Interpreter Training) Tools: Black Box. In MuTra – Challenges of Multidimensional Translation [J/OL], Saarbrücken 2-6 May 2005. *Conference Proceedings – EU High Level Scientific Conference Series. Proceedings of the Marie Curie Euroconferences.* Retrieved from: http://www.euroconferences.info/proceedings/2005_Proceedings/2005_Sandrelli_Annalisa.pdf. Accessed Novemver 2017.

[41] Sandrelli, A. (2003a). Herramientas informáticas para la formación de intérpretes: Interpretations y The Black Box [A]. In *Nuevas tecnologías y formación de intérpretes*, J. de Manuel Jerez (Coord.). Granada: Editorial Atrio, 67–112.

[42] Sandrelli, A. (2003b) New Technologies in Interpreter Training: CAIT [A]. In *Textologie und Translation, Jahrbuch Übersetzen und Dolmetschen 4/II*, H. Gerzymisch-Arbogast, E. Hajičová & P. Sgall, Z. Jettmarová, A. Rothkegel and D. Rothfuß-Bastian (Hrsg). Tübingen: Gunter Narr Verlag, 261–293.

[43] Sandrelli, A. (2003c), El papel de las nuevas tecnologías en la enseñanza de la interpretación simultánea: Interpretations. In *La evaluación de la calidad en interpretación: docencia y profesión,* A. Collados Aís, M.M. Fernández Sánchez, E. M. Pradas Macías, C. Sánchez Adam & E. Stévaux (eds.). Actas del I Congreso Internacional sobre Evaluación de la Calidad en Interpretación de Conferencias, Almuñécar, 2001. Granada: Editorial Comares, 211–223.

[44] Schweda-Nicholson, N. (1985). Consecutive Interpretation Training: videotapes in the classroom [J]. *Meta* 30 (2), 148–154.

[45] Stoll, C. (2002). Dolmetschen und neue Technologien [A]. In *Übersetzen und Dolmetschen in Praxis und Lehre*, J. Best and S. Kalina (eds). Tübingen: UTB Francke, 1–8.

[46] Stoll, C. (2009). *Moving cognition upstream – workflow and terminology management for professional conference interpreters* [D]. Doctoral thesis. Ruprecht-Karls University, Heidelberg.

[47] Tella, S., Sanna V., Anu V., Petra W. & Ulla O. (2001). *Verkko opetuksessa – opettaja verkossa*[M]. Helsinki: Edita Oyj.

[48] Torres del Rey, J. (2005). La interfaz de la traducción. Formación de traductores y nuevas tecnologías [A]. In *Nuevas tecnologías y formación de intérpretes*, de Manuel Jerez, Jesús (ed). Granada: Comares.

[49] Varantola, K.(1980). On simultaneous interpreting [J]. *Publications of Turku Language Institute No. 1*. Turku: Turku Language Institute.

[50] Will, M. (2000). Bemerkungen zum Computereinsatz beim Simultandolmetschen [A]. In *Dolmetschen: Theorie — Praxis — Didaktik mit ausgewählten Beiträgen der Saarbrücker Symposien*, S. Kalina, S. Buhl and H. Berzymisch-Arbogast (eds).

Research on the Principles and Methods of the Computer-aided Interpreting Training Platform

Beijing Language and Culture University

XU Ming

Abstract: Firstly, the present paper systematically reviews the literature of CAIT research, clarifies the application status of ICT technology in interpretation teaching and practice. And then the author puts forward the design principles and methods of computer-aided interpretation training platform. The study finds that under the ICT technology environment, students' studying patterns are turning from classroom learning to multi-user and long-distance collaborative learning. Teachers' roles are turning from teaching to education and guidance. The design of online interpretation learning module needs to highlight students' autonomous learning and constructivist learning, realize the ecological storage and utilization of corpus, and construct a multi-modal, interactive, professional and efficient environment for interpretation learning. Openness, interactivity, conformity with students' cognitive characteristics, and taking into account the needs of students' individualized and lifelong learning should be the basic principles of CAIT system construction.

Key words: CAIT; computer-assisted interpreter training; principles and methods

开源云平台翻译模式研究

——以 GitHub 为例

重庆第二师范学院 / 荷兰特文特大学　对外经济贸易大学
李亚星[①]、崔启亮[②]

【摘　要】移动互联网时代下,"开放分享"的互联网思维正渗透到社会生活的各个领域。翻译行业的互联网转型以及与语言服务行业融合迎合了这种趋势。翻译的社会化、服务化属性愈加凸显。本文分析了当前包括商业云平台翻译在内的众包翻译所面临的问题,以开源理念为指导,结合 GitHub 云平台,从译前、译中、译后三个阶段,系统探讨了开源云平台翻译模式,并指出这种开放模式的三大优势:实现敏捷翻译,维持参与者热情,建设公有翻译云。开源云平台翻译模式势必成为一种新的翻译模式,为今后翻译云建设和公共语言资产的开放整合提供新的思路。

【关键词】开源翻译;翻译模式;云平台翻译;众包翻译;GitHub

---

① 李亚星,重庆第二师范学院讲师,荷兰特文特大学博士生。研究方向:技术传播、翻译与本地化、信息设计与跨文化。邮箱:y.li-6@utwente.nl。
② 崔启亮,对外经济贸易大学英语学院副教授,博士。研究方向:本地化翻译、计算机辅助翻译。邮箱:cuiql@sina.com。

一、引言

信息技术的发展促使翻译与技术的结合日趋紧密，不断催生出新的翻译模式。翻译技术的创新和翻译模式的变革，引领了翻译行业不断革新发展（Cronin, 2013）。从计算机辅助翻译、机器翻译再到机器翻译＋译后编辑，新兴翻译模式不断涌现。伴随云计算和人工智能等技术的发展，"翻译的社会化属性更趋明显"（胡安江，2017: 86）。以众包翻译和云平台翻译为代表的"互联网＋"语言服务模式是未来行业发展的必然趋势。

众包翻译将"原本过去交由专职译者执行的任务，外包给网络上的志愿译者来完成"（陆艳，2012: 74）。它具有规模化协作、开放式工作流程、译者非职业化、译者即读者等特点（同上）。众包翻译扩大了译者群体，激发了翻译热情，满足了信息时代即时性、碎片化、海量化的语言服务需求，极大地提升了语言服务的敏捷度，扩展了服务覆盖面。但众包翻译也面临译者水平层次不同，翻译质量参差不齐，翻译项目延续性不足，流程缺乏管理等问题（同上）。

鉴于上述问题，语言服务公司将众包翻译与自身翻译平台进行整合，开发基于商业云的翻译平台（以下简称"商业云平台翻译"）。商业云平台翻译是"包括先进技术、语言人才、数据资源、商业资源于一体的系统"（唐智芳、于洋，2015: 73），"可以通过资源匹配自动化、认证过程自动化、在线任务申请、在线协作编辑和可视化技术实现一站式的语言服务解决方案"（王华树，2017: 87）。国内外著名的云翻译生产平台包括 Memsource、MateCat、Tmxmall YiCAT、译马网、云译客等（闫欣等，2019: 23）。商业云平台翻译"是一种体现智能化、开放化、社区化的互联网特征的平台，……汇聚大众翻译需求，远程在线协作，节约翻译成本，提高翻译效率，是'互联网＋'时代语言服务的新模式"（唐智芳、于洋，2015: 73）。

商业云平台翻译看似是众包翻译的迭代升级，但与此同时，它实质上背离了众包翻译所秉持的"开放"和"分享"的互联网思维。语言服务需求方和提供方本质上依然是传统的封闭式关系。郝俊杰曾撰文指出，"随着商业资本的收编，一些众包翻译平台逐渐变味，甚至走向了民主管理的反面，成了商业资本宰制、剥削个体的手段（2016a：47）"。众包译者依然在众包翻译平台中受到的权利、技术与经济三方面的控制（同上），造成众包译者和众包平台严重的信息不对称以及伦理不公。

鉴于上述问题，郝俊杰提出树立民主管理理念，"在决策上广泛参与，……在管理上向被管理者和利益相关主体开放"（郝俊杰，2016a：47）。对于如何实现管理开放，陆燕提出将云平台翻译进行细分："翻译云应该区分私有云和公共云，以满足不同翻译模式服务商的需求……众包翻译可以通过公有云的方式，实现文化的传播和管理，而营利性的语言服务商则可以通过私有云的方式保护商业秘密，维护商业价值。"（陆艳，2013a：59）由于商业公司的逐利本性，上述国内外云翻译生产平台均是私有云，"平台低水平重复性建设严重……开放性、实用性不强，资源分散"（王传英等，2017：65）。在现阶段语言服务公司依然以中小企业为主的现状下（中国翻译协会，2019），私有翻译云的出现依然无法解决"翻译行业（语言）资源分散"的问题，唯有通过公有云的建设，才能"将分散的（语言）资源整合起来再以服务的形式提供给各方"（陆艳，2013a：58），真正推动语言服务业跨越式发展。

本文以公有翻译云建设为出发点，借鉴 GitHub 开源项目开发和管理流程，从译前、译中、译后三个阶段入手，以流程图形式展示基于 GitHub 的开源云平台翻译模式，梳理开源翻译管理优势，以期更好地服务于公共语言资产的整合与开放。

二、开源理念与 GitHub

公有和私有翻译云之争，与持续数年之久的开源与私有软件间的冲突如出一辙。软件行业在深受多年盗版之苦后，逐渐摒弃了以软件售卖为主的售卖模式，转向开放自己的软件，转型成为软件服务提供商（SaaS）。开源理念在其中扮演了重要角色。开源理念源自"自由、免费、平等、分享、参与和去中心化理念"的互联网思维（殷燕、刘军平，2016；王家义等，2018）。只要遵守开源许可协议，用户就能够自由使用、修改和分发软件源代码。著名开源软件包括 Linux、Android、MySQL、Chrome 等。开源软件倡导者雷蒙德（Raymond）在其著作《大教堂和集市》(*The Cathedral & the Bazaar*)中形象地将私有软件比作垄断的大教堂，开源分享软件比作开放的集市（Raymond, 2008）。这种人人为我、我为人人的理念，整合分享了人类智慧结晶，极大地发掘了人类创造力，为社会经济生活提供了极大的便利。《数字人类》(*Digital Human*)的作者斯金纳（Skinner）曾预言，在移动互联网时代下，开源分享的集市模式将引领人类的第四次数字革命（Skinner, 2018）。

  GitHub 就是这场开源运动的主阵地。GitHub 是世界上最大的开源及私有软件项目代码托管平台，为开发者提供了一套非常成熟的项目开发和管理流程。随着越来越多的应用程序转移到了云上，Github 已经成为管理软件开发以及发现已有开源代码的首选平台。截止 2019 年底，GitHub 拥有超过 4000 万开发者，过去一年共创建 4400 万个项目，共计产生 8700 万次合并申请，2000 万次议题讨论[①]。

  GitHub 平台基于开源分布式版本控制系统 Git，开发了一套名为 GitHub Flow[②] 的基于分支的轻量级工作流程，支持团队协作和项目更新。Github Flow 主要涉及项目所有者和项目开发者，其工作流程类似树状结构——在不影响主项目的情况下，项目开发者可以对项目进行分叉再创作，并由项目所有者进行最终审核和发布。基于 GitHub Flow 工作流程（如图 1），开发者能够基于项目本体，拷贝和创建个人专属项目分支（Create a branch），并添加提请（Add commit）对项目分支进行修改与追踪。当个人项目创作完成后，开发者可以向项目所有者提出拉取请求（Open a pull request），项目所有者可以同开发者讨论并评估修改（Discuss and review your code）。当双方达成一致后，更新后的项目可由项目管理者最终合并（Merge）和部署（Deploy）至主项目中。

---

① https://octoverse.github.com/
② https://guides.github.com/introduction/flow/

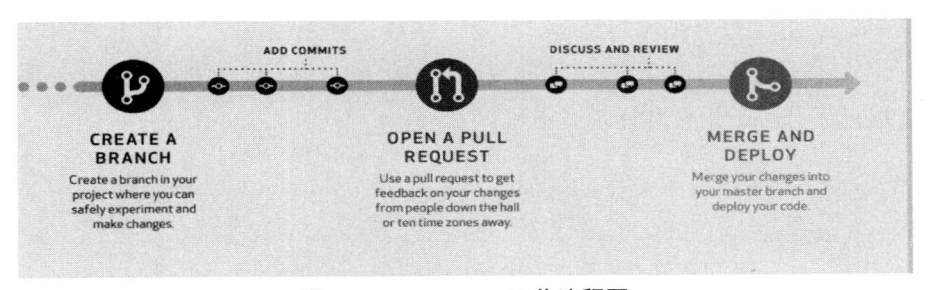

图 1　GitHub Flow 工作流程图
（Understanding the GitHub Flow GitHub Guides, 2021）

通过 GitHub Flow 工作流流程，能够实现在不影响主项目功能的情况下，对项目进行修改、部署和合并，实现代码的敏捷开发。如果将语言文字看作一种以信息为载体的"代码"，笔者认为基于 GitHub 平台，同样可以开发一套类似 GitHub Flow 工作流程的开源云平台翻译模式，以实现可视化、可迭代的翻译流程管理，持续产出开放、分享的公有云翻译资源。

三、基于 Github 的开源云平台翻译模式

截止 2020 年 2 月底，GitHub 上已经可以搜索到 54668 个与翻译有关的项目库，其中主要涉及软件开发、程序语言以及相关新闻的翻译及本地化内容。该现象说明已有众包团队正在利用 GitHub 平台开展翻译活动，管理翻译项目，分享翻译资源。其中 SwiftGGTeam 翻译组[①]、伯乐翻译组[②]等翻译团队，已经在 GitHub 上建立起了近百人的翻译团队，形成了一套完整的翻译项目管理流程，翻译数千篇外文文章，累计阅读量达到上亿次。此外，以 LingoHub、Weblate、Crowdin、POEditor 为代表的国外语言服务公司已经将 GitHub 集成到自己的云翻译平台中。但国内尚未有公司集成 GitHub，依然沿用自己的私有云平台（朱琳，2016：75）。笔者通过参考上述翻译组的翻译流程，将开源云平台翻译流程分为：译前、译中、译后三

---

① https://github.com/SwiftGGTeam/translation
② https://github.com/jobbole/translation-project

个阶段，并通过介绍项目经理、译者、审校三种角色在这三个阶段的分工协作，详述了每个阶段开源翻译流程与 GitHub 功能结合的具体方式。图 2 展示了开源云平台翻译模式流程。

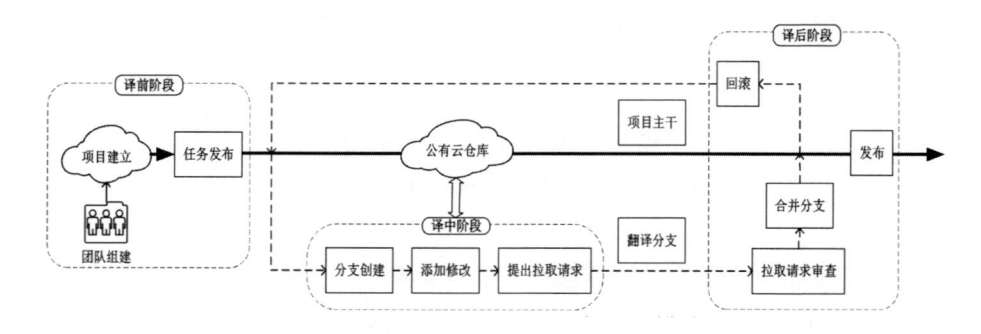

图 2　开源云平台翻译模式

（一）译前阶段

在众包翻译中，译前阶段最为关键的是项目经理（以下称为"仓库所有者"）如何找到合适的译者，以及如何将翻译任务推送给译者（邵璐，2019：129）。借助 GitHub 平台，仓库所有者能够快速建立翻译项目库，组建翻译团队并精准收集和推送翻译任务。

（1）项目建立（Repository & Wiki）

项目库建设是指译前阶段所有云平台的搭建工作。GitHub 支持仓库所有者利用仓库（Repository）功能"一键式"搭建翻译项目平台。仓库就好比一个"公有云"，能够上传所有项目资料，记录每个文件的修订情况，并在仓库中线上讨论并优化项目流程。此外，仓库所有者还通过项目知识系统功能（Wiki）为项目编写项目要求、流程、风格指南、术语库等项目文档，方便项目维护。

（2）团队组建（Collaborator）

项目库建设完毕后，仓库所有者邀请团队成员进行项目协作。GitHub

支持多种团队组建方式（组织模式Organization、协作者模式Collaborator等）。对于单个项目协作，最佳方式为协作者模式（Collaborator）。协作者模式支持仓库所有者添加无限量协作者，协作者在接受邮件邀请后，拥有该仓库的协作者权限。根据权限的不同，协作者可以分别承担译者和审校角色。

(3) 任务发布（Issue）

在完成团队组建后，仓库所有者通过议题（Issue）功能，正式发布和分配翻译任务。议题相当于一个贴吧，仓库所有者和协作者都能够发起和关闭议题，任何人都可以在打开的议题中，发表自己的意见。仓库所有者将翻译任务打包好后，就可以在议题中进行发布，还可以指定对象接收（Assignees），并利用标签功能（Labels）标记出当前翻译任务的状态，比如未分配、已分配、已翻译、已校对等，追踪翻译进度。

(二) 译中阶段

译中阶段能够充分发挥译者主观能动性，但"译者在虚拟环境下工作，对翻译任务缺乏整体了解，缺少监管与规范，这是发挥译者主体性的不利因素"（郝俊杰，2016b：26）。只有通过翻译主体间频繁交互，构成"密实的主体间性"，就能形成"群体智慧"（同上）。由此可见，为了在译中阶段确保译文质量，就要让译者充分了解整个翻译任务，增进译者之间交流，加强监督和规范。而前述的"GitHub Flow"工作流程就为翻译项目提供了一个很好的译中阶段管理范本。

(1) 分支创建（Branch）

首先，译者在领取任务后，即可创建属于自己的翻译分支。分支是指在不影响项目主干（Master Branch）的情况下，对仓库进行拷贝，并在拷贝分支上进行翻译工作，从而隔绝对主项目的影响。

(2) 添加修改（Commit）

创建翻译分支后，译者即可下载仓库中所有翻译资料，从而了解整个翻译项目概况。该项目由 Git 分布式版本管理系统进行管理，因此译者每次添加翻译修改后，Git 都会分配一个专属的 SHA 哈希值[①]，记录翻译修改，从而追踪翻译修改。

此外，译者在翻译过程中遇见任何问题都可以通过议题功能进行讨论，并通过 Wiki 功能更新项目文档。通过这种翻译社区式的交流，译者"以共同感兴趣的翻译价值的实现体现社区的认同感和归属感"（陆艳，2013b: 60）。仓库所有者和审校不再处于翻译流程终端，而是实时参与翻译互动。

(3) 提出拉取请求（Pull Request）

当完成翻译任务后，译者即可提出拉取请求，要求仓库所有者或审校对译文进行审查。提出拉取请求和议题页面的功能相似，但在翻译项目中的目的不相同，所以在仓库中分属两个不同的功能模块。所以为了避免混淆，在提出拉取请求时，应标明议题编号，添加"请求校对"标签，并将议题标签进行相应更改。仓库所有者和审校可以查看相关修改记录以及议题，掌握译者翻译情况。

(三) 译后阶段

译后阶段最为关键的问题是如何有效监测译文错误，并及时发布和监测最终成品。GihHub 通过拉取请求审查、合并分支、回滚等多个功能确保最终成品的质量。

(1) 拉取请求审查（Review）

当拉取请求列表中出现译者的拉取请求后，仓库所有者可指定若干名审查者（Reviewer）承担审校角色。审查者会立即收到要求审查通知，并在线对拉取请求中的译文进行校对，并对有疑问的译文行进行注释（Comment）或请求修改（Request Changes）。译者可以就注释与审校进行

[①] 安全散列算法（英语：Secure Hash Algorithm，缩写为 SHA）是一个密码散列函数家族，是 FIPS 所认证的安全散列算法。

交流，也可以直接接受审校修改译文。GitHub 可以将前后译文修改之处标识出来，以便审校再次查看。只有当所有疑问处都解决后，审校才可以点击同意（Approve）合并，然后进行下一步操作。

(2) 合并分支（Merge）

当所有审校完成校对并同意之后，仓库所有者即可再次审核，然后将分支合并（Merge）到项目主干支中，从而完成整个翻译流程。

(3) 发布（Deploy）/ 回滚（Revert）

译文合并至主干后，即可自动发布更新。如发现发布内容有误，仓库所有者还可以通过前述记录修改的 SHA 哈希值回滚（Revert）至之前版本，最快速度清除错误，降低损失。这样不仅实现了版本的有效控制，还可以追责错误主体，溯源错误原因。

四、开源云平台翻译模式优势

借助 GitHub Flow 工作流程及 GitHub 相关功能，能够快速搭建起一个基于 GitHub 的开源云翻译平台，迅速组建翻译团队，开展翻译项目管理，实现项目持续、稳定、高效运营。相较于众包翻译和商业云平台翻译的译者水平层次不同、翻译质量良莠不齐、项目延续性不足、流程缺乏管理、资源分散和平台重复性建设等问题，开源模式将翻译流程、翻译社区、翻译成品完全开放分享，有助于实现敏捷翻译、维持参与者热情以及建设公有翻译云。

（一）开源翻译流程有助于实现敏捷翻译

借鉴软件开发中的敏捷开发模式，在开源翻译流程译前阶段，项目经理将源文拆分为碎片化的翻译任务，在不影响源文理解的基础上，不断派发给译者翻译。译中阶段，译者通过建立翻译分支，拥有上传、下载和修改包括项目要求、源文、风格指南在内的翻译资料权限。译后阶段,通过多次校对以及发布、回滚等多种功能实现质量控制,从而实现翻译项目"并行的、点对点式的(Peer to peer)、动态开放的开发模式"(殷燕、刘军平,2016:114)。整个开源翻译流程管理由项目经理(仓库所有者)、译者和审校共同参与维护,并通过翻译分支实现翻译并行,译文不断迭代更新,持续推送用户,实现敏捷翻译。

(二)开源翻译社区有助于维持参与者热情

包括云平台翻译在内的众包翻译"以志愿者方式为基础,(但)保持参与者持续的热情是应用模式创新的要点"(陆艳,2013b:60)。首先,"众包翻译平台不能只将众包译者当作完成翻译任务的手段,而要充分考虑众包译者的价值需求、心理需求、交往需求、经济需求。而且,也只有充分满足了译者个体需求,众包平台才能可持续发展"(郝俊杰,2016a:47)。而开源翻译社区打破了传统翻译权利关系,显性化翻译过程,能够让所有参与者全程参与翻译管理,目睹翻译成品诞生,从而满足了译者的价值、心理和交往等需求,维持其持续参与的内在动机。

其次,众包翻译"以'非物质主义取向'和(拥有)'利他主义工作伦理'"(殷燕、刘军平,2017:150),"中国的网络大众翻译参与者不仅仅将自己的身份限制于译者,而是具有高度文化意识甚至社会责任感的匿名精英"(曹艺馨,2015:81)。因此,扩大翻译成品传播影响力是大众翻译参与者参与众包翻译的主要外在动机。开源翻译社区让大众零距离享受翻译成果,不仅满足了译者的个体需求,也最大化限度实现了众包翻译的社会功能。

(三)开源翻译成品有助于建设公有翻译云

首先,从资源整合上看,在同一平台上开源翻译成品,能够有效整合翻译资源,建设高质量公有翻译云,减少"平台低水平重复性建设",解决翻译资源分散问题。此外,根据不同翻译项目和应用场景,可以"定制化"整合开源翻译成品,形成特定领域的公有翻译云,从而提高公有云的实用性。

其次，从选题价值上看，"众包译者能够自己从巨量信息中找到最符合国家、民族、时代需求的那一部分进行翻译，达到信息生产和消费的最高效率"（曹艺馨，2015：81）。因此，开源云平台翻译模式，能够集合"群体智慧"，迅速建立翻译项目，以最高效率找到最有需求的信息进行翻译，而这些翻译成品也相应形成了国家、社会所需的公共语言资产成品，从而"实现文化的传播与管理"。

五、结语

未来的语言服务将是开放、免费的，未来互联网将会出现更多免费开放的技术平台和开源软件（唐智芳、于洋，2015：74）。"互联网翻译的零边际成本现象已经打破了翻译、出版业的旧格局，新格局正在'开源分享'的伦理基础上进一步酝酿"（殷燕、刘军平，2016：114）。如何将这种开源分享的互联网理念深度融入语言服务实践和管理之中，转变语言服务业务模式，适应未来社会经济发展，成为语言服务行业的新课题。针对当前商业云平台翻译众包翻译所面临的问题，本文以开源理念为指导，结合GitHub公有云托管平台，从译前、译中、译后三个阶段，探讨了开源云平台翻译模式流程体系，并指出该模式有助于实现敏捷翻译，维持参与者热情，建设公有翻译云。开源云平台翻译模式势必成为一种新的翻译模式，为今后翻译云建设和公共语言资产的开放整合提供新的思路。

[基金项目] 本文系重庆市教育教学改革项目"电子档案袋在翻译课程中的应用研究"（203481）、重庆第二师范学院科研项目"计算机辅助翻译技术下的字幕翻译项目管理与翻译标准探讨"（KY201724C）阶段性成果。

【参考文献】

[1] 曹艺馨. 互联网大众翻译模式微探：历史、现时、未来 [J]. 中国翻译，

2015, 36 (05): 78–82.

[2] 郝俊杰. 众包翻译的伦理探索 [J]. 上海翻译, 2016a (04): 43–49.

[3] 郝俊杰. 众包翻译国内外研究综述 [J]. 东方翻译, 2016b (02): 25–30.

[4] 胡安江. 数字化时代的"众包"翻译模式及其相关问题探讨 [J]. 外语教学, 2017, 38 (03): 86–90.

[5] 陆艳. 众包翻译模式研究 [J]. 上海翻译, 2012 (03): 74–78.

[6] 陆艳. 云计算下的翻译模式研究 [J]. 上海翻译, 2013a (03): 55–59.

[7] 陆艳. 众包翻译应用案例的分析与比较 [J]. 中国翻译, 2013b, 34 (03): 56–61.

[8] 邵璐. 人工智能驱动下的众包翻译技术架构展望 [J]. 中国翻译, 2019, 40 (04): 126–134.

[9] 唐智芳, 于洋. "互联网+"时代的语言服务变革 [J]. 中国翻译, 2015, 36 (04): 72–75.

[10] 王传英, 崔启亮, 朱恬恬. "一带一路"走出去的国家语言服务基础设施建设构想 [J]. 中国翻译, 2017, 38 (06): 62–67.

[11] 王华树. 语言服务的协同创新与规范发展——2016中国语言服务业大会暨中国译协年会综述 [J]. 中国翻译, 2017, 38 (01): 85–88.

[12] 王家义, 李德凤, 李丽青. 大数据背景下的互联网翻译——开源理念与模式创新 [J]. 中国翻译, 2018, 39 (02): 78–82.

[13] 闫欣, 陈瑞哲, 张井. 翻译技术云平台的发展现状与趋势 [J]. 中国科技翻译, 2019, 32 (01): 22–25.

[14] 殷燕, 刘军平. 互联网翻译行业伦理基础解读——雷蒙德开源理念观照下的互联网翻译伦理研究 [J]. 西安外国语大学学报, 2016, 24 (03): 111–114.

[15] 殷燕, 刘军平. 互联网翻译"文化公共空间"的衍变研究 [J]. 长白学刊, 2017 (02): 144–150.

[16] 中国翻译协会. 2019中国语言服务行业发展报告 [R]. 2019.

[17] 朱琳. 翻译众包的崛起及其对翻译行业发展的影响 [J]. 上海翻译, 2016 (02): 71–77.

[18] Cronin M. *Translation in the Digital Age* [M]. Routledge, 2013.

[19] Raymond E. *The Cathedral & the Bazaar: Musings on Linux and Open Source by an Accidental Revolutionary* [M]. Sebastopol: O'Reilly Media Inc, 2008.

[20] Skinner C. *Digital human: The fourth revolution of humanity includes*

everyone [M]. West Sussex, United Kingdom: Marshall Cavendish International (Asia) Pte. Ltd; Wiley, 2018.

[21] Understanding the GitHub flow • GitHub Guides [EB/OL]. 检索日期：2021年05月28日．网址：https://guides.github.com/introduction/flow/.

Open Source Translation Management: The Modes of GitHub Translation Projects

Chongqing University of Education/University of Twente

LI Yaxing

University of International Business and Economics

CUI Qiliang

Abstract: In the era of mobile Internet, the Internet thinking of open-source is penetrating into every field of social life. The turn of translation industry into IT sector and language service are catering to this trend, and the social nature of translation is increasingly prominent. This paper analyzes the current problems faced by crowdsourcing translation (including commercial cloud platform translation). Guided by the open source concept, combined with GitHub cloud platform, this paper systematically discusses the open-source cloud platform translation mode from three stages: pre-translation, during translation and post-translation, and points out that this mode helps to achieve agile translation, maintain the enthusiasm of participants, and build a public translation cloud. Open source cloud platform translation mode will become a new translation mode, which will provide a new perspective for the future construction of translation cloud and the open integration of public language assets.

Keywords: open source translation; translation mode; cloud platform translation; crowdsourcing translation; GitHub

翻译实践 ▶▶▶

科技典籍翻译：问题、方法与技巧

华中科技大学
许明武[①]、李 磊[②]

【摘　要】中国科技典籍外译是传播中国古代科学技术、彰显国家力量和塑造民族形象的有效途径。然而中西方语言、科学范式和思维方式间的差异常使中国科技典籍外译困难重重。本文从人称代词、专有词、句子结构、信息呈现、语义、语法、语篇等方面详述了中国科技典籍外译时的疑难点并给出了人称代词灵活使用、专有词音译或音译加注、关键信息增译、次要信息省译、句内关系显化、句子结构重组和语义、语法、语篇转换六种相对应的翻译方式。

【关键词】中国科技典籍；英译；翻译技巧

一、引言

20世纪末，费孝通提出"文化自觉"以应对西方文化的冲击和经济日益全球化局面（宋晓春，2020），只有在充分理解和认识本民族文化的前提下，才能进行文化之间的对话和交流，中国才能在多元文化并存的

[①] 许明武，华中科技大学外国语学院教授，博士生导师，研究方向为翻译理论与实践，邮箱：xumingwu@hust.edu.cn。
[②] 李磊，华中科技大学外国语学院研究生，研究方向为翻译理论与实践，邮箱：lilei321@hust.edu.cn。

世界新格局下确立自己的文化地位（费孝通，1998；邵飞，2020）。新时代"文化自信"语境下，向世界推介中华民族优秀的文化作品已成为当下重要问题。在此背景下，我国典籍翻译活动及其研究展现出强劲的发展势头，最引人注目的当为《大中华文库》翻译出版工程、"中国图书对外推广计划""经典中国国际出版工程"等（邵飞，2020）。然而，民族典籍的翻译和传播研究总体说来起步较晚（王宏印，2017），典籍翻译理论研究尚不深入、缺乏系统性（邵飞，2020），科技典籍翻译及相关研究更是处于起步阶段（王燕、李正栓，2020）。目前，国内外较系统、成规模地出版中国科技典籍外译的应为国家重大出版工程《大中华文库》中的科技类汉英对照版本（王燕、李正栓，2020）。典籍外译难点重重，要想既保留中国文化神韵，又符合西方读者审美和阅读习惯，翻译实践研究必不可少。王宇弘、潘文国（2018）曾指出翻译策略和方法也即"怎么译"是典籍翻译的四大核心问题之一，有极大的讨论空间。围绕翻译实践中遇到的问题进行针对性的分析，在实践中摸索翻译方法，制定一套或多套卓有成效的翻译实践理论体系是当今典籍外译有效开展的必要条件。

二、科技典籍翻译方法及其决定性因素

在诸多体裁的文本翻译活动中，中国科技典籍外译涉及的翻译方法和技巧逐渐成为学者们频繁讨论的话题。其独特的文字表达、特殊的体裁规约及内在的文化属性很大程度上扩展了该领域翻译方法的种类和翻译技巧的使用。刘性峰、王宏（2017）曾简要总结了中国科技典籍外译中的常用方法，包括但不限于"增译、减译、转译、阐释、音译、直译、意译、加注、造词、音译加注、直译加注、意译加注"等等。近年来，随着"中国文化走出去"战略的提出和"文化自信"的时代号召，中国科技典籍的翻译原则逐渐从归化向异化靠拢，音译加注的方式被频繁使用。各式各样的翻译方式无一不体现着译者在力求发挥科技文本信息传递功能的同时，对中国古代文化完美呈现的追求。

在翻译实践中，常见的翻译方法主要有两大类：零翻译、音译、逐词

翻译和直译等异化策略指导下的翻译方法，和意译、仿译、改译和创译等归化策略指导下的翻译方法。而翻译技巧则是这些"翻译方法在具体运用时所需的技术、技能和技艺"（熊兵，2014），其使用受限于译者身份与国籍、时代背景、文本体裁、读者群等各种内在与外在因素。这些因素组成了译者的存在境遇（宋晓春，2020），是翻译目的的构成因素，也决定了翻译策略、方法的运用以及典籍的传播效度。

  不同身份、国籍的译者对译文的要求并不一致。学者型译者或会更注重文本的规范性和准确性，非学术型译者则以语言的流畅性和内容的可读性为主要准则；中国本土译者多会采用异化策略，而西方译者则更倾向于归化策略。以《黄帝内经》外译为例，外国译者对《黄帝内经》的"译入"在西方学界的传播和接受度最高，但误译情况较多；中国译者的"译出"惯以"直译为主意译为辅""保留中医语言的多义性和神秘感"为翻译原则，所作译文准确度最高，但传播度最低（闵玲，2021）。翻译活动的时代背景也与翻译策略有着密不可分的关系。首先，不同时代的语言特征各不相同，古代有古汉语、古英语，现代有白话文、现代英语。其次，不同时代赋予翻译活动的意义也千差万别。在中外文化交流处于萌芽阶段的20世纪，翻译活动更为重视文本的"可读性"；而在新时代"文化自信"背景下，"忠实性"原则又被高举，例如《大中华文库》典籍外译常用方法就包括直译、意译、人名/地名/术语音译、加注解释等（王燕、李正栓，2020）。影响翻译选择的还有文本本身和读者群。关于前者，不同体裁与题材都有着相应的文本规范，比如科技文本必须信息明确、逻辑连贯、陈述客观。关于后者，读者群若设定为非专家读者，译本语言多流畅自然，为普及型翻译——以美国汉学家杜润德译作为例，他所翻译的《左传》《史记》面向的就为普通读者，因此其译本语言流畅、现代感强、故事性情节较多、人名也做到了统一；若译者对读者群文化素养有一定的要求，则译本注释多而全面，为学术型翻译。综上可见，翻译策略与方法的选择并没有一成不变的标准，需要具体问题具体分析。任何翻译在真正意义上都是"临时性的"（provisional），不存在"完美翻译"（魏泓，2019）。

三、科技典籍翻译技巧分析

本文以《古代汉语词典》(第2版)翻译实践为例,探讨当前时代背景下科技文本的翻译技巧。该词典由商务印书馆辞书研究中心修订,收录词条中部分为典型的科技文本,涵盖古代以正统书面语言写作的有代表性的古籍,其中又以先秦两汉的古籍为主。

科技典籍语言的多义性、修辞性以及中西方科学范式之间的"通约性"造成了科技文本翻译难点重重(刘性峰,2020;赵小晶、王昊昊,2021)。首先,中国科技典籍由古代语言构成,表达丰富、句式优美,文学属性较强(赵春龙、许明武,2019);其次,由于科技是人类的"境遇性存在",东西方科学在本体特征、概念范畴、认识和思维方式、语言表征及研究方法等方面存在较大差异(刘性峰,2020),因而相关典籍需依赖译者的诠释才能实现正确的理解。本文以作者自身翻译实践及现存权威译文为例,从人称代词、语气词、专有词、句子结构、信息呈现,以及语义/语法/语篇结构等方面详述了译者在翻译科技文本时所采取的翻译技巧,以期对后续科技文本翻译有所启发和帮助。

(一)人称代词使用

翻译中人称代词的使用主要有两种目的,一是补充原文没有的主语或宾语,二是凸显科技文本的交际意义。首先,中文语言的暗示性较于英文表达更强,主语、谓语动词、宾语在形式上常常缺位,这就需要译者将其补全。如:

例1:
原文:凡揉辀,欲其孙而无弧深。
译文:When roasting shafts, <u>they</u> would curve the wood along the grain instead of bending it too deeply.

该词条节选自《周礼·考工记·鲍人》，是对"鲍人"工作内容的简短介绍。原文主语缺失，译者在其基础上增补人称代词"they"使施动者更为明确具体。此外，科技文本一般语言正式、陈述客观，以精准传递信息为首要宗旨，因此表达常无人称化（impersonal），但若在典籍外译仍保留这样的特点便不利于中国古代文化的传播和接受。为了使科技语言更为生动却又不失其客观性，译者会利用人称代词"you"来拉近作者与读者之间的距离。如：

例 2：
原文：寒具，即今馓子也，以糯粉和面，入少盐，牵索扭捻成环钏之形，油煎食之。
译文：*Hanju is known as the fried dough twist. It is a mixture of glutinous rice flour and a little salt. After twisting that to a ring, <u>you</u> fry it and then, <u>you</u> can enjoy it.*

此例为对"寒具"一物做法的介绍。译者在原文的基础上增补了人称代词"you"以强调科技文本长久以来被忽视的交际意义。此时，文本不再是单一的信息传递，作者和读者双向的互动和对话成为可能。需注意的是，人称代词添加的前提是弥合中英文语言的差异，在某些情况下人称代词则要谨慎使用。如：

例 3：
原文：挽弓开不得，臂瘓怯梳头。
译文：*Holding the bow, while <u>I</u> can't draw it. My arms are paralyzed and <u>I</u> am afraid of combing my hair.*

此例节选自《医宗金鉴·刺灸心法要诀·曲池穴歌》，是对某种疾病症状的描述。这里"I"的添加同样是译者补充主语的做法。需要注意的是，当与疾病这样的负面信息相关联时，"he"或"she"这样有明确性别指向的人称代词应尽量避免。

（二）关键信息增译、次要信息省译

中国古代科技典籍在讲述古时科技性存在的同时也极尽文学属性，客观叙述与各种说理、评价、修辞手法并行。这与西方行文模式显然不同，后者通常紧绕科技主题展开，属于典型的科技文本。面对中文典籍中典型科技文本和非典型科技文本共存的情况，梅阳春（2014，2018）认为科技性内容是翻译的重中之重，而与科技主题联系松散的信息，译者可酌情删减以确保"译作学科领域界限的明确性和主题的科学性"。参考这一原则，在实践过程中视典型性科技文本为关键信息，非典型性文本为次要信息，并在此基础上选择相应的翻译方法和技巧，如例4、例5：

例4：

原文：天子用全，上公用龙，侯用瓒，伯用将。

译 文：The emperor makes use of the pure jade <u>with a single color</u>. The dukes make use of the jade <u>with mixed colors</u>, in which there are <u>four-fifths jades and one-fifth stone</u>. The marquises make use of the impure jade, in which there <u>are three-fifths jades and two-fifths stone</u>. The earls make use of the jade stone, in which there is <u>half jade and half stone.</u>

中文在译成英文时，各自文化领域的"前语境、前经验、前知识"经过碰撞会融合成一种新的视域（林广云等，2020）。本例中"天子""上公""侯""伯"地位上的差距依托于"全""龙""瓒""将"四物体现，那么四物之间的差异便是本句的关键性信息。然而后者在中文语境中属于常识性知识，在西方文化语境中则需增补信息以助目的语读者明晰词汇内涵。

例5：

原文：中国炼金术起自何时，难于稽考。道家相传始于黄老。道书称：<u>黄帝访泰壹赠以金丹九颗，帝与诸人分食，丹色泊手如沃，至</u>

浦口浴之，江水尽赤，后帝又由浮丘得炼丹之法，求鼎炼丹，丹成乘龙飞升云云。老子生当春秋之世，得换丹金液之秘诀，亦修炼成仙，其说固虚诞难信。然据史乘所载：在战国时代，最盛行长生不老之术，然发源于战国以前，当无可疑。

译文：*It is rather difficult to ascertain when the study of alchemy in China began. The oral tradition of Taoism attribute it, of course, to the Yellow Emperor and also to Laotzu (? 604-500? B.C.), but the Chou period — about 400-255 B. C. — would seem to be historically sounder.*

本例首句为主题句，行文围绕"中国炼金术起自何时"展开。"道书称"后面的内容则是对"道家相传始于黄老"的补充，具有传说性质，真假不可考据，属于科技文本中的非典型性信息，对此译者选择了删减浓缩的减译方式。除了与科技主题无关的内容，译者还将中文表达中的语气词视为非典型性科技信息，翻译时多省去不译（见例6、例7）。

例6：
原文：春气奋发，万物遽只。
译文：*The spring is in the air with a vigorous momentum and everything appears keen to grow.*

例7：
原文：叔马慢忌，叔发罕忌。（发：射箭）
译文：*His gray and yellow steeds go slow; the arrows he shoots become rare.* （发 fā: shoot an arrow）

语气词是文本人际功能的体现，常用虚词表示。现代汉语语气词英译时译者一般会选择具有对应情态功能的动词来凸显原文的人际意义（唐青叶、李东阳，2007）。这种方式对古籍翻译也同样适用，毕竟古籍翻译存在一个二度翻译过程：古代汉语——现代汉语——现代英语（罗选民、李婕，2020）。然而，情态动词通常会透露出某种观点和态度，这却有违科技文本的客观性,因此在科技文本外译中常做省译处理。

(三)专有词音译

音译加注的翻译方法一向是译者翻译典籍时的首选。当前,"文化自觉"始向"文化自信"过渡,在"中国文化走出去"战略的指引下,典籍外译原则从过去的"确保可读性"逐渐转变为"高度保留典籍中的'民族性'和'多样性'"(王燕、李正栓,2020)。这一点在专有词的翻译上体现得最为明显。中国科技典籍翻译的难点之一便是中西科学范式之间的不可译性(赵小晶、王昊昊,2021)。面对含义抽象且极具中国古代科技特色的专有词汇,译者通常会选用音译或音译加注的方式来呈现中国古代科技与文化图景,如例8、例9、例10:

例 8:
原文:[日]至于渊虞,是谓高舂;至于连石,是谓下舂。
译文:When the sun arrives at Yuan Yu, this period is called Gao Chong (literally it means pounding paddies with the pestle put up high, and this is normally done before dusk). When it arrives at Mount Lianshi, this period is called Xia Chong (literally it means pounding paddies with the pestle put up at low positions).

例 9:
原文:其精阳气上走于目而为睛,其别气走于耳而为听。
译文:The pure Yangqi infuses into the eyes and that is why people can have a good eyesight, another branch of Qi flows into the ears and that is why the ears can hear.

例 10:
原文:按尺寸,观浮、沉、滑、濇而知病所生。(尺寸:指尺脉和寸脉)
译文:By pressing Chi and Cun and studying the floating, sinking, slippery and unsmooth [states of the pulse], [one is able to] know [where] the

disease is located.

例 8 中运用音译加注的方式解释了"高眘"和"下眘"的字面语义。例 9 和例 10 中画横线处为典型的中国文化专有词。其中，目的语读者对阴阳概念早已有所耳闻，"阴阳"译为"Yin and Yang"已是翻译惯例。而"尺寸"是中医术语，为人体脉络的名称。原句中的"按"和"观"两个动作一先一后发生，由于行为主体一致，译者在开篇并未将"尺寸"译为"Chi pulse and Cun pulse"，仅在后文点明，以避免表达重复。其实，中国典籍外译早已开展多年，在诸多科技典籍英译本中，医学和地学两类典籍译本在国外最受欢迎（林广云等，2020）。这也意味着中国医学术语对于西方读者而言不再陌生，极大提高了专有词音译的可行性。

（四）句内关系显化

中英文最大的差异之处在于句与句之间关联性的强弱。汉语重意，结构松散，对逻辑关系的理解高度依赖于语境；英语重形，结构严密，多靠关联词强调句内逻辑关系（陈银洲，2009），句与句之间或以"先后关系彼此关联，或以因果、条件、假设等逻辑关系相互链接"（梅阳春，2018）。因而在中译英时需要译者通过添加各种关联词来显化原文的逻辑，如例 11—15：

例 11：
原文：芥似菘而有毛，味辣。（转折）
译文：*Mustard looks like cabbage, <u>but</u> is hairy and tastes spicy.*
例 12：
原文：汗出见湿，乃生痤疿。（假设）
译文：*<u>If</u> sweating is complicated by invasion of Dampness, it will cause small furuncle and prickly heat.*
例 13：
原文：太阳病三日，已发汗，若吐，若下，若温针仍不解者，此

为坏病。(平行)

译文：*Initial Yang syndrome: After three days' treatment of <u>diaphoretic, or emetic, or purgative, or moxibustion</u> with a warm needle, if the syndrome is not gone, then it turns to be a mistreated disease.*

例 14：

原文：击兵同强，举围欲细，细则校。(目的)

译文：*Weapons used for attack should be similarly stable and strong while the handle should be thin, <u>so that</u> it will be very firm when used in attacking the enemy.*

例 15：

原文：脉浮而解者，濈然汗出也。(因果)

译文：*If the pulse is floating and the syndrome is gone, <u>it is for</u> the perspiration has been already sweated.*

（五）句子结构重组

如上文所述，意合和形合是汉英语言之间的重要区别特征。因此，中文语言简洁，常借助意义构成行文的连贯（高迎慧，2012），而英语中复杂句则较为常见，作者会依赖于词的曲折变化、虚词等各种手段将所有与中心话题相关的信息"串联"在一起（汤金霞、梅阳春，2015）。一般而言，中译英时译者会使用合译的翻译技巧去强调科技信息的翔实；英译中，则选择分译的方式使语言更符合中文表达习惯，如以下实例：

例 16：

原文：<u>[带山]有兽焉，其状如马。一角有错，其名曰䑏疏，可以辟火。</u>

译文：*There is an animal called huanshu which looks like a horse with a horn like a whetstone and can be used to guard against fire.*

例 17：

原文：<u>鱼肠肥曰䱙。此鱼肠腹多脂，渔人炼取黄油然灯，甚腥也。</u>

译文：The fish with much grease in gut is called gù. And fishermen refine oil from the grease for lighting, while the smell of seafood remains.

例 16 中译者在不损失原文语意的情况下将中文的五小句合译为英文的一句，并将表示身份的信息"其名曰䑏疏"提前，以符合英文"开门见山"的表述习惯。例 17 中，原文直译后为"The fish with much grease in gut is called gù. This kind of fish has full grease in hut, and fishermen refine oil from it for lighting, while the smell of seafood remains"，显然"鱼肠肥"信息多次重复，为避免语言啰唆，译者在此将中文的前两句进行了合译。

（六）语义、语法、语篇转换

"转换（shift）"是指把原文某些语言单位转换为目的语读者熟悉的且具有类似/对应/异质属性语言单位的过程，涉及语音、语义、语法、语篇、语用等各个层面（熊兵，2014）。这里重点说明译者翻译时在语义、语法、语篇三个层面上的做出的转换。

（1）语义转换

例 18：

原文：黄帝则东海南江，登空蹑岱，至于昆峰振辔，崆山访道，存诸汉竹，不可厚诬。

译文：The Yellow Emperor went to the sea in the east and the river in the south, climbed up the peaking Mount Kunlun and Mount Kong to discuss Taoism, which was recorded in <u>history</u>. This could not be stigmatized.

例 19：

原文：<u>中国</u>未安，米谷荒贵。

译文：<u>The Central China</u> was unstable, and food was expensive because of shortage.

例18和例19均涉及古今视角的转换。例18节选自《晋书·地理志上》，翻译成白话文为"黄帝东至海滨，南及长江，登临空山岱岳，有关他曾在昆仑山振辔驭马、前往崆峒山寻访至道等事，已经记载在竹简上，不能欺骗后世之人"。竹简是战国到魏晋时代主要的书写材料，所记事件在《晋书》写成的时代唐代乃至当今看来可称得上是"史实"，因此译者在用现代英语翻译时将"汉竹"处理为"史册"。例19节选自《后汉书·天文志上》，当时的"中国"与现代意义上的"中国"并不等同，秦汉到唐这一阶段"中国"一般用于指"中原地区"（杨建新，2006），因此此处应译为"Central China"。

例20：

原文：<u>普天</u>织葛、苎、棉布者，用此机法，布帛更整齐、坚泽，惜今传之犹未广也。

译文：When used to weave hemp and cotton cloth in <u>China</u>, the products look stronger, cleaner and brighter. However, the practice has not become widespread.

例20涉及的是中西方视角的转换。"普天"出自《诗经·小雅·北山》，其中"普天之下莫非王土"这一句是建立在以中国为坐标中心的前提下提出的。因此中文语境中的"普天"意即"中国"，在译为英文时需特别注意中西方在地域视角上的不同。

例21：

原文：<u>风温为病</u>，脉阴阳俱浮，自汗出，身重多眠睡，鼻息必鼾，语言难出。

译文：<u>Patients with warm disease</u> tend to have strong pulse with too much sweat. Heavy and drowsy, they usually snore when they breathe through their nose and are too winded to talk.

本例为主语转换。原文是一则关于"风温病"症状的介绍。严格意义上讲，各小句主语并不一致。首句主语为"风温"，余下主语缺失，但借助于常识性知识中文读者一眼便可知后五小句为平行关系，主语均为（病）人。因此译为英文时，译者选择"病人"而非"病"作为主语以确保主语一致，逻辑连贯。

例 22：
原文：<u>五脏六腑</u>之精气，皆上注于目而为之精，精之窠为眼。
译文：*The essence of the <u>internal organs</u> is shown through the eyes, and the hole of the essence is the eyes.*

此例为具体—概略转换，即把原文对某一事物的具体化表述用概略性的语言重新表达，避免行文过长，造成头重脚轻。

例 23：
原文：盖此类之视小麦，精粗贵贱<u>大径庭</u>也。
译文：*Buckwheat is <u>greatly different from wheat, and it ranks far below</u> wheat in quality and price.*

此例为概括—明晰转换，即把原文概括化的信息明晰化。

(2) 语法转换

常见的语法转换有语序转换、主动—被动转换、主语—话题转换（熊兵，2014）。下文便是主动—被动转换的一个实例。

例 24：
原文：<u>凡响铜入锡参和成乐器者</u>，必圆成无钎。
译文：*<u>Musical instruments are made with a mixture of tin and copper.</u> The metal must be one piece and not solder. All round or square articles*

can be soldered over a flame.

(3) 语篇转换

英语会将重要信息或观点置于主句位置，次要信息则以状语、定语等形式呈现，各信息模块之间有严格的层级关系。而汉语体现的则是一种综合思维，信息之间没有严格的主次之分（陈银洲，2009），行文往往缺少显性中心（汤金霞、梅阳春，2015），即便有也通常出现于文本末端。因此汉英翻译时需注意语篇结构的调整和转换。

例 25：
原文：面上痱瘖，土瓜根捣末，浆水和匀，入夜别以浆水洗面涂药。

译文：<u>It is good for treating heat rash</u>. Pound its roots into pieces and mix them with thick water. When night falls, spread the mixture on the face after washing with thick water.

此句译者对原文进行了结构重组，开篇"It is good for treating heat rash"亮明主题，使文本符合目的语语篇结构的规范。

四、结语

本文以自身翻译实践及现存权威译文为例，所作译文在词汇、语法、句式结构、语篇等方面既有归化策略的痕迹亦有异化策略的指引，但具体翻译技巧的运用均依赖于译者对目的语读者期待视域的设想，与真实情况存在一定差距。此外，除本文所述问题外，中国科技典籍外译过程中仍有许多值得讨论的疑难之处，各种翻译方法与技巧的适用性也亟待挖掘。这就需要学者们在未来加大对典籍外译成功案例的研究力度，搜寻新时代科技典籍外译的通用法则。

【参考文献】

[1] 陈银洲. 在科技英文编辑中应注意中英文的差异 [J]. 编辑学报, 2009 (4): 320–321.

[2] 费孝通. 从反思到文化自觉和交流 [J]. 读书, 1998 (11): 3–9.

[3] 高迎慧. 思维转向:"意合"到"形合"——从汉英结构差异谈汉语长句、复杂句的翻译方法 [J]. 教育理论与实践, 2012 (12): 54–55.

[4] 林广云, 王赟, 邵小森. 中国科技典籍译本海外传播情况调研及传播路径构建 [J]. 湖北社会科学, 2020 (02): 152–163.

[5] 刘性峰, 王宏. 中国科技典籍翻译研究:现状与展望 [J]. 西安外国语大学学报, 2017 (4): 69–73.

[6] 刘性峰. 中国古代科技典籍英译研究之诠释性理据分析 [J]. 外语学刊, 2020 (4): 84–89.

[7] 罗选民, 李婕. 典籍翻译的内涵研究 [J]. 外语教学, 2020 (6): 83–88.

[8] 梅阳春. 古代科技典籍英译——文本、文体与翻译方法的选择 [J]. 上海翻译, 2014 (3): 70–74.

[9] 梅阳春. 西方读者期待视域下的中国科技典籍翻译文本建构策略 [J]. 西安外国语大学学报, 2018, 26 (3): 102–106.

[10] 闵玲.《黄帝内经》英译主体及译介效度探究 [J/OL]. 中国中西医结合杂志: 1–5 [2021–05–04]. http://kns.cnki.net/kcms/detail/11.2787.R.20210126.1428.006.html.

[11] 邵飞. 新时代典籍翻译的文化自觉与文化自信——兼论费孝通先生的翻译思想 [J]. 上海翻译, 2020 (3): 85–89.

[12] 宋晓春."中国阐释学"义理与典籍翻译中的多元阐译 [J]. 湖南大学学报(社会科学版), 2020, 34 (3): 104–109.

[13] 汤金霞, 梅阳春. 中国科技典籍翻译策略之管见——基于《蚕书》翻译研究 [J]. 外语学刊, 2015 (6): 99–103.

[14] 唐青叶, 李东阳. 汉英语气系统对比分析与翻译 [J]. 上海翻译, 2007 (3): 69–73.

[15] 王宏印. 典籍翻译:三大阶段、三重境界——兼论汉语典籍、民族典籍与海外汉学的总体关系 [J]. 中国翻译, 2017 (5): 19–27.

[16] 王燕, 李正栓. 《大中华文库》科技典籍英译与中国文化对外传播 [J]. 上海翻译, 2020 (5): 53–57.

[17] 王宇弘, 潘文国. 典籍翻译的道与器——潘文国教授访谈录 [J]. 中国外语, 2018, 15 (5): 95–103.

[18] 魏泓. 《左传》《史记》等中国典籍在西方的翻译与研究——美国著名汉学家杜润德教授访谈录 [J]. 外国语（上海外国语大学学报）, 2019 (03): 94–101.

[19] 熊兵. 翻译研究中的概念混淆——以"翻译策略""翻译方法"和"翻译技巧"为例 [J]. 中国翻译, 2014, 35 (3): 82–88.

[20] 杨建新. "中国"一词和中国疆域形成再探讨 [J]. 中国边疆史地研究, 2006, 16 (2): 1–8.

[21] 赵春龙, 许明武. 小斯当东英译科技典籍《群芳谱》探析 [J]. 中国科技翻译, 2019 (3): 60–63.

[22] 赵小晶, 王昊昊. 科技典籍外译中"造物"思想的通约性探析——以薛凤《天工开物》译本为例 [J]. 中国科技翻译, 2021, 34 (1): 54–57.

On Translation Techniques of Chinese Classics of Science and Technology

Huazhong University of Science and Technology

XU Mingwu, LI lei

Abstract: The English translation of Chinese classics of science and technology, serving as a display of old China's scientific and technological strength, is of significance in shaping the image of China by enabling people from western countries to know more about Chinese ancestor's great achievements in science and technology. However, differences between Chinese and Western culture often make Chinese-English translation arduous and demanding. This paper elaborates on the difficulties in translating Chinese classics of science and technology from the aspects of the use of personal pronouns and terms, the way a sentence is formed and the information is presented, as well as semantic, syntactic and discursive features of scientific Chinese and English, followed by a discussion on translation techniques that might be helpful.

Key words: Chinese classics of science and technology; English translation; translation techniques

外宣翻译中隐喻意象再现的限制性因素探究

陈雁行[①]

【摘　要】本文探究了外宣翻译中以隐喻为基础的形象化语言的翻译问题，研究发现外宣翻译中影响隐喻意象再现的限制性因素包括战争隐喻、信息过载型隐喻、文化意涵缺失型隐喻、涉"政治正确"隐喻四种主要类型。

【关键词】外宣翻译；隐喻

一、引言

外宣翻译作为非文学翻译的一种，有其自身的显著特点。在外宣文本中，以隐喻为基础的形象化语言屡见不鲜。时政文献中常常会使用鲜活的语言来阐述我国有关政策立场，以提高讲话的感染力。即使是在较正式的政策性文件中，亦不乏成语、谚语、惯用语等意象丰富的语言。如何在外宣翻译中将以隐喻为代表的形象化语言进行有效的翻译，是一

[①] 陈雁行（1990—　），职业译员，美国蒙特雷国际研究学院中英文口笔译专业硕士毕业。主要研究方向：外宣翻译。邮箱：chenyanhang@qq.com。

个值得探究的问题。

二、外宣翻译的特点及隐喻的翻译策略

纽马克对所有类型的文本有三种基本分类,即表达型、信息型和召唤型,并提出了语义翻译和交际翻译两种翻译策略(Newmark, 1988: 41)。外宣文本的含义较为宽泛,但总体上作为非文学文本的一种,兼具信息型和召唤型两类特点,适用交际翻译的策略。黄友义提出"外宣翻译更需要翻译工作者熟知并运用'外宣三贴近'(贴近中国发展的实际,贴近国外受众对中国信息的需求,贴近国外受众的思维习惯)的原则",认为"外宣翻译工作者每一张口,或下一笔,都要以沟通为目的...,而不能仅仅为了完成翻译而翻译"(黄友义,2004: 27-28)。陈小慰也认为外宣翻译中应具备受众意识,要做到"内容、形式与诉求手段贴近受众","用受众认同的方式翻译和宣传中国",达到"润物细无声"的效果(陈小慰,2013: 98-100)。

外宣文本具有特殊的受众,他们对中国国情、发展现状、风俗习惯和传统文化不一定有深入的了解,思维习惯也同国人不尽相同,同时又对了解中国抱有一定的兴趣。外宣文本要发挥向他们提供"中国信息"的重要作用。这就要求译者充分考虑受众对译文的接受度,通过选择合适的翻译策略,降低受众获取信息的难度,避免因为翻译策略的选择失当而给沟通增添额外的障碍。考虑到外宣文本的非文学文本类型及其受众的特点,其翻译策略应当区别于文学文本以突出自我表达、强调审美价值为重点的语义翻译策略,而应当适用以沟通为目的的交际翻译策略,这样才能达到良好的沟通效果。

具体到外宣文本中隐喻的翻译策略,也必然应当遵循沟通第一的原则。纽马克提出了隐喻的七种基本翻译策略,即(1)直译、(2)借用目标语意象、(3)隐喻转明喻、(4)直译加意译、(5)意译、(6)省略、(7)直译加解释(Newmark, 2001: 104-105)。国内学者对非文学文本中的隐喻翻译亦有诸多探讨。李长栓在《非文学翻译理论与实践》中对国内外学者

的有关研究进行了梳理，指出了"隐喻翻译的双重标准"，"无论汉译英，还是英译汉，一律照顾英文"，也就是说在外译时倾向于隐去意象。李长栓认为，在汉英非文学翻译中，"考虑到英语朴实无华的表现手法，一般情况下只需翻译意思。英语作为我们的外语，我们很多时候也许无法判断隐喻直译过去以后是否可以为读者接受，这时翻译意思是最保险的做法"（李长栓，2012:244-249）。叶子南在《认知隐喻与翻译实用教程》中从翻译实践的角度回顾了关于认知隐喻的研究。在谈及非文学文本中对隐喻的分析与翻译时，叶子南认为，"非文学文本中的隐喻很多都是被语言体系接受的隐喻，所以价值不大"。即使是意象强烈的隐喻，"只要不牵涉原文的主旨，仍然不一定要直接翻译到译文中"。总体上，叶子南认为在非文学翻译中，"我们不应该以保留隐喻为目的，不应该牵强地保留或删除隐喻，而应让语言自然"（叶子南，2013:161）。此外，叶子南还引入了"前景化"理论以探讨译者承受还原隐喻压力的问题，认为对隐喻在原文和译文中前景化或凸显程度的分析，能够帮助译者判断隐喻价值的大小，从而考虑是否在译文中将隐喻再现（叶子南，2013:71）。

通过以上这些观点可以看出，外宣翻译中隐喻意象的再现并非缺省选项。译者在处理外宣文本时，其出发点和落脚点都应当聚焦于中文所表达的意思能否在英文中得到准确的表述，而不是中文精妙的语言和生动的譬喻能否在英文中得到直接的传达。在这一原则的指导下，是否在目标语言中再现源语言的隐喻意象以及如何再现，对译文的效果有着直接的影响。在纽马克提出的七种策略中，第（1）（2）（3）（4）（7）种策略选择了保留（再现）意象，第（5）（6）种策略则隐去了意象。那么在不同情况下，应当选择何种策略来处理隐喻和形象化的语言？

本文认为，判断隐喻意象是否应当再现，要遵循的只有一条标准，即隐喻的再现是否会影响沟通的效果。如果隐喻在译文中的再现不会造成任何理解和表意上的障碍，甚至起到了同中文一样的促进达意的效果，还能在语言质量上为译文添彩，那自然是何乐而不为。反之，如果隐喻的再现带来了意思上的偏差，导致得"形"失"义"，其结果只能是"形""义"尽失，那当然要力避这种情况的发生。循着这一条标准，我们可以对外宣翻译中因隐喻形象的再现而影响沟通效果的情形进行归类分析，总结隐喻形象再现的限制因素，以更好指导外宣翻译实践。

三、外宣翻译中隐喻形象再现的限制因素

本文以外宣翻译中隐喻的英文翻译为基本语料，对以隐喻为基础的形象化语言进行分析，探究隐喻意象再现的限制性因素。译者在翻译外宣文本的过程中，如果碰到了这些因素，则有必要考虑转换策略，放弃将隐喻意象再现的做法。

（一）战争隐喻

由于历史原因，中文里有不少使用频率较高的成语、习语甚至普通词语是基于战争甚至暴力的隐喻。其中，有一些应当结合其背后的文化典故来理解，还有一些则源自我国近现代以来的革命语言习惯。这些隐喻由于高频度的日常使用，往往已不具备与其涵盖的意象相关联的特殊价值。如果在外译时将其意象再现，则可能造成与源语言不匹配的"前景化"程度，甚至给译文引入原文中并不存在的意涵。

"战斗堡垒"这一表达在中文时政文献（甚至其他类型的文本）中较为常见，是典型的战争隐喻型词汇。此表达在中文里基本不再具备"前景化"特征，已相对较为"自动化"。然而英文中同类型词汇的使用并没有与中文相当的频率（或许与美式英语中的运动隐喻有一定可比性），更不具备中文里相对积极的隐含意义。如直译为英文，不仅造成语义上与源语言不相称的突显，而且会加深西方读者对中国的消极刻板印象，这显然与"外宣"的目标背道而驰。

"刮骨疗毒"是时政文献中使用的另一代表性战争隐喻。翻译过程中译者可以考虑省去"刮骨疗毒"的隐喻意象再现，采取意译的策略，只表述其意思，翻译为"*be braced for the pain*"。可以想象，如直译"刮骨"的意象，将这一血腥动作展现在对该隐喻背后的典故并不熟知的外国读者面前，会给读者留下怎样的印象。

"粉身碎骨"是时政文献中出现过的另一战争隐喻。实践过程中有两种处理方式，一是将"粉身碎骨"处理为"*crushed*"，二是将其直译为"*bodies smashed and bones ground to powder*"。相信任何具备基本中文水平的人都不难理解，该隐喻想要表达的真正含义是行为主体在某一方面的坚定立场。如果采用第二种翻译方法客观上都会渲染行为主体穷兵黩武、不择手段的形象，抹黑行为主体的形象。

（二）信息过载

信息过载型隐喻隐喻外国受众并非完全无法理解，但是需要进行详细深入的解释才能够实现理解的效果。采用直译的方式几乎无法实现达意的效果，因此必须辅以解释。然而在以沟通和宣传为目标的外宣语境下，如果在正常行文中加入大量解释性语言，必然会造成信息过载，导致意思表达重心的偏离，达不到交际的目的。

时政文献中曾使用"腹中满是草根而宁死不屈"和"十指钉入竹签而永不叛……"这样形象化的语言来表达革命前辈对革命事业的忠诚。此类意象表达并非令外国读者无法共情，但是需要作出较为详尽的解释才能做到这一点，即补充革命前辈"因受压迫而生活艰苦，有时不得不食用草根果腹"和敌对势力"利用竹签刺入指尖的残忍手段对革命前辈进行刑讯逼供"等背景知识。然而如此一来，译文中便会充斥大量的解释性信息，反而淹没了句子原本想要表达的中心信息，即"革命前辈的忠贞不屈"。

时政文献中曾用"草摇叶响知鹿过、松风一起知虎来、一叶易色而知天下秋"来描述的领导干部的"见微知著能力"，此处三组隐喻的涵义从常识上并不难理解，然而仅三组短语中便充斥着大量的意象（草、叶、鹿、松、风、虎、叶、色、秋）。如果全部译出并加以解释，势必会占据大量篇幅，令人目不暇接，难以抓住主要意思。

此外，如果对以上两个例子中的隐喻再进一步分析，可以发现从表意的角度来看，它们全部是为了说明同一个意思所进行的重复性表达，分别是革命前辈的"忠贞不屈"和领导干部的"见微知著能力"。这是中文里常见的一种修辞手法，用若干组意思相近的形象化短语来强化同一个意思。然而若将同样的手法复制到英文当中，则很难确保同样能达到意思强化的目的，反而可能会因为信息冗余给读者带来困扰。因此，在译文中进行适当的简化是必要的。

（三）文化意涵缺失

中文里有大量的隐喻在英文中找不到能与其文化意涵的直接对应，此类隐喻我们称之为文化意涵缺失型隐喻。与前一种情形不同的是，这一类隐喻即使通过添加解释性语言的方式，也很难将其背后的意涵表述出来。其原因可以是中文里的喻体在英文中根本不存在，也可以是同一个喻体在英文中完全不具备其中文里的文化意涵。一些时候，其文化意涵甚至完全相反。在这种情况下，如果在译文中强行再现隐喻意象，只能起到适得其反的效果。

"咬耳朵"和"扯袖子"两个隐喻在中文时政文献中有十分清晰的意涵，即提醒批评之意，而在英文当中则绝无类似含义。即使将其译出后再添加解释，想必依然会另外国受众摸不着头脑：为什么"*ear-biting/whispering*"和"*sleeve-pulling*"会有提醒批评的意思？翻译过程中，可以考虑将两个隐喻的意象全部舍弃，直截了当地把隐喻的上下文意思讲清楚，乃是正确的选择。

时政文献中类似"翻烧饼"这种以老百姓身边事物为喻体的隐喻大量存在。此类隐喻中，有相当一部分喻体（比如"烧饼"）是只存在于中国，外国读者闻所未闻、见所未见的。考虑到非文学翻译的特点，这种情况下最好果断舍弃隐喻意象，求其含义。况且就该例句而言，前半段已经用平实的语言表达了"翻烧饼"的含义，实际上为"翻烧饼"做了注解，所以此处舍去"烧饼"的意象完全没有任何问题。即使中文当中只使用了"翻烧饼"来表达意思，也应当按照"保持连贯，避免反复"的意思进行意译，而不是再现"烧饼"的意象。

(四)"政治正确"

每个社会和族群都有其独特的"政治正确",以英美为主体的英语国家当然也不例外。英语国家中大量涉及"政治正确"的话题是必须要谨慎处之、甚至不能触碰的,否则会引发强烈反弹,外宣翻译尤其要注意这一点。译者需对英语国家民众在种族、性别、体貌、宗教、政治立场等方面的"政治正确"言论有所掌握,才能避免"踩雷"。

"信鬼神"是时政文献中出现过的一种隐喻式表达。"信鬼神"在上下文语境下的涵义是清楚的,即搞封建迷信(*hold superstitious beliefs*),而如果将"鬼"和"神"直译,则会产生较强的宗教关联性。须知宗教乃是英语国家"政治正确"敏感性十分突出的话题之一。外宣翻译中涉及此类内容时,如考虑在译文中再现有关意象,当需慎之又慎。

四、结语

外宣翻译的探究永远在路上。本文所关注的仅仅局限于外宣翻译过程中隐喻意象再现的限制因素,既不奢求穷尽所有可能,亦不敢冒昧宣称本文所述无可指摘,只希望能够为进一步提高外宣翻译水平提供一些争鸣的火花。与此同时,笔者认为,一切翻译活动都必须遵循一个原则,即"具体问题具体分析"。有效的翻译离不开对文本语境、时代背景、作者和受众身份等多方面因素的分析,简单化套用任何"公式"都是不可取的。

【参考文献】

[1] 陈小慰. 对外宣传翻译中的文化自觉与受众意识 [J]. 中国翻译,2013,34 (02),pp. 95-100.

[2] 黄友义. 坚持"外宣三贴近"原则,处理好外宣翻译中的难点问题 [J].

中国翻译，2004 (06), pp. 29-30.

[3] 李长栓. 非文学翻译理论与实践（第二版）[M]. 北京：中译出版社，2012.

[4] 叶子南. 认知隐喻与翻译实用教程 [M]. 北京：北京大学出版社，2013.

[5] Newmark P. *A Textbook of Translation* [M]. New York: Prentice-Hall International, 1988.

[6] Newmark P. *Approaches to Translation* [M]. 上海：上海外语教育出版社，2001.

Restrictive Factors on the Reappearance of Metaphoric Images in Publicity-Oriented Translation

CHEN Yanhang

Abstract: The present paper focuses on the translation of metaphor- and image-based phrases in publicity-oriented texts. By studying specific metaphoric expressions in publicity-oriented documents, it summarizes certain factors that could hinder the reappearance of metaphoric images in publicity-oriented translation, i.e. metaphors of war or violence, metaphors with overloaded information, metaphors with cultural connotation mismatch, and metaphors relating to "political correctness".

Keywords: publicity-oriented translation; metaphor.

微型小说文体特征及其翻译策略研究
——以契诃夫的微型小说为例

宁波工程学院
谭克新[①]

【摘　要】不同体裁的文本有着不同的文体特征、语体特征、语言特征、修辞特征、审美特征和作者风格。为传达原文的文体功能，针对不同文体的文本宜采用不同的翻译策略，做到量体裁衣。该文以契诃夫的微型小说为例，分析了微型小说的文体特征、语体特征、语言特征、修辞特征、审美特征及作者风格，并以此为依据，对微型小说的翻译策略进行了探讨。

【关键词】微型小说；文体特征；审美特征；翻译策略

一、引言

当今时代是信息时代，时间缩短，节奏加快。尤其是移动互联网的出现，人们（特别是年轻人）已把视线从 PC 端转移到手机端。智能手机的普及，标志着微时代的到来：微信，微博，微电影，微课堂，微文学，等等。委实，如今除了全职太太和退休人员，几乎没有人有时间去读鸿篇巨制了。看纸质书籍和期刊杂志的也越来越少。于是，出现了微文学：微小说、微

---

① 谭克新（1962—　），男，宁波工程学院外国语学院副教授。研究方向：翻译理论与实践。邮箱：tkx618@126.com。

散文、微诗歌、微戏剧、微电影等。

另外，在翻译教学中，鸿篇巨制是不适宜教学的，因为长篇教师无法操控，学生也无法把握，而最好的实例莫过于短篇小说，特别是微型小说。

二、微型小说的概念

我们通常把小说分为长篇小说、短篇小说和中篇小说，其划分的依据是篇幅以及小说的三要素：人物、情节和环境。微型小说虽然存在已久，但并没有得到学界认可，因为无论文学史还是文学理论著作，都没有微型小说一说。微型小说别名甚多，如"小小说""一分钟小说""超短篇小说""迷你小说"等。其概念也尚无定论。

本文认为，小说分类的唯一标准应该是小说的三要素，篇幅只能作为参考。据此，微型小说的定义应该是：情节单一、人物单一、场景单一，字数在5000字左右的小说为"微型小说"。这里的"单一"，并不一定就只有一个，而是少或不多。

微型小说篇幅较短，描写的人物少，情节单纯，环境描写也比较狭窄，往往以某一个人物为中心，截取生活中最富有典型意义的一个或几个片段加以描绘，由此及彼，由小见大，由微知著，用鲁迅先生的话说，是"借一斑略知全豹，以一目尽传精神"。

三、微型小说的特征

跟诗歌、散文等情感型文体一样，微型小说具有其文体特征、语体特征、语言特征、修辞特征、审美特征和作者风格。

（一）微型小说的文体特征

微型小说具有如下文体特征：

(1) 短小精悍

这是微型小说最重要的特征，也是其独特的表现方式。它之所以短，是因为角度找得准，剖析得当，提炼得精，表现得恰到好处。这样，便可收到言无多而容量大，意未尽而情味浓之功效。

(2) 场景的单一性

长篇小说篇幅较长，反映社会生活极其广阔，甚至可以描写整个历史时代。而微型小说的场景通常为一到两个，是典型的场景。如契诃夫的《变色龙》只有木柴厂门口一个场景，《胖子和瘦子》只有火车站一个场景，《小官员之死》有三个场景：戏院、小官员自己家和将军的家。

(3) 人物的单一性

长篇小说描写的人物众多，一部作品可以描写几十以至几百人；而微型小说的人物一般为二到三个，是典型的人物，如契诃夫的《小官员之死》只有两个人物；有时人物虽然多一点，但典型人物或主要人物（或主要角色）只有两个，如《胖子和瘦子》，人物有四个：胖子、瘦子、瘦子的妻子与儿子，但主要人物是胖子和瘦子；《变色龙》是一群人加一条狗，其中有名有姓的四个，但主要角色只有两个：警官奥楚蔑洛夫和将军哥哥的狗。

(4) 情节的单一性

长篇小说情节复杂，可以同时用几条线索展开内容。几条线索之间，一会儿平行，一会儿交叉，一会儿分，一会儿合，波澜起伏，变化万千。

微型小说的情节与其他三类小说相比，并不存在质的区别，但是构成情节的元素明显具有量的差异，其构成方式也不同。

众所周知，**情节**由一个及以上具体事件组成，事件是构成情节的元素；情节是对事件的叙述过程，其基础是**矛盾冲突**。只有一个动作，而没有相应的反动作就形成不了冲突。在《变色龙》中，人与狗本相安无事，狗也不会无故咬人。首饰匠赫留金"把烟卷戳到狗的脸上去"这个动作，与"狗咬了他一口"这个反动作构成第一个冲突；警官奥楚蔑洛夫想解决

"人咬狗"这一矛盾,但狗仗人势,打狗还得看主人。这关系到他的前途与命运。如果是普通人家的狗,那就"保人处理狗";如果是权贵人家的狗,那就只能"保狗处理人"。是"保人处理狗"还是"保狗处理人"构成第二个冲突。根据狗的外表,他断定这是一条野狗,一条疯狗,他决定:"保人处理狗"。可这时偏偏有人说,这是将军家的狗。于是,他决定:"保狗处理人",构成第三个冲突。后来,他的巡警先说不是将军家的,接着又说好像是,在将军家院子里见过,又构成第四个冲突;最后,将军家的厨师先肯定说,这不是将军家的狗,紧接着补充说,这是将军哥哥的狗,构成第五个冲突。第一个冲突是后几个冲突的基础。这几个冲突都是围绕奥楚蔑洛夫处理"狗咬人"这一具体事件进行的。

由此可见,微型小说的**情节**是围绕一个具体事件而发生的、具有因果联系的动作与反动作的完整叙述。这便是微型小说情节的基本特征:情节的单一性,或单一情节。而其他三类,特别是长篇和中篇是一系列具体事件。

(5)独特的开头与结尾
由于微型小说篇幅短小,它的开头和结尾有其独特的表现手法。

1)微型小说的开头

微型小说开头的常用表现手法有:矛盾悬置、抑扬易位、褒贬易位、定向对比、以实带虚或以虚带实、具象议论等。

2)微型小说的结尾

俗话说得好:"编筐编篓,全仗收口。"微型小说的结尾直接关系到整个作品的艺术感染力。微型小说的结尾大体有三:画龙点睛,首尾呼应;戛然而止,含蓄隽永;出人意料,扣人心弦。其中,最典型的是最后一种。

这种结尾的特点就是一个"巧"字。作者把小说的"文外之旨"在不为人知的情况下,悄悄隐藏起来,构成一个巧妙的布局,使读者以为情节的演进应向东走。结果,收尾处妙笔一转,却西向而行,抖"包"亮底,让读者既觉得"出人意外",又"入人意中",合情合理。欧·亨利的短篇小说通常采用这种结尾,所以有人称之为"欧·亨利式结尾"。

(6) 以细节取胜

由于微型小说篇幅短小，它主要靠以细节取胜。

细节是文学作品生命所在，它是叙事文学成熟的一种标志，擅长细节描写也是作家成熟标志之一，没有细节就没有文学。细节在刻画人物形象、揭示作品主题、推动情节发展、表现生活环境等方面起到重要作用。它还能为读者把握作品的整体意义提供启示。而把握了作品的整体意义，又能帮助读者注意到和更好地理解细节所包含的意义，从而加深对整个作品的理解。

在微型小说《变色龙》中，细节描写就有近十处。如对狗被人追赶时的动态描写；对狗外表、神态的描写以及对赫留金追狗、逮狗动作的描写等。

微型小说的细节，跟中、长篇也有很大不同，它不能像中、长篇那样"细腻地描写"，通常只有几笔，有时甚至只是几个关键词。如在《变色龙》中，对警官奥楚蔑洛夫的衣服的描写就有四处：第一处是"穿着新的军大衣"，第二处是要他的下手巡警叶尔德林帮他把大衣脱下，第三处是要叶尔德林帮他把大衣穿上，第四处是"裹紧大衣"。这都是细节描写。在微型小说中，某个词或某个细节都是作者经过精心挑选、反复推敲过的。

(7) 人物性格主要靠人物语言和动作来刻画

由于受篇幅的限制，微型小说的人物性格主要靠作品中人物自身的语言和动作来刻画。这一点类似于戏剧文体。

（二）微型小说的语体特征

文艺语体是微型小说语体特征之一，它是通过言语的形象性服务于文艺领域，反映客观世界、抒发作者思想感情的用语体式。文艺语体与科技语体的根本区别在于：文艺语体是描绘性的，力求生动、形象地反映社会生活；科技语体是阐释性的，重在科学、逻辑地提示客观事物。其次，文艺语体是口语与书面语有机结合；其三，文艺语体是正式语体与非正式语体有机结合。

（三）微型小说的语言特征

微型小说不能像中、长篇那样重彩浓墨，而是要用极其简洁明了、有色彩、有音响、有弹性、信息量大的语言文字来取得形神兼备的效果。正如高尔基赞美契诃夫那样："只用一个词就足以写成一个短篇小说，一个使人惊叹的短篇小说。这种小说钻进生活的深处和本质中去，如同钻机钻进地心一样。"

（四）微型小说的修辞特征

修辞包括选词炼句和修辞格的运用。微型小说的选词炼句，就是要用最少的文字表达尽可能多的信息。由于篇幅的限制，微型小说在辞格的运用上会受到一些限制，如排比就用得比较少，主要是对比、夸张、比喻等。

（五）微型小说的审美特征

微型小说具有如下审美特征：

(1) 大与小对立统一
化大为小，以小见大，形小而质重。这是说，作者在体验生活中产生创作动念时，从宏观角度观察，他看到的是一个大的**题旨**，是先有大题旨的。如在《小官员之死》中，作者所反映的是，在"官大一级压死人"的社会，"打个喷嚏也会置人于死"这个大题旨，只是把它化入小事件中，让读者从小事件中意会大题旨。因此，它形体虽小，却含有重的质。与其他形式的小说相比，微型小说则更要求化大为小、大与小统一。

(2) 博与精对立统一
化博为精，由精见博，文精而含义宽广。这是指，作者占有生活素材与其艺术表现的概括力，呈广博与精美的状态。他在生活海洋里有囊括四方的博大胸怀，见多识广，而在创作时力求精粹，即所谓用最小的信息，使读者获得最大的想象。没有博的"精"，就只能是单薄；没有精的"博"，就可能是乱七八糟了。化博为精，由精见博，也就是"厚积博发"。这跟大与小的对立统一是相关相连的，但一个是说题旨与体裁的关系，另一个是说生活素材的精选。

(3) 深与浅对立统一

化深为浅，深入浅出，似浅显而寓意深长。这是说，作者审视生活、把握生活时，由表及里，对观察的**对象**，已由表面的一般观感，上升到理念的高度，已经切实把握了事物的本质，从而产生了强烈的创作冲动，企图把那带本质意义的意象，通过简明的生活图像——画面、情节、人物勾画出来。作品提供给人们的是一目了然的，但却能引起人们丰富的想象，能让读者从极细微的片段中悟出深奥的人生真谛，具有较强的对生活现象、社会现象的穿透力。

(4) 珠与线对立统一

珠由线连，线串珠子，似断而实连。这是指，作者在结构剪裁时，有意把生活中连贯、完整的故事加以删削，使其中的"线"近乎中断，或者只见珠而不见线；但那线却是存在的，而且依旧有连贯珠子的内在作用，不过隐蔽些罢了。这对于受篇幅限制很严，而故事又颇有些曲折的微型小说，很有必要。如《变色龙》中的"线"就是"是不是将军家的狗"，而"珠"就是"是"与"不是"。

(5) 点与面对立统一

化面为点，由点见面，点细小而面宽阔。这是说，作者撷取生活中有价值的素材时，他首先接触到的是生活的面，那生活的面可能是很广阔的。可是，他不可能，也不应该从面上去展开。从面上展开描写，就不成其为微型小说了。他必须由面深入到其中的点，把面化为点，让读者从点的展示里，见到一个广阔的大千世界，从而了解到生活海洋的辽阔。

224

（六）微型小说的作者风格

同一文体，不同的作者有不同的作者风格，如契诃夫与欧亨利风格迥异。

契诃夫的风格是：短小精悍，自然朴素，结构紧凑，情节生动，笔调幽默清新，语言简洁明快，富于音乐节奏感，且寓意深刻，可谓嬉笑怒骂皆在简洁清新的描写中。他善于从日常生活中发现具有典型意义的人和事，然后通过幽默讽刺可笑的情节进行艺术概括，从而塑造出完整的典型形象，以此来反映当时的俄国社会。

四、微型小说翻译策略

文体特征决定翻译策略。前面本文对微型小说的文体特征、语体特征、语言特征、修辞特征、审美特征以及作者风格进行了分析，这为翻译策略的提出奠定了基础，提供了依据，使我们有的放矢。而文体翻译的最终目的，是传达原文的文体功能，使译文得体。

翻译无外乎理解与表达，理解是表达的前提，表达是理解的具体化、深刻化。

（一）理解

为了译好微型小说，在理解这一层面应该：①了解作者生平、其他作品、风格、艺术成就等；②审视作者的创作意图；③领会作品的主题思想；④抓住开头；⑤锁住结尾；⑥贯穿首尾；⑦审视细节；⑧把握审美。

（二）表达

为了译好微型小说，在表达这一层面应该：
（1）针对微型小说靠细节取胜，译好细节是关键。如：

Но вдруг лицо его поморщилось, глаза подкатились, дыхание остановилось... он отвел от глаз бинокль, нагнулся и... апчхи!!!

可是突然间，他的脸皱起来，眼睛眯缝着，呼吸止住了……他从眼睛上摘掉望远镜，弯下腰去，于是……"阿嚏！！！"

Червяков нисколько не сконфузился, утерся платочком и, как вежливый человек, поглядел вокруг себя: не обеспокоил ли он кого-нибудь своим чиханьем?

切尔维亚科夫一点也不慌，他拿手绢擦了擦脸，像个绅士一样，往四下里看一看：他的喷嚏究竟搅扰别人没有。

这是《小官员之死》第一自然段中的两个细节描写，前一个细节描写打喷嚏，后一细节描写打喷嚏后的表现，译文很到位。

(2)针对微型小说的语体特征——文艺语体及语言特征，译文语言应：
1. 不拘泥于原文，注意形象思维

Около самых ворот склада, видит он, стоит вышеписанный человек в расстегнутой жилетке и, подняв вверх правую руку, показывает толпе окровавленный палец. На полупьяном лице его как бы написано: «Ужо я сорву с тебя, шельма!», да и самый палец имеет вид знамения победы.

在木柴厂门口，他看见前面已经提到的那个敞开了坎肩前襟的人举起右手，把一根血淋淋的手指头伸给人们看。他那半醉的脸上现出这样的神气："我要揭你的皮，坏蛋！"就连那手指头也像是一面胜利的旗帜。

以上译文就不拘泥于原文，注意形象思维。
2. 优美生动

Тонкий вдруг побледнел, окаменел, но скоро лицо его

искривилось во все стороны широчайшей улыбкой; казалось, что от лица и глаз его посыпались искры. Сам он съежился, сгорбился, сузился... Его чемоданы, узлы и картонки съежились, поморщились... Длинный подбородок жены стал еще длиннее; Нафанаил вытянулся во фрунт и застегнул все пуговки своего мундира…

  突然，瘦子脸色苍白，目瞪口呆，满脸堆笑，仿佛能从他的脸上、眼睛里射出光芒来。他耸起肩膀，弯下腰，缩成一团……他的皮箱、包裹、硬纸盒也耸起了肩膀，皱起了眉头……他妻子的长下巴变得更长了；纳法奈尔挺直身子立正，系好制服上所有的纽扣……

译文"脸色苍白，目瞪口呆，满脸堆笑""耸起肩膀，弯下腰，缩成一团""耸起了肩膀，皱起了眉头"，语言优美生动。

3. 绘声绘色

  Около самых ворот склада, видит он, стоит вышеписанный человек в расстегнутой жилетке и, подняв вверх правую руку, показывает толпе *окровавленный* палец. На полупьяном лице его как бы написано: «*Ужо я сорву с тебя*, шельма!», *да и самый палец имеет вид знамения победы.*

  在木柴厂门口，他看见前面已经提到的那个敞开了坎肩前襟的人举起右手，把一根**血淋淋**的手指头伸给人们看。他那半醉的脸上现出这样的神气："**我要揭你的皮，坏蛋！**"就连那根手指头也像是一面**胜利的旗帜**。

"我要揭你的皮"绘声，"血淋淋""像是一面胜利的旗帜"绘色。

4. 传神切景

  В центре толпы, растопырив передние ноги и дрожа всем телом, сидит на земле сам виновник скандала — белый борзой щенок с острой мордой и желтым пятном на спине. В слезящихся глазах его выражение тоски и ужаса.

这个案子的"罪犯"呢，坐在人群中央的地上，**前腿劈开，浑身发抖**——原来是一条白色的小猎狗，脸尖尖的，背上有块黄色斑纹。它那含泪的眼睛流露出悲苦和恐惧的神情。

"白色""黄色斑纹""脸尖尖的"是狗的外形，"前腿劈开，浑身发抖""含泪的眼睛流露出悲苦和恐怖的神情"是狗的神态，可谓形神兼备。译文很传神。

（3）针对正式与非正式、口语与书面语相结合，叙述人语言要有文采，人物对话要口语化。

— Порфирий! — воскликнул толстый, увидев тонкого.— Ты ли это? Голубчик мой! Сколько зим, сколько лет!

— Батюшки! — изумился тонкий.— Миша! Друг детства! Откуда ты взялся?

这是人物对话，具有生活气息，应口语化，因此译为：

"波尔菲里！"胖子看见瘦子，就叫起来："是你？老朋友！多年不见啦！"

"哎呀！"瘦子也惊奇地叫起来，"米沙，小时候的朋友！你打哪儿来？"

Приятели троекратно облобызались и устремили друг на друга глаза, полные слез. Оба были приятно ошеломлены.

这是叙述人语言，应有文采，因此译为：

朋友俩互相拥抱，一连吻了三回，彼此端详着，眼里噙着泪水。两人都又惊又喜。

(4) 针对人物性格靠人物语言和动作来刻画，应译好人物语言

由于篇幅的限制，微型小说的人物性格是靠人物语言和动作来刻画的，所以要译好人物语言，做到形象鲜明。

1. 不同人物因环境、出身、所受教育程度、职业、身份地位等不同而性格各不相同，反映在语言上也各不相同。所以，译文要再现不同人物的不同语言个性。

在微型小说《胖子和瘦子》中，两个儿时朋友、同班同学多年未见，突然在火车站奇遇，自然有很多话要说。在他们的对话中，胖子虽然先开口，但一共只说了四次，13句，46个词，而瘦子则说了六次，49句，233个词。另外，胖子除说了自己做到三品、获两枚勋章外，其他什么也没说，而瘦子道了他们儿时的"丑闻"，说了自己的收入情况、第二职业，介绍了他妻子的姓名、娘家姓、职业、信仰，讲了他儿子姓名、读几年级。根据这些判断，瘦子的性格是：性急、直爽、健谈。而胖子，可能因地位的缘故，比较稳重、狡猾。这些，翻译时应好好把握，真实再现。如：

Милый мой! — начал тонкий после лобызания. — Вот не ожидал! Вот сюрприз! Ну, да погляди же на меня хорошенько! Такой же красавец, как и был! Такой же душонок и щеголь! Ах ты, господи! Ну, что же ты? Богат? Женат? Я уже женат, как видишь... Это вот моя жена, Луиза, урожденная Ванценбах... лютеранка... А это сын мой, Нафанаил, ученик III класса. Это, Нафаня, друг моего детства! В гимназии вместе учились.

"亲爱的！"瘦子吻过以后说，"没想到！真是没想到！嗯，让我瞧瞧！还是跟从前那样帅气！还是跟从前那样一表堂堂，喜欢打扮！天呐！那么，你怎么样？发财啦？结婚啦？你看，我已经成家了……这是我的妻子路易莎，娘家姓万岑巴赫……她是新教徒……这是我儿子纳法奈尔，三年级的学生。纳法尼亚，这位是我小时候的朋友！中学同班同学！"

2. 同一个人物在不同场合，由于环境的变化，其语言也不相同。因此，

译文要再现同一人物在不同场合的语言个性。

最典型的就是《变色龙》中的警官奥楚蔑洛夫，真是见人说人话，见狗说狗话，典型的"变色龙"！

狗是同一条狗，但因其主人不同，在他嘴里就不一样。翻译家汝龙很好地处理了这些，一条"变色龙"在读者脑中活灵活现。

3. 同一人物在同一场合，由于身份地位的变化，其语言也不相同。因此，译文要再现同一人物在同一场合的不同语言个性。如在《胖子和瘦子》中，当瘦子得知胖子做了三品文官后，他们的关系已由儿时朋友变成了上下级关系，他的语言由口头语体、非正式语体变成了书面语体、正式语体。这时，译文应相应改变：

— Я, ваше превосходительство... Очень приятно-с! Друг, можно сказать, детства и вдруг вышли в такие вельможи-с! Хи-хи-с.

— Ну, полно! — поморщился толстый. — Для чего этот тон? Мы с тобой друзья детства — и к чему тут это чинопочитание!

— Помилуйте... Что вы-с... — захихикал тонкий, еще более съеживаясь. — Милостивое внимание вашего превосходительства... вроде как бы живительной влаги... Это вот, ваше превосходительство, сын мой Нафанаил... жена Луиза, лютеранка, некоторым образом...

"大人……鄙人……深感荣幸！斗胆说一句：原是儿时的朋友忽然变成大贵人！嘻嘻！"

"哎，得了吧！"胖子皱起了眉头，"干吗用这种口气说话？你我是儿时的朋友，用不着官场里那一套奉承！"

"岂敢？……求上帝怜恤……"瘦子赔着笑脸说，越发缩成一团了，"大人恩典……有如如蒙再生的甘露……大人，此乃犬子纳法奈尔……贱内路易莎，某种程度上的新教徒，……"

(5) 针对人物性格靠人物语言和动作来刻画，还应译好人物动作

Тонкий вдруг **побледнел**, **окаменел**, но скоро лицо его

искривилось во все стороны широчайшей улыбкой; казалось, что от лица и глаз его посыпались искры. Сам он *съежился, сгорбился, сузился*... Его чемоданы, узлы и картонки *съежились, поморщились*... Длинный подбородок жены *стал еще длиннее*; Нафанаил *вытянулся* во фрунт и *застегнул* все пуговки своего мундира...

突然，瘦子**脸色苍白，目瞪口呆，满脸堆笑**，仿佛能从他的脸上、眼睛里射出光芒来。他**耸起肩膀，弯下腰，缩成一团**……他的皮箱、包裹、硬纸盒**也耸起了肩膀，皱起了眉头**……他妻子的长下巴**变得更长了**；纳法奈尔**挺直身子立正，系好制服上所有的扣子**……

这是《胖子和瘦子》中，当瘦子得知胖子做了三品文官后，瘦子的一系列动作。一个"溜须拍马、谄媚"之徒活灵活现。译文很传神。

（6）注意叙述人的身份、地位、年龄、职业等

当叙述人以第一人称"我"的身份出现时，就应注意其身份、地位、年龄、职业等，做到恰如其分。

（7）再现修辞特征

修辞包括选词炼句和修辞格的运用。

1. 选词。微型小说属于情感型文体，具有浓厚的感情色彩，因此，要处理好词汇的感情色彩。

Я и сам знаю. У генерала собаки дорогие, породистые, а эта – черт знает что! Ни шерсти, ни вида... подлость одна только... И этакую собаку держать?! Где же у вас ум?

"我也知道。将军家里都是些名贵的、纯种的狗；这条狗呢，鬼才知道是什么玩意儿！毛色既不好，模样也不中看，完全是个下贱胚子。居然有人养这种狗！这人的脑子长哪儿去啦？"

Собачонка ничего себе... Шустрая такая... Цап этого за палец! Ха-ха-ха... Ну, чего дрожишь? Ррр... Рр... Сердится, шельма... цуцык этакий...

"这小狗狗还不赖，怪伶俐的，一口就咬破了这家伙的手指头！哈哈哈……得了，你干吗发抖呀？呜呜……呜呜……这坏蛋生气了……好一条小狗……"。

狗是同一条狗，是褒是贬完全取决于狗的主人。

将军家的狗是名贵的、纯种的狗，是娇贵的动物，要好好保护。赞美之情溢于言表。

其他人家的狗是野狗、疯狗，毛色既不好，模样也不中看，完全是个下贱胚子，居然有人养这种狗！这人的脑子长哪儿去啦？直接弄死它算了。憎恨之情不言而喻。

就是将军哥哥家的狗也胜其他人家的狗一筹：这小狗狗（собачонка—собака 的昵称）还不赖，怪伶俐的，一口就咬破了这家伙的手指头！好一条小狗！生起气来也是那么可爱；还跟狗对话呢！就差没跟小狗狗谈恋爱了！如有必要，估计也会的！真是"爱屋及乌"啊！

值得注意的是，选词不只是词的感情色彩的处理，按高尔基的说法：契诃夫"只用一个词就足以写成一个使人惊叹的短篇小说"。在他的短篇小说里，没有一个多余的字，所以翻译时应选好每一个词。

2. 炼句。契诃夫的微型小说语言精练。为了再现这一特点，最好的办法是适当使用四字词。

3. 修辞格的翻译

微型小说一般采用比喻、对比、夸张等修辞格，翻译时可以采用如下翻译策略：

修辞格译成修辞格，即夸张译成夸张，对比译成对比，比喻译成比喻。

修辞格译成非修辞格。也并不是修辞格非要译为修辞格，如果译语里找不到类似的表达，可以将修辞格译为非修辞格。

非修辞格译成修辞格。同样，也并不是非修辞格就不可以译为修辞格，在一定情况下，非修辞格也可以译为修辞格。

（8）再现审美特征

如前所述，微型小说有其审美特征，译文应一一再现。

（9）再现作者风格

在文学文体中，作家风格是显而易见的，译者不能视而不见。

五、结语

　　本文阐释了微型小说的概念，探讨了微型小说的文体特征、语体特征、语言特征、修辞特征、审美特征以及作者风格，并以此为依据，从理解与表达两个层面，对微型小说的翻译策略进行了研究。通过上文分析，本文认为：不同体裁的文本有着不同的文体特征、语体特征、语言特征、修辞特征、审美特征以及作者风格；语体特征、语言特征、修辞特征、审美特征及作者风格都应纳入文体特征之内；文体特征决定翻译策略，针对不同文体的文本宜采用不同的翻译策略，做到量"体"裁"译"。

【参考文献】

[1] 安东·巴甫洛维奇·契诃夫，汝龙译．契诃夫小说选［M］．北京：人民文学出版社，1984．

[2] 白春仁，汪嘉斐．俄语语体研究［M］．北京：外语教学与研究出版社，1999．

[3] 刘宓庆．文体与翻译［M］．北京：中国对外翻译出版公司，2007．

[4] 刘世生．文体学概论［M］．北京：北京大学出版社，2006．

[5] 王福祥，吴汉樱．现代俄语功能修辞学概论［M］．北京：外语教学与研究出版社，2010．

[6] 向宏业，唐仲扬，成伟钧．修辞通鉴［M］．北京：中国青年出版社，1998．

[7] 张美芳．文本类型理论及其对翻译研究的启示［J］．中国翻译，2009 (5)．

[8] А. П. ЧЕХОВ, *РАССТАЗЫ* [M], СОВРЕМЕННИК, МОСКВА, 1984.

[9] Reiß, Katharina. *Möglichkeiten und Grenzen der Übersetzungskritik* [M], München, 1971.

Translation Strategies of Miniature Novels
—A Case Study of Essays by А.П.Чехов

Ningbo University of Technology

TAN Kexin

Abstract: Texts of different styles are marked by correspondingly stylistic and linguistic features. It is justified that version of a text in a specific style needs a specific translation strategy. This monograph intends to make a perusal of elementary features and aesthetic characteristics of miniature novels style relying on a sample of А. П. Чехов's miniature novels, on which a scrutiny of translation strategies for essay style is conducted.

Keywords: miniature novels style; stylistic features; aesthetic characteristics; translation strategies

专有名词"香港人"英译探究

上海外国语大学　哈尔滨工业大学
孟宇[①]
上海外国语大学
张健[②]
哈尔滨工业大学
王军平[③]

【摘　要】"香港人"这一专有名词在不同媒体中的英文表达各不相同，为探究哪种表达更符合语言规律及历史趋势，本文从历史渊源、词语构成和国际视野三个方面比较分析"香港人"各英译名称的形成过程及相互区别。在上述分析基础之上，作者提出了本文倾向的"香港人"的英译表达，以期为"香港人"正式、统一的英语表达提供借鉴与参考。

【关键词】"香港人"；英译；专有名词

---

① 孟宇（1979—　），博士，讲师。研究方向：外语教学理论与实践、语言规划、翻译研究。邮箱：mengyuemma@hit.edu.cn。
② 张健（1962—　），教授，博士生导师。研究方向：传媒英语、外宣翻译、时文翻译。邮箱：zhangjian305@sina.com。
③ 王军平（1978—　），博士，副教授。研究方向：翻译理论与实践。邮箱：wjpning@163.com。

一、引言

香港是连接东西方的桥梁，其地理位置、政治地位、文化地位独特，从香港可以看见祖国，也可以看见世界。大部分香港人来自中国广东省一带，承袭了以潮汕、瑶家、客家为代表的岭南文化。自1842年沦为英国殖民地到1997年回归祖国，香港经历了一百五十多年的殖民统治，西方文化的强势入侵巨大地冲撞了香港的传统文化，东西方文化在香港碰撞、交融，衍生了香港特有的香港文化。香港人的组成也从原来以广东人为主，逐渐转变为广东人、英国人和祖国大陆人的新格局。

"香港人"的英译也出现了很多译法："Hong Kongers""Hongkongnese""Hong Kong people""Hong Kong Chinese"和"the people of Hong Kong"等经常出现在各类正式、非正式场合。香港回归后成为中华人民共和国特别行政区之一，成为祖国大家庭中的一员，但由于香港特殊的历史经历和地位，在某些特定的国际事务中（如国际奥林匹克运动会）香港会以地区的身份参与。1984年签订的《中英联合声明》规定香港特别行政区可以"中国香港"的名义单独同各国、各地区及有关国际组织保持和发展经济、文化关系，并签订有关协定，以"中国香港"的名义发表意见，参加国际组织和国际会议。无论是在大中国概念下，还是在参与国际事务的场合中，"香港人"都应该而且需要拥有一个统一的、被广泛认同的英译符号。

本文拟从历史渊源和词语构成两方面分析"香港人"现有的英译表达及其形成缘由，从中比较各种表达的异同，最后立足国际视野提出统一"香港人"英译表达的重要意义并基于研究结果尝试给出使用建议。

二、历史渊源探寻

世界上每一个专有名词，包括人名、地名或组织机构名称的形成都不是偶然的。或者可以说，每一个专有名词背后都有自己独特的故事和历史，受到当时社会政治、经济、文化等因素的影响。香港位于祖国东南部，与广东省毗邻，属于岭南文化。"五岭以南，南海之北，或曰岭表岭外，或称岭海岭峤；以与中原相较，物令节候殊异，言语习俗难同，盖自有其奇胲者在。"（刘圣宜，2007：1）岭南文化，源远流长。作为一个区域，岭南地区位于中国最南方，一般是指南岭山脉以南，包括广东省、海南省、广西壮族自治区大部分，还有香港和澳门。秦始皇统一中国，在岭南置桂林、象、南海三郡。岭南文化的成分复杂多样，是一种多元杂交和共生的文化。按民系分，可以分为广府文化、潮汕文化和客家文化，还有其他区域没有或少有的华侨文化与港澳文化，其中港澳文化是岭南近代文化中最具特色的部分。

与香港文化相并，香港人口构成也比较复杂。现在居住在香港地区的人，占大多数的是广东广府人，来源地主要是珠江三角洲一带，其余人数较多的有潮汕人、客家人以及1949年解放以前从福建、上海以及各地来香港定居的人士。外国籍人士主要是英国人、印度人、尼泊尔籍英军雇用兵及其家眷，还有近年大批涌入香港的东南亚人士如菲律宾籍的"宾妹"等家政保姆。这些外来人口在香港工作满七年以后就可拥有香港居民身份证，成为香港人。

维基百科对香港人口构成说明如下：汉族是香港人的重要组成部分，大多数汉族20世纪30年代到80年代从广东迁徙而来，也有新界地区的本地居民。广东人占有香港人最大的比重，除广东人外，也有其他汉族定居香港，包括客家人（the Hakka）、闽南人（the Hokkien）、上海人（the Shanghainese）和潮州人（the Teochew）等，而广东人在香港居住的汉族中所占比重也是最大的，因此，香港文化深受广东文化影响。

这种影响在语言上也有所体现，比如"广东人"的英译是Cantonese，于是很多人也自然地将"香港人"译作Hongkongese。这似乎是源自"中国人"英译一词"Chinese"的顺势衍生。"Chinese"一词最早出现于1577年（OED—Old English Dictionary）。"Chinese"是由"China"衍生出来的。"China"最早见于1555年（OED），源出Ch'in（Qin，即秦朝），通过印地语（Hindi）和梵语（Sanskrit）传于印度，后被吸收到英语中。小写的"china"最早用于1597年，由波斯语chini（=Chinese）演变而来，表示"瓷器""陶瓷"和"黏土"。由于瓷器最早产于中国,故而得名。(张维友,2004:3)英文里的"China"就是欧洲大陆语系里的"Sina",即指"秦国"。中国瓷器顺着丝路销到欧洲,于是把"瓷器"和"秦国"画上了等号。"Chinese"是从"Chinensis"简化而来的,而"Chinensis"的意思是Chin(秦)+ensis(拉丁字尾,表"某某地方的")。秦文化在中国历史乃至世界历史进程中都有着深远影响。"China"和"Chinese"两词的翻译至今带有秦文化烙印,确立了"某地方+人"的英语翻译的基本模式,如上海人—Shanghainese、台湾人—Taiwanese等。因此,Hongkongese的形成有其历史渊源,承袭了以"Chinese"为基础的翻译模式,同时受到广东文化影响,成为"香港人"英译表达之一。

三、词语构成分析

除Hongkongese外,"香港人"还有其他英译表达。这些表达也都有不同产生背景,在使用上有的偏书面,有的偏口语,有的涵盖所有香港人,有的仅指一部分香港人。此外,由Hong Kong+后缀构成的两种英译表达也需做细致分析,以判断此后缀是否带有晦涩、贬义等含义,进而推断出这两种英译表达是否符合语言表达习惯和词语构成规范。

(一)词典中的"香港人"

为了便于对比,笔者搜集了词典中的"香港人"英译,包括网络词典和纸质词典,梳理如下——网络词典:有道词典有Hong Kong People;金山词典有Hong Kong people,Hongkongese,Hong Konger;必应词典有The people of Hong Kong;Google有Hong Kong dweller;海词词典有Hong Kong person,Hong Kong people;百度百科有Hong Kong People,Hong Kong Chinese;Wikipedia有Hong Kong people,Hong Konger。纸质词典:Merriam Webster's Collegiate Dictionary(Tenth Edition,1996)[《韦氏大学词典》(第十版,1996)]在附录Geographical Names部分的"Hong Kong"

后给出了"Hong Kong·er"这个词（见 1475 页）。就上述翻译来看，"Hong Kong people"使用的最多，其次为"Hong Konger"。

此外，维基百科还对上述几种英译进行了分析："Hong Konger" "Hongkongese"和"Hong Kong people"翻译出来都是广东话 Hèung Góng Yàhn（汉语：香港人；粤语：Hèung Góng Yàhn），上述英译只在英语运用时有所不同。在西方国家，来自香港的人也被通俗地称为"Honkers"，"Hongers"或"Honkies"（有时写作 Hongkies）。这些词与那些基于种族或民族的词不同，是一种公民身份的体现。

"Hong Konger"一词更常用，但"Hong Kong people"却是粤语"Hèung Góng Yàhn"更直接的翻译，因此在香港的广东本地人在用英语写作或是说英语的时候更多地使用"Hong Kong people"。2014 年 3 月，"Hong Konger"和"Hongkongese"两词被《牛津英文词典》正式收录，作为"香港人"的法定英译。据该词典说明，"Hongkongese"于 1878 年首次出现，是由北美媒体基于 Chinese 的翻译创造的。而"Hong Konger"可以追溯到更早——1870 年在美国报纸《每日独立报》的一版中出现过。

"Hong Kong Chinese"是英国殖民时期常用的称谓，在 19 世纪到 20 世纪初的香港使用较多。当时在港居住的英人比例比现在多，因此，用"Hong Kong Chinese"来区分在港的"Hong Kong Briton"是很自然的。该词今日仍在使用，来指代那些世代在港的中国人，而非所有港人，不包括香港的少数民族。

（二）后缀 -ese 及 -er 分析

由上述可以看出，"Hong Kong people" "Hongkongese"和"Hong Konger"是"香港人"较为普遍的译法。这当中，"Hongkongese"和"Hong Konger"均由名词"Hong Kong"+ 后缀 -ese 或 -er 构成。这两个后缀是否含有晦涩或贬义，是否符合语言习惯，我们需要对以上两个后缀进行分析。

(1) -ese 的由来及意义

-ese 是非英语后缀，它来自罗曼语（Romanic），加在名词后表"人、民族"或"语言、信仰"。下面列举几种权威词典中的注释：

1) -ese suffix, forming adj. is ad.: -Com. Romanic. The L (Latin) suffix had the sense "belonging to, originating in (a place)" (OED)

2) -ese L. (norm. -ensis) belonging to, originating in (a place) (ODEE)

3) -ese L. -ensis: of, relating to or originating in (a certain place or country) (WNTID)

4) -ese suffix L -ensis: of, relating to, or originating in (a certain place or country) (WNNCD)

5) -ese Latin -nsis: of, from (a place) (WBD)

以上《牛津英语大词典》（OED）、《牛津英语词源词典》（ODEE）、《韦氏新国际英语词典》（第三版）（WNTID）、《韦氏英语新大学词典》（第九版）（WNNCD）和《世界图书词典》（WBD）辞书都注明 -ese 由拉丁语 -nsem 或 -nsis 演变而来，表示"源自、出自（某地名）"之意，或"与（某地名）有关"。WNTID 和 WNNCD 还提到"与（某国家）有关"或"出自、源自（某国家）"。原先在古代法文里作 -eis（等于现代法文的 -ois，-ais），或是古拉丁文里的 -ensis，接在地名后面，意思是"属于某地，由某地肇始"。

语言一直在发展，后来的英语借用了这个字尾，但是简化为 -ese。现代法文的 Chinois、Japonais、Portugais 就是英文里的 Chinese、Japanese 和 Portuguese。以 -ese 构成的词原来主要有两大类：一类是加在地名后构成的形容词，表示"……国家的""……人的"；另一类是加在地名后构成名词，表示"……国家的人""……地方的人"或"……语言"。有些地区名和城市名也可加 -ese 后缀构词，如：布鲁克林人——Brooklynese，广州人——Cantonese，爪哇人——Javanese，米兰人——Milanese，北京人——Pekinese，维也纳人——Viennese，等等。

Longman Dictionary of American English (1998) 和 *Longman Dictionary of English Language & Culture (English-Chinese)* (2004) 两词典也对后缀 -ese 的意义和用法进行了说明：

-ese 1（in nouns and adjectives 用于名词和形容词）(the people or language) belonging to the stated country or place……国家或地区的（人；语言）: the Viennese; 2 usually derog.（in nouns 用于名词）language or words limited to the stated group【一般贬】（限于一定人群使用）语言风格: journalese。

A Dictionary of English Word Roots（2000）对 -ese 的解释如下：-ese 放在专有名词后，表示"国民""国语"。

在意大利语中，-ese 是很常用的后缀，有很多"某国家人"在意大利语中以 -ese 结尾，但在英文中不以 -ese 结尾，而是另有它词（见表1）。

表1 "某国人"在意大利语和英语中的不同形式

某国人 \ 不同语言翻译	意大利语	英语
丹麦人	Dan<u>ese</u>	Danish
芬兰人	Finland<u>ese</u>	Finnish
法国人	Franc<u>ese</u>	French
英国人	Ingl<u>ese</u>	English
冰岛人	Island<u>ese</u>	Icelandic

这些以 -ese 为后缀的英文词很可能是来源于意大利语，因为最早抵达远东的欧洲人就是马可·波罗等一批意大利旅行家。由此可以解释为什么许多亚洲国家的"某国人"是以 -ese 结尾，如中国人（Chinese）、越南人（Vietnamese）、缅甸人（Burmese）等，这与漫长复杂的殖民历史也有关联。

（2）后缀 -er 的由来及意义

-er 表示"从事某种职业的人，某地区，地方的人"：banker, observer, Londoner, villager。*Longman Dictionary of American English* (1998) 和 *Longman Dictionary of English Language & Culture (English-Chinese)* (2004)

两词典对后缀 -er 的意义和用法进行了说明：

-er（in nouns 用于名词）

1) someone who -s or who is -ing 做……（动作）的人：a dancer；

2) something that -s 做……的器械（工具）：a screwdriver；

3) someone who makes -s ……的制作者：a hatter；

4) someone who lives skilled in or studying the stated subject 精通【研究】……的人：a geographer；

5) something that has -s 具有……的东西：a three-wheeler car

A Dictionary of Etymology Roots and Affixes（1998）中说明 -er 来源于 O.E.：

1) a. 做或执行某项活动，行动者：maker, player；b. 某个动作、某项活动的合适对象：broiler, fryer；

2) 是……的人：foreigner, down-and-outer；-er 型后缀（-er 及其扩展形式）表示"……人"；

3) 名词后缀（构成的词全部为名词）。-er 加在名词后表"人"或"物"：worker，teacher。

通过上述分析，从词源角度和构词角度看，Hongkongese 和 Hong Konger 的构成符合语言表达习惯和词语构成规范。词汇的感情色彩很大程度上取决于语言运用的社会与文化，与语言使用者的心理状况密切相关。语言本身没有阶级性，也没有优劣褒贬之分，语言只有被用到社会环境中去，才会产生社会文化含义。（张维友，2004）-ese 和 -er 两个词缀不含有贬义，不具有"低等的、弱小的、怪异的、带有疾病的"等意义，也不是"次等民族"的代指，没有种族歧视的意思或是其他贬义。使用什么词尾不是依据主观的喜好或偏见，而是有其特定历史和语言发展方面的原因；以外，也与国家强弱无关，而是以与什么词根结合更容易、规范为标准。

（三）"香港人"多种英译对比分析

通过上述列举的词典中的"香港人"英译及其构词分析，我们可以看到，目前使用较多的"香港人"英译包括"Hong Konger""Hongkongese""Hong Kong people""Hong Kong Chinese"及"the people of Hong Kong"等几种。这几种英译在构词、来源和限定方面有着明显的区别（见表2）。

表2 "香港人"英译表达区别

Hong Konger	由 Hong Kong + 后缀 -er 构成，1870 年首次出现，变体有 Honkers，Hongers，Honkies 或 Hongkies，是公民身份的体现
Hongkongese	由 Hongkong + 后缀 -ese 构成，1878 年首次出现，源于 Chinese 的翻译
Hong Kong people	是粤语"Hèung Góng Yàhn"更直接的翻译，香港的广东本地人用英语写作或说英语时更多使用
Hong Kong Chinese	英殖民时期称谓，用以区分 Hong Kong Briton，在19 世纪到 20 世纪初的香港使用较多。今日仍使用，指世代在港的中国人，而非所有港人，不包括香港的少数民族
the people of Hong Kong	短语结构具有限定意义，特指某一民族、阶层、阶级或群体，官方书面文件中经常出现

四、国际视野综观

香港作为世界重要的国际金融中心和国际事务重要参与地区，在国内外媒体中频繁被提及，这些内容涉及"香港人"英译时有众多表达方式。

香港政府一站通网站 2016 年 9 月—2018 年 1 月间，新闻报道中使用 Hong Kong people 的共计 51 篇，"Hong Konger" 1 篇，"Hongkongese" 0 篇，"the people of Hong Kong" 9 篇。2009 年至 2017 年九年的《政府工作报告》中，除 2014 年外，有五年提到"港人治港"，其中 2009 年英译是"Hong Kong people administer Hong Kong"；2010、2011 年译

为"The Hong Kong people administer Hong Kong"；2012、2013、2015、2016和2017年的"港人治港"均译为"The people of Hong Kong govern Hong Kong"。其中的"港人"有三个表达方式："Hong Kong people"，"The Hong Kong people"和"The people of Hong Kong"。1984年中英双方在北京签订《中英联合声明》后，时任英国首相撒切尔夫人就《中英联合声明》发表讲话，在4分59秒的讲话中四次提及"香港人"，分别用到"the Hong Kong people""Hong Kong people"和"the people of Hong Kong"，其中前两个分别使用一次，后一个使用了两次。英国《贝尔法斯特新闻》（*Belfast News Letter*, 1983）在香港回归前刊登了一篇题为"Resettling Hong Kong inhabitants in Northern Ireland"的报道，该文的主旨是提议计划在香港回归前将当时香港550万居民移居到拟建在Coleraine和Londonderry之间的"city state"。文中两次提到"香港人"，分别用到了"Hong Konger"和"the people of Hong Kong"。《英文虎报》（*The Standard*）2005年刊登新闻"Chief, actress and virus are top icons of the year"，其中的"香港人"为"Hong Kongers"；2015年新闻"Specter of retirement poverty after MPF"中提到"香港人"英文表达为"A Hong Konger"。2015年8月到2016年8月一年间，《英文虎报》中的新闻中，用"Hong Kong people"的文章10篇，"Hongkongese"0篇，"The people of Hong Kong"10篇。此外，英国主流媒体中，能够查询到有*Daily Mirror*（《每日镜报》）2014年提及"香港人"用到"Hong Konger"的2篇，2016年用到"Hongkongese"的2篇；*The Times*（《泰晤士报》）2012到2016年用到"Hong Kong people"的12篇，用到"the people of Hong Kong"的12篇。*China Daily* 2002到2015年用到"Hong Konger"54篇，2003到2016年用到"Hong Kong people"的文章有20篇，2001到2015年用到"the people of Hong Kong"的文章4篇。

上述数据收集了中国香港、中国内地和英国主流媒体中"香港人"的表达方式。可以看出，"Hong Kong people""Hong Konger"和"the people of Hong Kong"使用次数较多。上述数据同时也表明，专有名词"香港人"英译表达目前还没有统一。

五、结语

基于上述历史渊源、词语构成和国际视野及相关数据，本文倾向于使用"the people of Hong Kong"。这种用表达方式与 Hong Konger 和 Hongkongese 相比，脱离了词语后缀的束缚，没有"Hongkongese"的发音困难（Hong Kong 这个词最后一个辅音为浊辅音 [ŋ]，后面搭配前元音 [i:] 很难发出适当的音）；另外，从句法方面看，the+ 集合名词或复数可数名词可表特指的群体，the 和某些名词连用，可以表示一个民族、阶级或阶层。"the+ 名词 +of…"结构也用来表特指，与 Hong Kong people 相比具有限定意义，更加正式和规范。从上述分析和数据看，the people of Hong Kong 的使用频率越来越高，更多地出现在官方报道和政府文件中。

汉语专有名词翻译是外宣翻译中的重点和难点，不仅是单一的翻译问题，还涉及政治、经济、文化、历史等领域，与社会学、政治学、传播学、跨文化研究等学科紧密相连，涉及国家层面的外宣政策、根本立场、指导思想与整体原则（张健，2013：91）。译名统一是外宣翻译过程的重要环节，专有名词的"专有"重点体现在它的基本属性独一性上。一名多译现象不断发生，译名不统一造成的使用混乱会影响对外宣传报道的传播效果。译名混乱的原因大致可归纳为两类：一是误译，二是译名不规范、不统一。后一种情况需要研究、探讨，寻找一种行之有效的途径，使译名规范化，逐步达到统一。统一译名最有效的办法是由权威机构选出定译，将其公布于世，广为宣传，并交翻译、出版、新闻等各界共同执行。（潘炳信，1990：109）

语言和文化都是处于不断变化之中的，语言几乎每时每刻都在发生着变化，而在各种变化中，又以词汇变化最快。专有名词的统一具有重要意义，尤其是具有民族特征和意义的专有名词的统一，可以增强中华文化在世界上的感召力，唤醒集体意志和心理认同。"香港人"英译在尊重历史的前提下，应易于接受和传播，应该有一个统一的、正式的、官方的专有名词。综观世界国际大都市，绝大多数翻译都是唯一且统一的。香港作为国际金融中心和口岸，应该拥有统一的译名，彰显国际地位。此外，官方统一、正式、书面的译名便于交流和沟通，具有法律效力。

【参考文献】

[1] 刘毅．A Dictionary of English Word Roots [M]．北京：外文出版社，2000．

[2] 刘圣宜．岭南近代文化论稿 [M]．广东：中山大学出版社，2007．

[3] 陆国强，陈伟．Longman Dictionary of English Language & Culture (English-Chinese) [M]．北京：商务印书馆，2004．

[4] 潘炳信．浅析译名混乱现象 [J]．河北师范大学学报，1990 (4): 109．

[5] 吴文昌．A Dictionary of Etymology Roots and Affixes [M]．北京：军事科学出版社，1998．

[6] 香港政府一站通．检索日期：2019 年 12 月 12 日．网址：https://www.gov.hk/en/residents/health/healthadvice/healthcare/exercise.htm

[7] 张健．外宣翻译导论 [M]．北京：国防工业出版社，2013．

[8] 张维友．"X-ese" 的构词及语义问题——兼评"Chinese 蔑称"论 [J]．信阳农业高等专科学校学报，2004 (2), pp. 1–4．

[9] 张维友．英语词汇学教程 [M]．武汉：华中师范大学出版社，2004．

[10] Barnhart, C. & Barnhart, R. *World Book Dictionary* [Z]. Chicago: World Book-Childcraft International, In c., 1981.

[11] *Longman Dictionary of American English* [Z]．北京：外语教学与研究出版社，1998．

[12] *Merriam Webster's Collegiate Dictionary* (Tenth Edition) [Z]．世界图书出版公司，1996．

[13] Onions, C. T. *The Oxford Dictionary of English Etymology* [Z]. OUP: 1982.

[14] *The Oxford English Dictionary* 2nd [Z]. Oxford: Oxford University Press, 1989.

[15] *Webster's New Third International Dictionary* [Z]. Springfield: Merriam-Webster Inc., 1976.

[16] *Webster's Ninth New Collegiate Dictionary* [Z]. Springfield: Merriam-Webster Inc., 1983.

A Study on Translating the Proper Name "*Xiang Gang Ren*" in English

Shanghai International Studies University, Harbin Institute of Technology

MENG Yu

Shanghai International Studies University

ZHANG Jian

Harbin Institute of Technology

WANG Junping

Abstract: As English expressions of the proper name *"Xiang Gang Ren"* vary in different media, the present paper analyzes the process and differences of each respective expression in the light of history, vocabulary and global view in order to find out a proper one which fits in linguistic rules and historic trends. It is indicated that since the culture of Qin Dynasty has a profound influence on English vocabulary related to Chinese culture, it is supposed to respect history; in the process of development, as vocabularies would generate various meanings gradually, it is suggested to comprehend vocabulary forming to avoid implicit and derogatory affixes. As Hong Kong is a specific region in international events, *"Xiang Gang Ren"* is expected to have an official and acceptable English expression.

Key words: *"Xiang Gang Ren"*; English translation; proper name

以独立译者招募形式开展的儿童文学翻译实践

——以《救难小英雄》童书翻译为例

北京语言大学

茹亚飞、王 刊、邱 晓、魏 丹、李 慧[①]

【摘　要】本文系统梳理了北京语言大学中外语言服务人才培养基地《救难小英雄》儿童文学翻译项目的组织和操作流程以及项目执行过程中团队所取得的经验、教训。结合翻译过程中的实例，本文进一步探讨了儿童文学作品翻译过程中词法、句法和文体风格等方面遇到的具体问题和所采用的策略。

【关键词】翻译；独立译者招募形式；儿童文学；《救难小英雄》

一、引言

儿童文学翻译是文学翻译中一抹清新稚嫩的色彩，看似简单，但要翻译好却是难上加难。《救难小英雄》的作者是英国女作家玛杰里·夏普（Margery Sharp）女士，共六册，构成一个系列。北京语言大学五名翻译专业硕士研究生采用团队合作、独立翻译的形式承担了其中五册的翻译任

---

① 茹亚飞、王刊、邱晓、魏丹、李慧均为北京语言大学2016级翻译专业硕士（英语方向）研究生。团队负责人邮箱：ryf7889@163.com。

务。五位译者的著作既相互独立又相互联系，项目的特殊性给翻译团队在团队合作、译文风格统一、后期审校等方面带来了系列问题。鉴于文学翻译在创造性、文体风格、读者接受性等层面的特殊要求，此项目采用传统的人工翻译形式。本文旨在总结整个项目的操作过程，进而反思、剖析翻译过程中的得失。

二、译者招募

本项目是《救难小英雄》系列丛书的翻译，该书是英国作家玛杰里·夏普女士的作品，书中讲述了英雄老鼠碧安卡小姐和伯纳德共同经历的一系列冒险故事，全书故事十分幽默风趣，充满笑料和温情。1977年迪士尼推出的经典长篇剧情动画片也是根据其中的两部作品《救难小英雄》和《碧安卡小姐》改编而成。本项目主要选取了《救难小英雄》系列丛书中的《救难小英雄》《碧安卡小姐》《碧安卡小姐在盐矿》《碧安卡小姐在东方》和《碧安卡小姐在南极》五部作品，分别由北京语言大学五位翻译专业硕士研究生完成翻译。

该项目由北京双螺旋文化交流有限公司在北京语言大学以译者招募的形式来展开。考虑到译著风格的统一，根据出版社的要求，学校发布了译者招募的通知，招募对儿童文学感兴趣、能胜任此项翻译任务的译者。申请者首先需要通过出版社组织的试译，试译文稿由北京双螺旋文化交流有限公司聘请专门的儿童文学专家根据儿童文学的语言风格来确定，最终筛选出五位译者，分别负责其中一本书的翻译。

三、项目操作流程

整个项目进展过程分四步展开：译前准备、文本翻译、译后审校、确定终稿。这四个步骤相互独立又相互联系，构成一个完整的翻译项目。

在译前准备环节，五位译者主要开展了两个方面的准备。一是专有名词,由于五位译者分别负责的童书隶属一个系列,每本书都是独立的故事,但内容又有相互联系的地方,有些词语贯穿整个系类。例如 Mouse Prisoners' Aid Society(国际救难组织),这一组织是贯穿于整个系列的主体,每本书中的故事,即小老鼠们要完成的任务都是由"国际救难组织"发布制定的。所以对于这种在整个系列中都存在的词语,在翻译开始前,译者们进行了专有名词的提取,统一讨论了对此类词语的翻译,整理出了专有名词表(详见表 1),并在之后的翻译过程中不断讨论改进。

表 1 《救难小英雄》专有名词列表(节选)

原文	译文	原文	译文
Adelies	阿戴利小企鹅	Moot-hall	会堂
alcove	壁龛	Moulting Penguins' Assistance Scheme	企鹅援助组织
Ali	阿里	Mouse Oriental Polo Club	老鼠东方马球俱乐部
AVE ATQUE VALE	致敬与告别	Mouse Prisoners' Aid Society	国际救难组织
barn dances	乡村舞蹈	mustard-and-cress	荠菜种子
battlement	城垛	navigator	领航员
Black Castle	黑城堡	Nils and Miss Bianca Medal	尼尔斯和碧安卡勋章
buttress	扶壁	*Ode to a Bulbul*	《红脚鸭颂》
chairwoman	会长女士	overhanging ledge	悬着的壁架
chiffon scarf	蕾丝围巾	Overseas Branch	海外分支机构
coat	皮毛	page boy	听差男孩
cockatoo	凤头鹦鹉	Palais de Danse	舞厅
cold storage	冷藏箱	Pebbles	鹅卵石舞
conga	康茄舞	pistachio nut	开心果

原文	译文	原文	译文
conservatory	花房	popular in print	畅销书
cough-lozenges	止咳糖	Porcelain Pagoda	瓷塔
cream cheese	奶油干酪	Princely Orchids	高贵兰花队
cripple-fish	跛脚鱼	rate A1	A1级别
crystallized violet	紫罗兰蜜饯	schoolroom	书房
Diamond Palace	宝石宫殿	Secretary	秘书长
Dutch cheese	荷兰干酪	sherbet	冰冻果子露
eau-de-Cologne	古龙水	silver bonbon dish	银盘子
elephant lines	象园	slim volume of verse	薄薄的一册诗歌集
Emperor Penguin	帝企鹅	snail-tortoiseshell	蜗牛壳
Fairy	小精灵	snow-castle	白雪城堡
Fisheries-expert	渔业专家	spider-silk	蜘蛛丝
footman	男仆	square dance	方块舞
Gallery of Fame	名人画廊	State Saloon	餐厅
Garth Williams	伽斯·威廉姆斯	teen-age dance	青年舞会
General Meeting	全体大会	the boy	男孩
Goldilocks and the Three Bears	《金发姑娘和三只熊》	The Happy Valley	欢乐谷
Grand Staircase	大楼梯	The Hunting Lodge	狩猎小屋
Greensleeves	《绿袖子》	*The Turret*	《塔楼》
hand-valise	手提袋	Three Blind Mice	盲鼠三剑客
Harald Fairhair	哈拉尔一世	throne-room	（王宫）正殿
HEINEMANN	海尼曼	treacle	黑糖浆

原文	译文	原文	译文
Hickory-dickory-dock	《滴答滴答钟声响》	Treasurer	财务部长
housemaid	女仆	Tybalt Star	提伯尔特勋章
Hydrographer	水道测量员	walnut chair	核桃座椅
Icicles	冰柱舞	walnut fauteuil	（核桃壳太师椅）
Jean Fromage Medal	让·弗罗马热勋章	whiskers	胡须

二是语言和风格的统一。每个译者的用词偏好、语言风格都不一样，但作为儿童文学的系列丛书，应力求语言和风格的统一，所以在翻译开始前，出版社与项目负责人进行了沟通，召集了全体译者一起进行了讨论，给译者提供了参照的翻译文本。译者们对文本进行了分析讨论，提炼出了相应的风格来指导童书的翻译过程：简单口语化，语言具有鲜明性；幽默生动化，语言具有感染力；细腻情感化，语言具有传递性。力求译者在翻译时风格统一，以儿童语言标准为参照，选择适合儿童阅读并为儿童所喜爱的语言，充分强调儿童的读者主体地位，充分考虑儿童的期待视野，包括其教育背景知识、道德水平、审美品位、语言接受能力以及认知接受能力等等。

进行了充分的译前准备之后，项目进入译者翻译过程。由于翻译文本为文学性文本，且每个译者单独负责一本书的翻译，翻译任务相互独立，所以译者之间的协同性并不是很突出。在这一点上，项目组采取的还是较为传统的翻译方式，由每个译者独立翻译。

文本翻译完成后，便进入审校阶段。首先是译者之间进行互审。互审过程中，一是执行传统的审校任务，对于错译、误译、漏译等处进行修改，提炼文字；二是对于书中多次出现的词语采取统一的译名，以确保系列丛书的统一性。审校完成后，审校人员和原译者之间进行沟通，进行稿件的修改。互审完成后，会再送审出版社责任编辑，以确保语言的明白晓畅，符合儿童阅读习惯，最终完成终稿。

在项目实施过程中，项目负责人负责整个项目的翻译及审校人员安排、进度计划以及月、周工作安排编制和落实，负责项目文稿的整理、传递、回收、归档以及最后的验收和总结，起到了承上启下的作用，将出版社的要求和安排传递给译者，又将译者翻译过程中发现的问题反馈给出版社。项目成员之间在项目前、中、后，通过线下开会讨论，线上使用微信工作群以及石墨文档等工具，进行翻译过程中的协作与交流。

四、翻译策略与方法

儿童文学遇到的翻译问题存在于在词法、句法以及文体风格等各个层面，解决这些问题需要根据儿童文学的特点与风格采取相应的策略，以使文本符合儿童的阅读习惯，真正受到儿童的喜爱。

（一）词法

词法层面主要存在于语气词、拟声词及文化负载词，涉及语言的趣味性、口语化，以及原文形象的传达，既要确保儿童愉悦的阅读体验，同时也希望能培养孩子们对西方文化的兴趣。

(1) 语气词

更加口语化的表达方式与儿童在日常生活中所使用的语言相同，对于儿童来说，可以让他们更好地理解故事，印象更加深刻。英文与中文大不相同，英文中很少有语气词，但中文的语气词很多，语气词在汉语里表达了人们不同的情感。（杨丽，2013: 74）所以，在英译中的过程中，尤其是儿童文学的翻译过程中，要注意添加语气词，使句子更加口语化，更像儿童的日常语言。

例 1：

原文：*Around him rose cries of "Hear, hear!" "Splendid chap!" and other encouragements.*

译文1:"听呀,听呀""好家伙",四下里惊呼声炸开了锅。

译文2:在他周围响起了"听,听!""好家伙!"以及其他的赞美声。

译文1在动词"听"之后添加了语气词"呀",整个句子与译文2相比,更加口语化。从原文中可以看出,原作者试图用口语的词汇来进行人物的刻画,这会大大吸引儿童的阅读注意力。在儿童文学翻译的过程中,要力求文字符合儿童日常生活中所使用的语言,这样可以最大限度地引起儿童的阅读兴趣。

(2) 拟声词

儿童文学的一大特点就是语言生动形象,富有趣味性,能够吸引儿童。由于本书的目标读者为6—12岁的学龄初期儿童,这个年龄段的儿童有了一定的阅读能力,但思维方式、认知能力等和成人存在很大差异,因此在翻译过程中要注意更加立体地塑造书中角色,让角色在阅读过程中鲜活起来。本书通篇采用了拟人手法,为老鼠、蛇、大象等动物赋予与人类相同的智慧和勇气,生动形象,语言生动活泼,富有趣味性。灵活运用拟声词在儿童文学翻译中是一种常见的翻译策略,拟声词有利于吸引儿童的注意,使翻译作品更加形象生动,极大地激发儿童的阅读兴趣(赵玉彬,2011: 96-99)。因此译者在翻译过程中保留并适当增加了一些拟声词,这里试举两例:

例2:

原文:*The serpent, or snakeling, sneezed. "I suppose you haven a thermometer?" it asked anxiously.*

译文:这时,小蛇突然打了个喷嚏。"阿嚏!你们有没有温度计?"他不安地问道。

书中此部分是小蛇"阿里"第一次出场,因为偶然从东方来到碧安卡小姐的国家,无法忍受温度的骤降,导致他"打了个喷嚏",还差点得了肺炎。作者借此向小读者们传达了蛇的生活习性、东西方的气候差异等常识,这句话还为下文伯纳德在行李中准备止咳糖做了铺垫。这里为小蛇打喷嚏的动作加入了拟声词"阿嚏",更加生动形象地描绘这幅画面,让小读者们从文字联想到画面,从拟声词联想到声音,有助于加深他们对这段故事的理解和记忆。

例3:

原文:*"And you know what happens to them at the next full moon?" continued the Ranee—crunching the violet between her beautiful little sharp teeth.*

译文:"那你知道下次月圆之夜,那些人会怎么样吗?"王妃咄咄逼人——用她整齐的牙齿把紫罗兰蜜饯嚼得咯吱作响。

原文直译即"用她整齐的牙齿嚼紫罗兰蜜饯",这里是因为诗人作错诗而受到王妃的责问及威胁。王妃一边咄咄逼人地质问诗人,一边还故作轻闲地吃紫罗兰蜜饯,不过在嚼的过程中因为内心的暴怒而"把紫罗兰蜜饯嚼得咯吱作响"。拟声词"咯吱作响"充分体现了王妃对诗人咬牙切齿的愤怒和此时剑拔弩张的紧张气氛。

(3) 文化负载词

中西文化中存在着巨大的差异,而文化负载词则最能体现语言中浓厚的民族色彩和鲜明的文化个性。在翻译中,文化负载词较多,而大部分中国小读者可能对涉及的西方历史文化并不熟悉。译者在翻译时一方面要确保语言的简洁生动,另一方面又要考虑到小读者的理解和接受能力,所以这样就给译者带来了很大的困难和挑战。考虑到目标读者是孩子们,所以在译文中加注并不合适。译者希望能够尽可能地帮助读者理解原作者想要表达的思想,能够在轻松愉悦的阅读体验中享受阅读带来的快乐,能够通过阅读这些小故事提升自己的文化素养,同时也能培养他们对西方文化的兴趣。书中涉及到的文化负载词很多,在这里不一一赘述,仅举三例和大家一起探讨。

例4：

原文：*So in fact they were; but by now Camp One was buried under such a blanket of snow as even the burning words of Antony and Cleopatra insufficed to thaw.*

译文：他们离一号营地也确实没多远；但现在一号营地上面覆盖着厚厚的大雪，就算是莎士比亚戏剧中的安东尼和克莉奥佩特拉如火一样炙热的情话也不能使冰雪消融。

《安东尼与克莉奥佩特拉》是莎士比亚于1607年左右编写的罗马悲剧，它源于古罗马历史学家普鲁塔克的《希腊罗马名人传》。该剧讲述了罗马首领安东尼沉迷于埃及艳后克莉奥佩特拉的美色而无暇国事，两人终日醉生梦死，最终因与屋大维的矛盾激化而双双丧命的悲剧故事。对于不了解莎士比亚这部戏剧的中国小读者来说，读这句话或许有点费力，只能模糊地从字面上知道安东尼和克莉奥佩特拉是一对恋人，而背后所隐藏的文化信息就会丧失。所以在译文中增补了莎士比亚戏剧，这样也便于读者去阅读相关的书籍。

例5：

原文：*It was a lovely waltz, rather like The Blue Danube.*

译文：这是一支优美的华尔兹舞曲，特别像约翰·施特劳斯的《蓝色的多瑙河》舞曲。

《蓝色的多瑙河》是奥地利轻音乐作曲家约翰·施特劳斯的作品，被后人冠以"圆舞曲之王"的头衔，是约翰·施特劳斯所作170首圆舞曲中最具代表性的一首，作于1867年。一方面为了便于译文读者的理解，另一方面也为了向孩子们普及知识，所以在译文中增译了作曲家的姓名。

（二）句法

句法主要涉及对插入语和长难句的理解，英文中插入语及长难句较多，但是中文句式多为散句，较少出现插入语，尤其儿童文本，更加注重简洁明了，以符合儿童的理解能力。

（1）灵活转化插入语

本书原文运用了大量的破折号及括号引导插入语，插入语起到了解释说明、引出下文、强调、伴随等作用，但儿童读者可能无法清楚地理解这一概念，因插入语而造成的阅读节奏中断很有可能影响儿童对故事的理解及接受。翻译过程中译者需要在充分理解插入语功能的基础上，对插入语进行适当的省略、转化及位置改变，以保证流畅的阅读节奏和良好的阅读体验。以两个实例说明：

例 6：

原文：*But all the members liked to see her on the platform — the famous Miss Bianca, leader of how many daring expeditions!—and to hear her famous silvery voice, if only introducing a speaker.*

译文：不过，组织里的各位成员都很乐意看到她出席，听一听她银铃般的嗓音，哪怕只是报个幕也行——这可是大名鼎鼎的碧安卡小姐，多次危险救援行动的领军人物！

原文在句子中间插入了解释说明的语句，交代了成员们想看到碧安卡小姐出席、听到她讲话的原因。插入语前为"很乐意看到她出席"，插入语后为"听一听她银铃般的嗓音"，实为并列句，但插入语却打断了句子节奏。如果直译为"组织里的各位成员都很乐意看到她出席——大名鼎鼎的碧安卡小姐，多次危险救援行动的领军人物！——听一听她银铃般的嗓音。"这样句子看起来杂乱无章，缺乏连贯。因此在翻译时灵活调整了插入语的位置，将其放到"看"和"听"之后并增添"这可是"做解释说明，保证了语言及逻辑的清晰连贯。

例7：
原文：*"You must permit me to send a little gift in turn, to your Ranee," said she. (Ranee is the Oriental for queen.)*
译文："请允许我回赠一份小小的礼物，送给贵国的王妃。"女主人说。

原文中作者使用 Ranee 特指东方王妃，与西方的 queen（女王，王后）相区分，所以在句尾用括号插入语的形式解释 "Ranee 即为西方所说的 queen"。但对中国读者来说，这两个词并不存在明显的差异，无需将 Ranee 翻译为 "东方王妃"，再在后面标注 "东方王妃即西方的女王"。因此译者直接将括号引导的插入语省略，而将句子中的 Ranee 直接译为 "王妃"，以避免歧义及无谓重复。

（2）长难句的处理
原文中有很多长句，若严格按照原文句式翻译为中文，会使译文显得复杂晦涩，增加文本的理解难度。而对于儿童读者来说，他们喜欢读有趣的故事。因此，尽管儿童文学作品一方面应对儿童读者起到教育作用，但是引起他们的阅读兴趣，让他们在愉悦中学习，也是很有必要的。考虑到儿童读者的这一特殊性，我们在翻译时也尽量避免了长难句的使用，在遇到原文使用长句时，除了为达到某些特殊效果必须使用长句之外，译文中尽量将其转化为短句。这样就可以避免破坏文章的连贯性，保持译文的可读性。下面举例说明：

例8：
原文：*THOMAS BACONRIND: cat not only defied but actually nipped on the tail in defence of Orphanage milk supply.*
译文：托马斯·培根皮：咬住猫的尾巴，将猫打败，保证牛奶顺利送到了孤儿院。

原文中冒号前面是一只获奖老鼠的名字，冒号后面是碧安卡小姐给这位获奖者的颁奖词。颁奖词看起来虽然并不是很长，整体来看是一个"not only…but…"的句型，但"but also…"中还包括一个表示因果关系的"in defence of"。在翻译的时候，我们认为，如果将这三层意思放在一个没有逗号的长句中，会使意思表达不清楚，而且降低文章的流畅度，影响读者的阅读体验。反而将三层意思分别放在小句中，按照发生的时间或因果关系排列开来，可以组成一句比较通顺的话，增强画面感，引起读者的阅读兴趣。

（三）文体风格

在翻译之前，需要做大量的准备工作。虽说翻译中细节处理很重要，但从宏观上来把握原文的文体风格也十分必要。在翻译前，需认真了解儿童文学的文体特征：韵文性、直观性、幻想性和叙事性。而考虑目标读者是儿童，还需要注意到儿童文学的美学特征：纯真、稚拙、欢愉、变幻和质朴。翻译文本的风格应为：简单口语化，语言具有鲜明性；幽默生动化，语言具有感染力；细腻情感化，语言具有传递性。只有认真把握原文整体风格，才能保证译文达到令目标读者满意的程度。下面举例说明：

例9：
原文：
Yet beneath all this surface frivolity purpose continued strong, and no class ever broke up without the singing of a brief anthem composed by Miss Bianca to a well-known air.

Shall little Patience he forgot
And never brought to mind?
We'll rout the Diamond Duchess yet
And show we're nae so blind!

译文：
营救的决心越来越坚决，培训班每位成员都会唱一小段碧安卡小姐谱曲的赞歌。
　　难道小耐心就该被遗忘
　　然后永远不被记起？
　　我们将打败宝石宫殿
　　因为我们不会视而不见！

原文重点是一小段赞歌，在儿童文学中韵文性很重要，因此在翻译时译者尽力做到了押韵。直观性则体现在"打败宝石宫殿"，意味着打败宝石宫殿中的大公爵夫人。译文简单、朗朗上口，符合儿童阅读习惯，给予目标读者愉快的阅读体验。

五、项目经验

此次项目在翻译模式、专有名词和译者翻译过程中的自我反思等方面展开的探索与实践值得总结和借鉴。

（一）翻译模式

此次翻译项目内容为 Margery Sharp 的系列童书，属于儿童文学范畴，因此出版方给了译者充分的时间与交流空间去深入理解原文、整理故事逻辑与翻译思路、不断调整完善自己的语言风格，以达到最佳的翻译效果。同时，也定期检查翻译进度，确保项目按时完成。几位译者都认为这种翻译模式与交稿频率比较适用于文学翻译项目，希望可以从这次翻译项目的经验出发，多多探索适合不同类型翻译项目的翻译模式。

（二）专有名词的统一与交流

由于 5 位译者同为笔译专业在读学生，因此交流过程非常顺畅。此次翻译文本为同一系列图书，需要在翻译项目进行之初就将共同涉及的专有名词及文化负载词列出，译者借助了在线协作工具"石墨文档"进行专有名词表的制作，每人将自己负责文本中的专有名词列出，其他译者有不同意见时可在后面标注，最终由大家共同商议决定这些名词的译法。在实际进行翻译之后，提前总结专有名词可以节省很多时间，同时保证了翻译的准确性与连贯性。在翻译过程中遇到理解困难或表达困难时，几位译者会及时在群组里交流，分享自己的理解与困惑，在经过几番讨论之后，翻译难题往往迎刃而解。因此，在一个翻译项目进行之初，项目经理或译者需要提前确定好沟通机制，在专有名词提取、翻译、平行文本查找与明确语言风格等方面进行充分沟通与准备，以保证翻译项目的顺利进行。

（三）译者的反思

首先站在译者的角度，本次翻译中存在把握不好语言灵活度的问题。一方面想把原文中的所有内容都表达出来，生怕漏译；另一方面又希望译文语言通顺，不要给读者造成理解上的困难。译者请教了自己的初中语文老师来审读译文。请教语文老师是一个很好的方法。首先，他不懂英语，因此在评判译文时可以站在一个纯粹的中文读者的角度；其次，他接触的学生跟《救难小英雄》的读者群年龄差不多，知道读者的阅读水平和阅读期望。语文老师提出的几点建议对译者帮助很大。因此，在遇到翻译困难时，不要将困难局限在中英文转换这个范畴之内，要多注意利用身边的资源。

除此之外，译者也发现自己有很多的不足，比如汉语的表达能力需要提高，西方的历史文化知识也需要不断地积累。非常重要的一点就是不能偷懒，要勤思考勤查证，不能想当然。很多词语如果不去查证，一不小心就会闹笑话。比如译者在翻译中遇到了 Bob's your uncle，思考良久，还是认为这句话放在这里很突兀，因为上下文根本就没提到 Bob，后来才知道这是一句俚语，是"一切顺利，万事大吉"的意思。

其次要以写作的原则来指导翻译，翻译的时候要考虑，如果用汉语来说，应该怎么表达这个意思，而不是仅仅翻译字面意思，一定要避免翻译腔，译文要保证可读性，流畅通顺。因为译者在翻译的过程中不知不觉就会陷入一个困境，一方面特别想把原文的意思忠实地传达给译文的读者，生怕有遗漏，另一方面又要让译文读起来生动有趣，流畅自然。这样很多时候就很难做到两者兼顾，就需要学会取舍，有些不是特别关键的信息，为了不影响译文的流畅通顺，可以选择省去不译。

译者之间要经常沟通，很多时候一位译者看不明白想不明白的地方，大家一起来讨论，很快就会明白。尤其是审校这个环节，就更需要译者之间的相互沟通，自己的译文自己不太容易发现里面的错误和不恰当的地方，但如果让别人去审校，就很容易发现问题。一些长难句自己可能绞尽脑汁都不知道如何表达，其他译者却可能可以用很简洁的句子表达出来。

六、结语

对于五位译者来说，儿童文学翻译是一个从未涉足的领域，因而《救难小英雄》翻译项目给译者提供了一个非常珍贵的机会，同时也构成了不小的挑战。在项目进行过程中，五位成员积极参与，利用之前学到的翻译知识，不断探索顺利、高效完成此项目的途径。通过此次项目实践，项目组成员不仅深入了解了儿童文学文本的特点和翻译的特殊性，而且还探索了传统的翻译项目模式对于此类译者相互独立同时又需要团队合作来完成一个统一项目的可行性。

此外，项目持续时间长达5个月，团队每位译者的主动性都得到了充分的发挥，充分锻炼了译者的职业素养和责任意识。但是，鉴于译者能力受限，本文所总结的儿童文学翻译方法仅限此次翻译实践所能总结、提炼的一些经验，应该具有一定的局限性。儿童文学翻译是一个值得深入探究的翻译和研究领域。

【参考文献】

[1] 杨丽. 文学作品翻译中的语气翻译策略研究 [J]. 语文学刊（外语教育教学），2013 (9), 74-75.
[2] 赵玉彬. 从接受美学看儿童文学翻译 [J]. 河西学院报，2011 (1), 96–99.
[3] Margery Sharp. *The Rescuers* [M]. HarperCollins UK. 2010.

The Translation of Children Literature in the Form of Independent Translator Recruitment
—Taking *The Rescuers* as an example

Beijing Language and Culture University
RU Yafei, WANG Kan, QIU Xiao, WEI dan, LI Hui

Abstract: The present paper summarizes the process of the translation program of children literature *The Rescuers* at the International Center for Language Services of Beijing Language and Culture University and the experience and lessons acquired during the project. Furthermore, it discusses specific problems and solutions regarding lexical, syntactic, and stylistic aspects in the translation of children literature with examples in the book.

Key words: translation; independent translator recruitment; children literature; *The Rescuers*